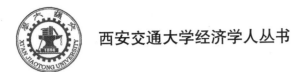 

西安交通大学经济学人丛书

中国工业绿色全要素生产率问题研究

Study on the Green Total Factor Productivity of
Industry in China

谭林 魏玮 / 著

中国财经出版传媒集团

经济科学出版社
Economic Science Press

图书在版编目（CIP）数据

中国工业绿色全要素生产率问题研究／谭林，魏玮
著．—北京：经济科学出版社，2020.6
（西安交通大学经济学人丛书）
ISBN 978 - 7 - 5141 - 5015 - 5

Ⅰ.①中… Ⅱ.①谭… ②魏… Ⅲ.①工业经济 - 绿
色经济 - 全要素生产率 - 研究 - 中国 Ⅳ.①F424

中国版本图书馆 CIP 数据核字（2020）第 104721 号

责任编辑：谭志军 李 军
责任校对：刘 昕
责任印制：李 鹏 范 艳

中国工业绿色全要素生产率问题研究
谭 林 魏 玮 著
经济科学出版社出版、发行 新华书店经销
社址：北京市海淀区阜成路甲 28 号 邮编：100142
总编部电话：010 - 88191217 发行部电话：010 - 88191522
网址：www. esp. com. cn
电子邮箱：esp@ esp. com. cn
天猫网店：经济科学出版社旗舰店
网址：http://jjkxcbs. tmall. com
固安华明印业有限公司印装
710 × 1000 16 开 17.75 印张 300000 字
2020 年 10 月第 1 版 2020 年 10 月第 1 次印刷
ISBN 978 - 7 - 5141 - 5015 - 5 定价：78.00 元
（图书出现印装问题，本社负责调换. 电话：010 - 88191510）
（版权所有 侵权必究 打击盗版 举报热线：010 - 88191661
QQ：2242791300 营销中心电话：010 - 88191537
电子邮箱：dbts@ esp. com. cn）

总　序

　　千年历史古都，华夏精神故乡。从周礼秦治到汉风唐韵，西安浓缩了中华民族历史。跟随改革开放的步伐，华夏古都西安向着具有历史文化特色的国际化大都市奋起飞跃。正是被这种浓厚的历史文化氛围所吸引，一批志同道合的经济学人汇聚于西安交通大学，数十年来，不闻丝竹，醉心学术，期冀为中国经济学发展贡献绵薄之力。

　　本套"经济学人"文库旨在集中展示西安交通大学经济学人多年来的研究成果。近年来，在国家"985"工程和"211"工程的大力支持下，经过西安交通大学经济与金融学院全体教职工的不懈努力，西安交通大学经济学学科有了长足发展。经济与金融学院现拥有应用经济学和理论经济学两个一级学科，应用经济学学科已成为全国具有重要影响力的学科。学院在西部地区建立了首家应用经济学博士后流动站，产业经济学被评为国家重点学科。学院先后获批建设国家级精品课程、省部级重点实验室、省部级经济研究中心与陕西省名牌专业。我们出版西安交通大学"经济学人"文库的初衷就是集中体现近年来西安交通大学经济与金融学院在学科建设与科学研究上取得的成绩，激励青年学子继续努力，攀登经济科学的高峰。

　　文库的作者均是西安交通大学经济与金融学院相关学科

的学术带头人与青年骨干教师。几十年来，西安交通大学经济学学科带头人在各自领域刻苦钻研，笔耕不辍，在国际知名 SSCI（SCI）期刊及《经济研究》《中国社会科学》以及《管理世界》等国内权威期刊发表了一批高水平论文，主持了多项国家哲学社会科学与教育部哲学社会科学重大项目，荣获近百项教育部优秀哲学社会科学成果奖和省级哲学社会科学优秀成果奖。西安交通大学经济与金融学院继往开来，海纳百川，吸引了大批海内外优秀青年学子加盟。这些青年学子志存高远，勤奋好学，成绩出众，均在国内外知名经济学期刊上发表过高水平学术论文，主持过国家级科研项目。丛书的出版既是对西安交通大学经济学人辛勤付出的肯定，同时也是西安交通大学近年来经济学学科建设成就的一次展示。

中国经济的改革和开放进行了三十多个春秋。中国的经济学研究逐渐成了社会科学中的"显学"。我们希望西安交通大学"经济学人"文库的出版不仅能从侧面反映中国经济学的进步，同时更期待着文库的出版能进一步加深我们与全国经济学人的互动交流，共同携手为建设"中国特色，中国气派"的中国现代经济学努力。

孙早

二〇一七年六月

自 序

　　针对我国资源约束趋紧、环境污染严重、生态系统退化的问题，要解决好工业文明带来的矛盾，就必须坚持绿色发展理念。党的十八大把生态文明建设纳入中国特色社会主义事业五位一体总体布局，提出大力推进生态文明建设，努力建设美丽中国，实现中华民族永续发展。"十三五"规划明确"创新、协调、绿色、开放、共享"的新发展理念，为今后一个时期我国的发展指明了方向。总体上看，我国工业尚未摆脱高投入、高消耗、高排放的发展方式，资源能源消耗量大，形势依然十分严峻，迫切需要加快构建科技含量高、资源消耗低、环境污染少的绿色制造体系。资源能源利用效率已成为衡量一个国家制造业竞争力的重要因素，推进绿色发展将成为我国提升国际竞争力的必然途径。

　　随着绿色发展理念的深入人心，近年来学界对绿色工业问题的研究也呈井喷式增长。据统计，国内学者对绿色工业领域近五年的学术研究已达1400余篇，超过2015年前对该领域研究的总和。对概念的准确界定是研究问题的前提和基础，并以此为出发点。首先，清晰界定了什么是工业绿色全要素生产率。针对传统全要素生产率理论不考虑环境污染对产出的影响、其测算结果存在偏误的问题，在分析中国工业绿色转型理论内涵的基础上，将

"环境生产技术"引入传统全要素生产率理论，构建了环境约束条件下的 Malmquist-Lunberger 生产率指数方法，并对测算结果进行纠偏修正，完善了中国工业绿色全要素生产率指数方法体系。在此基础上，提出了环境规制行为分析模型、工业经济收敛性检验理论和影响因素机理分析理论，分别从测算基础、均衡扩展和理论深化三个方面，为研究中国地区工业经济绿色转型问题提供了完整的理论分析框架。

其次，围绕我国地区工业绿色全要素生产率的特征及趋势进行研究，深入分析了其静态特征、动态趋势及收敛性。采用环境规制行为分析模型，测算了全国及三大地区工业绿色全要素生产率，并分析其特征和趋势。研究发现：在环境约束条件下中国地区工业绿色全要素生产率呈现出"先增长后下降"的趋势，各地区间工业绿色转型发展呈现出显著的静态和动态不均衡特征，并在省级层面呈现出逐渐扩大的趋势。研究结果揭示：中国地区工业绿色转型具有大致相同的结构变迁特征和转变时间，但不同地区间差异也在不断扩大，工业绿色转型的成效并不显著，工业经济的能源产出水平相对较低，显示出较明显的节能减排潜力。为准确判断中国各地区工业经济绿色转型的阶段特征奠定了实证基础。采用工业经济收敛性检验理论，对 1998～2017 年中国 29 个省级单位工业绿色全要素生产率是否存在绝对 β 收敛和条件 β 收敛进行了静态和动态检验。结果发现：中国地区工业绿色全要素生产率出现了较为严重的、基于省级层面的不收敛特征，各地区检验结果之间存在较大差异。研究结论显示，中国地区工业经济发展在现阶段几乎不存在"经济收敛"现象，不同地区正处于绿色转型的不同阶段。东部地区工业绿色转型正处在"以点带面"的趋向性均衡发展阶段；中部和西部地区工业绿色转型仍处于

"点状结构"的不均衡发展阶段。这一研究结果丰富了收敛性概念在研究多区域经济增长理论时的理论内涵，为准确评估中国地区工业绿色全要素生产率增长对中国经济转型的贡献奠定了实证基础。

什么因素对中国地区工业绿色全要素生产率影响最大，如何提高我国地区工业绿色全要素生产率，是本书研究的落脚点。为此，本书采用绿色转型影响因素机理分析理论，对中国地区工业绿色全要素生产率及其主要影响因素进行面板单位根检验和面板协整检验。在此基础上，构建空间面板模型，对中国地区工业绿色全要素生产率的影响机理进行实证研究。同时，采用基于人工神经网络 BP 算法的非线性动力学模型和物料核算法，研究了中国节能减排的理论机制和改善途径，并测算了三大地区的碳排放总量。研究表明：第一，环境规制强度在四大影响因素中最显著，是提高中国工业绿色全要素生产率的核心力量和主要途径；第二，降低能源使用强度是提高环境规制强度的主要目标；第三，东、中、西部三大地区人均碳排放量的均值依次下降，但整体呈现出逐步递增的动态变化趋势；各地区人均碳排放量的差异性呈显著扩大的动态演化特征；不同地区的减排模式存在显著不同。这一研究准确测度了中国地区节能减排效果，为提高各地区工业绿色全要素生产率水平提供了差异化政策途径。

本书按照"文献综述—理论框架—现状分析—机理研究—政策建议"的研究思路，在已有研究的基础上，构建了修正后的基于环境生产技术的绿色全要素生产率指数方法体系，研究中国地区工业绿色全要素生产率的现状、机理与改善问题。运用 Malmquist-Lunberger-Bootstrap（MLB）方法对 1998～2017 年中国省际地区工业经济面板数据进行测算，分析并总结全国及三大地区工业绿色全要素生产率的静态特征和动态趋势；采用静态和动态空间面板随机效应模型，检验中国地区工业绿色全要素生产率收敛性；采用空间面板数据模型，对影响中国地区工业绿色全要素生产率主要因素进行分析并根据研究成果提出了对其改善的有效途径。

本书的选题、撰写和修改，广泛征求了相关领域专家意见，也参阅了大量国内外文献。本书的顺利出版离不开师长、家人和朋友的支持，在此表示衷心的感谢。

本书完稿之时，正值 2020 年立春，举国都在抗击新型冠状病毒肺炎疫情关键时期，以此书出版为国祈福，祝国泰民安、绿色长青！

——谭　林

序 一

工业革命发生后，世界各国先后走上了工业化、城市化的发展道路。目前，已经完成了工业化、城市化进程的国家主要是经合组织国家，人口规模超过 10 亿。中国的工业化、城市化进程可能完成了 70%，人口规模超过了 14 亿。2018 年底，全球总人口约为 76 亿人，这两大区域的总人口不到 25 亿，不到全球人口的 1/3。如果极大略的估算，认为中国已经实现了工业化和城市化，那还有占全球人口 2/3 之多的其他国家和地区正处于工业化、城市化进程之中，其中绝大多数国家和地区处于早期阶段，少数国家，如东盟至多走了半程。

工业化和城市化的发展带来了突出的生态环境问题。一个是全球性生态环境问题，如温室气体排放引起的全球气候变化，不可降解塑料大量使用带来的全球海洋污染问题。另一个是局域性的生态环境问题，如化学需氧量、总氮、总磷升高带来的河流污染问题，二氧化硫、氮氧化物、粉尘排放带来的城市雾霾问题，重金属排放、有毒农药残留带来的土壤污染问题。

如果发展中国家的工业化、城市化仍然沿着发达国家的"老路"走，全球性的生态环境问题和发展中国家的局域性生态环境问题将会面临着越来越严峻的挑战。因此，发展中国家的工业化、城市化必须走一条新路。这条新路就是持续提高绿色全要素生产率。

当前，中国经济正在"创新、协调、绿色、开放、共享"的新发展理念指引下，从过去的高速增长阶段转入高质量发展阶段。持续提高绿色全要素生产率，既是重大的实践问题，又是重要的学术理论问题。

工业是中国经济的支柱产业。工业既是提高绿色全要素生产率最具潜力的部门，又是各类污染物排放的主要贡献者。本书以我国工业绿色全要素生产率为研究对象，将"环境生产技术"引入传统全要素生产率理论，完善了中国工业绿色全要素生产率指数方法体系，体现了创新的发展思路；将全国29个省份按区域分为东、中、西部，对其静态特征、动态趋势及收敛性进行研究，体现了协调的发展主线；深入分析了影响中国地区工业绿色全要素生产率的主要因素，包括环境规制强度、外商直接投资、研发投资强度以及产业结构调整等四大方面，体现了开放的发展方式；在深入对比研究国内外产业政策、金融政策、财税政策、贸易政策基础上，提出提高我国绿色全要素生产率的具体举措，体现了共享的发展内涵。全书从研究对象的确定、理论基础的构建、指标方法的选取、对策建议的提出等各环节将新发展理念贯穿于始终。

本书首先对国内外相关领域现有文献的研究成果进行了系统梳理总结，包括全要素生产率及其影响因素、计算方法；绿色全要素生产率的影响因素、作用机理；工业绿色全要素生产率的改善途径等方面，在此基础上，从经济增长核算理论方法、影响中国工业绿色全要素生产率因素、改善中国工业绿色全要素生产率的途径等方面总结现有文献存在的问题和不足，提出了改进思路。

其次，从中国工业绿色全要素生产率测算方法、中国工业绿色全要素生产率收敛性检验理论、中国工业绿色全要素生产率的影响机制分析等三个方面，构建了系统的我国地区工业绿色全要素生产率分析的理论框架，为问题的研究奠定了坚实的理论基础。对绿色全要素生产率的核算方法和空间面板估计方法进行比较研究的基础上，采用 Malmquist-Lunberger-Bootstrap（MLB）生产率指数方法核算绿色全要素生产率，并选取静态空间面板随机效应模型和动态空间面板随机效应模型，构建了我国工业绿色全要素生产率的收敛性检验模型。再次，利用方向距离函数的松弛变量估计方法测算了中国各省际地区 1998～2017 年的工业绿色生产效率和工业绿色全要素生产率及其分解指标。总结归纳了中国工业绿色生产效率和工业绿色全要素生产率的演变特征，并利用参数方法和非参数方法检验了工业绿色生产效率和工业绿色全要素生产率的地区差异。最后，分析和检验中国工业绿色全要素生产率的主要影响因素，并在此基础上提出了改善中国工业绿色全要素生产率的主要途径。

经实证研究发现，2013 年以来，全国的工业绿色全要素生产率不断提高，这在一定程度上反映出党的十八大以来，随着新发展理念的不断深入贯彻，国家在环境保护领域政策法规的陆续出台、研发投入力度的不断增加、金融财税贸易等配套政策的持续跟进，工业领域的绿色全要素生产率得到了显著改善。从东、中、西部地区的绿色全要素生产率分解指标计算结果来看，各自呈现出不同特征，表现出区域工业绿色发展的动态不均衡。究其原因，与东、中、西部的工业发展基础条件、科研技术的发展程度、招商引资的吸纳转化、政策法规的传导效果等密切相关。对全国及东、中、西部工业绿色全要素生产率呈现出不同特点，本书给出了有针对性的对策建议。

在充分肯定本书成绩的同时，也提出两点可以进一步提升和改进的方面，一是非合意产出的选择不够全面。本书考虑到工业经济统计数据的可得性与可比性，仅选择工业废水中化学需氧量和工业二氧化硫排放量等对当地环境产生影响的指标作为非合意产出变量，而未考虑二氧化碳等温室气体排放会对全球气候变化产生影响的非合意产出，有可能会高估中国绿色全要素生产率；二是全要素生产率理论阐释还存在不足。对基于新古典学派的经济增长和全要素生产率理论为何要转向绿色全要素生产率理论，缺乏理论上的说明和解释。今后可以加强相关理论解释，深化相关定量分析，以期为今后的政策和实践提供更好的借鉴价值。

——叶燕斐

序 二

　　2017 年 10 月 24 日，中国共产党第十九次全国代表大会报告以及其通过的《中国共产党章程》中都明确提出："坚持创新、协调、绿色、开放、共享的发展理念。"实行最严格的生态环境保护制度，形成节约资源和保护环境的空间格局、产业结构、生产方式、生活方式，才能实现中华民族永续发展。2018 年 6 月 16 日，党中央、国务院下发的《关于全面加强生态环境保护 坚决打好污染防治攻坚战的意见》中强调坚决打赢蓝天保卫战，首要任务是加强工业企业污染综合治理。因为我国工业发展走过了一条依赖资源的大量投入、能源的大量消耗、高污染高排放、先发展后治理的道路。据统计，目前我国工业消耗能源占总耗能的 65%以上。因此，如何实现工业发展方式绿色化转型？对我国形成绿色发展方式和生态文明建设，实现资源节约型、环境友好型社会具有重大意义。正是基于此判断，本论著就选择了生态文明建设中的关键——工业绿色化转型，以及其转型关键绿色全要素生产率作为切入点深入研究，非常富有战略意义、现实意义和理论价值。

　　本论著将传统经济增长核算理论扩展为受环境约束的经济增长核算理论，构建了环境规制行为分析模型，丰富了经济增长核算方法的理论内涵。运用全新构建的经济增长绿色全要素生产率方法体系，测算了全国及三大地区工业绿色全要素生产率的静态特征和动态趋势。检验了传统理论中"经济收敛"在中国工业绿色转型过程中是否存在的重大理论问题并识别了中国工业绿色全要素生产率的影响机理。研究指出，强化环境规制是中国工业绿色转型过程的核心力量和主要途径。从政府宏观管理角度，为中国工业绿色转型提出了政策建议。本书具有很强的理论价值，对传统经济增长核算理论的有效扩展，给学界相关问题的研究提供了新的研究范式和路径。

本书经过实证研究，发现中国及三大地区工业绿色转型发生显著的结构变迁，存在显著的、相同的结构性转变特征和明确的、相近的结构性转变时间，但三大地区之间工业绿色转型的发展呈现出显著的静态和动态不均衡特征。具体而言，东部地区经济发展早、发展水平高，工业绿色转型已经呈现出部分趋同的特征，正处于"以点带面"的趋向性均衡发展过程中；而中部地区和西部地区由于发展时间晚，经济水平相对较低，其工业的绿色转型依然处于初级阶段，处于形成"点型结构"的不均衡发展时期。对于上述研究发现，本书在结论部分给出了具有针对性的对策建议，具有很强的现实意义。

"明镜所以照形，古事所以知今。"相信本书的出版，能够对未来一个时期我国工业的绿色转型发展发挥很好的实践价值，为我国的绿色转型贡献力量。

——郭建伟

目 录

第1章

绪 论

1.1 研究背景及问题

1. 世界工业发展的必然趋势：绿色经济

纵观全球经济发展轨迹，工业化进程在为经济发展提供增长动力的同时却不可避免地对生态环境造成了不可逆的负面影响。重工业发展造成的资源消耗和环境损害曾使发达国家付出了沉重代价。过度的资源消费和环境破坏使得工业生产无法持续，也破坏了人类生存的基本条件（金碚，2005）。著名的未来学研究组织罗马俱乐部（Club of Rome）在 1972 年发表了报告《增长的极限》（*The Limits of Growth*），向全世界发出了"世界末日"的警告。发达国家逐渐开始关注污染治理工作并将一些高排放、高污染的重化工业和劳动密集型工业向国外转移。1987 年，世界环境和发展委员会（World Commission on Environment and Development）在日本东京发表报告《我们共同的未来》（*Our Common Future*），倡议积极开发和利用新能源从而在提高生产效率的同时减少环境污染。1989 年，英国伦敦大学学院教授大卫皮尔斯等经济学家在《绿色的经济蓝图》中介绍了"绿色经济"的概念，呼吁经济发展与环境保护的有机结合，以便经济可持续发展目标的达成。

为应对气候变化和实现经济复苏双重压力，联合国环境署发起了"绿色经济"倡议，旨在通过转变固有的经济发展模式，使经济增长走上低碳、可持续发展道路。从本质上看，"绿色经济"要求以较低的碳排放实现同样的经济增长，这就需要创新生产技术、市场运作及商业模式。第四次工业革命（中国科学院可持续发展战略研究组，2011；王玲玲和冯皓，2014）已逐渐成为发达国家产业经济发展计划的重点。美国、欧洲、韩国等发达国家开始重视新能源环保产业的发展，借此力争第四次工业革命的领头者，开拓出经济发展的新途径。由此可见，绿色经济的发展正逐渐成为全球经济发展的新风向。

2. 中国经济可持续发展面临的最大机遇：绿色转型

中国经济发展取得了举世瞩目的成就，被誉为"增长奇迹"，但就资源利用效率而言，长期"粗放型"增长模式使中国成为缺乏效率的经济体。在发展过程中，过分注重数量增加而忽视了环境保护，使其发展付出了巨大的环境代价。2015年1月22日，在瑞士达沃斯世界经济论坛上，发布了评估世界各国（地区）环境质量的"环境可持续指数"（ESL），全球141个国家和地区中，中国位居第137位是全球倒数第5位。可见，中国经济高速发展所付出的环境代价十分巨大。中国现在的环境已无法承载全部的污染排放，而污染物的处理效率低更加剧了这个问题。自然生态环境因为工业污染而恶化：沙土化面积逐年递增，天然草原面积逐年减少，河流资源过度开发已超过生态警戒线，流域生态功能失调，部分地区地下水开采泛滥。工业发展对环境污染最严重的问题集中在大气和水污染两个领域（熊勇清、黄健柏和陈鑫铭，2013）：在大气污染方面，工业化的快速发展消耗大量能源，致使中国成为世界用煤量和碳密集度最高的国家之一，而且已经连续多年成为全球二氧化碳排放量最高的国家[1]。据统计，中国二氧化碳排放年均增长率从 1971~1990 年的 5.5% 增至 2000~2005 年的 10.6%，较同期世界平均水平分别高出 3.4% 和 7.7%[2]。二氧化硫、二氧化氮等工业废气排放造成的雾霾问题凸显，使得全国 1/3 人口生活在污染的空气中。在水污染方面，生态环境的污染使流经城市以及工业密集区的河段受到污染，很多湖泊被富营养化，使得全国约 3 亿人口饮用水不合格。过去四十余年经济高速增长带来巨大的资源环境压力、生态环境持续恶化、发展不可持续等一系列问题。"粗放型"增长模式导致高投入、高消耗、

---

① 资料来源于世界银行的世界发展指数（World Bank World Development Indicators）。

② Raina. Uno. The Rising of China：It's industrialization，Urbanization and it's consequences. Washington State University.

高浪费、高污染，使得经济增长代价越来越大，对中国经济长期、稳定增长产生了严重的负面影响（陈逢文和刘年康，2012），推动经济增长绿色转型的需求日益迫切。

进入 21 世纪，随着"绿色经济"的发展理念深入人心，中国政府已充分认识到环境污染对中国经济可持续发展的影响。党的十八大明确将生态文明建设纳入中国特色社会主义"五位一体"总布局。

3. 中国经济绿色转型的关键动力：工业发展方式转变

2018 年中国 GDP 总量达 90.03 万亿元，仅次于美国，连续多年稳居世界第二位。从经济增长的结构看，自 1978 年改革开放起至今，中国经济增长贡献主要来自第二产业，其对国内生产总值增长的拉动超过 4.5%，远超过第三产业的平均值 4% 和第一产业的平均值 0.4%，而同期工业增加值占第二产业比重基本保持在 85% 以上，如表 1 - 1 所示。可见，工业发展一直以较高贡献率推动着经济增长，成为促进我国产业结构优化升级的核心力量，仍是长期推动中国经济增长的重要引擎。

随着世界经济持续低迷发展，中国经济也进入新常态。新常态下，工业内部的深层次问题和矛盾正在逐渐显露。中国工业企业缺乏自主创新能力，生产效率及效益较低。从可持续发展角度，中国面临着日益严峻的环境和资源束缚，使得中国工业生产高消耗、高污染和低质量、低效益问题尤为凸显，这种工业发展模式已经不能满足可持续发展的要求。

要摒弃传统粗放式工业发展模式，实现经济的可持续发展，就必须实现工业经济发展方式真正向绿色工业转型。在研究工业绿色发展水平方面，联合国工业发展组织发布的《2011 年工业发展报告》对 2005～2009 年全球 118 个国家和地区的工业竞争指数（CIP）进行排名，用于评估一个国家或地区工业发展水平在全球经济中的地位。这一结果也引起了国内学者的关注。王永瑜和郭立平（2010）针对绿色 GDP 核算理论和方法进行了研究。中国社会科学院工业经济研究所课题组（2011）也深入研究了中国工业绿色转型问题，指出"中国已经步入工业化后期阶段，必须高度重视产能过剩、产业结构转型升级和新工业革命三大挑战"，必须改变现有的工业经济发展模式。

绿色全要素生产率是判断工业经济发展方式是否转型的关键指标，其能全面衡量经济增长过程中要素投入等数量推动和知识资本、技术进步、管理改善等推动的产出增长。由此，加快转变工业经济发展方式的根本问题在于全面提高工业经济的绿色全要素生产率。

4. 中国工业经济转型必备的均衡条件：地区工业协调发展

经济增长理论表明，一国或地区经济增长研究主要包括经济产出的长期平均增长率和各局部区域经济产出增长率之间的差异两个方面。2000 年以来，中国工业经济在整个国民经济中占主体地位，中国已成为工业生产大国，但为实现中国经济的可持续发展，必须加快中国经济的绿色转型，其关键是实现中国工业经济发展方式的转变，即实现中国工业经济的绿色转型。但中国经济区域结构的多样性决定了各个地区在工业经济发展程度的差异和不均衡，这使得中国工业经济的绿色转型无法以全国统一的形式进行。我国区域工业生态效率之间差距较大（汪东、朱坦，2011），总体呈"东高西低"的格局，以北京、上海、天津和广东为代表的东部地区工业生态效率高，而西部地区省份的工业生态效率低（陈傲，2008）。

表 1－1　1978～2018 年中国产业结构对国内生产总值增长的拉动百分比　单位：%

年份	国内生产总值增长	第一产业	第二产业	第三产业	年份	国内生产总值增长	第一产业	第二产业	第三产业
1978	11.60	1.14	7.17	3.29	1999	7.60	0.43	4.32	2.84
1979	7.60	1.59	4.07	1.95	2000	8.40	0.34	5.01	3.04
1980	7.90	-0.38	6.76	1.52	2001	8.30	0.38	3.85	4.07
1981	5.10	2.07	0.90	2.13	2002	9.10	0.37	4.50	4.23
1982	9.00	3.47	2.59	2.93	2003	10.00	0.31	5.79	3.90
1983	10.80	2.58	4.70	3.53	2004	10.10	0.74	5.23	4.12
1984	15.20	3.89	6.49	4.82	2005	11.30	0.59	5.71	5.01
1985	13.50	0.55	8.26	4.70	2006	12.70	0.56	6.31	5.83
1986	8.90	0.87	4.73	3.28	2007	14.20	0.38	7.11	6.72
1987	11.70	1.19	6.44	4.07	2008	9.60	0.50	4.67	4.44
1988	11.30	0.61	6.93	3.77	2009	9.20	0.37	4.81	4.02
1989	4.20	0.67	1.85	1.68	2010	10.60	0.38	6.08	4.13
1990	3.90	1.57	1.55	0.78	2011	9.50	0.39	4.94	4.17
1991	9.30	0.63	5.68	2.99	2012	7.70	0.39	3.85	3.47
1992	14.30	1.16	9.04	4.10	2013	7.70	0.32	3.73	3.63
1993	13.90	1.06	8.95	3.89	2014	7.30	0.34	3.50	3.47

年份	国内生产总值增长	第一产业	第二产业	第三产业	年份	国内生产总值增长	第一产业	第二产业	第三产业
1994	13.10	0.83	8.69	3.59	2015	6.90	0.31	2.93	3.66
1995	11.00	0.96	6.91	3.14	2016	6.70	0.27	2.56	3.87
1996	9.90	0.92	6.16	2.82	2017	6.70	0.32	2.39	3.99
1997	9.20	0.60	5.44	3.17	2018	6.60	0.28	2.38	3.94
1998	7.80	0.56	4.66	2.57	均值	9.50	0.85	5.07	3.59

我国工业化进程在整体上已经进入中后期阶段，但是工业化的区域发展却表现出较为明显的差异性：北京、上海等地区已经进入工业化经济发展后期阶段；但是辽宁等地区仍然处于中期阶段；甚至还有一些省份工业发展较缓慢，处于工业化初期向中期的过渡阶段。工业化进程的地域差异决定了中国在工业绿色发展道路上实施时必须考虑到区域差异，对于不同地区要采取有针对性的发展要求和转型目标。这需要中国根据实际国情来制订相对应的发展计划，以便实现工业发展模式在战略选择上的区域化，进而在总体上提高中国工业的可持续发展水平。对国内各地区工业绿色全要素生产率的现状特征及其差异因素进行分析，研究地区工业经济绿色转型的发展模式和途径，有利于实施差别化的地区工业绿色发展战略，最终实现一个资源节约型和环境友好型的经济可持续发展模式。

1.2 研究目标与意义

研究如何全面提高中国工业绿色全要素生产率水平，是促进中国工业绿色转型、推动中国经济可持续发展的重要理论和现实问题。针对这一重要理论问题，本书从可持续发展出发，全面分析地区工业经济增长的质量和均衡问题，并通过分析地区工业经济绿色转型的主要影响因素，提出以节能减排作为推动绿色全要素生产率增长的主要方式，来实现经济发展方式由传统"粗放型"向科学发展方向的根本转变。

1.2.1　理论意义

在环境经济学中，如何处理环境污染变量一直是一个难题，也是传统分析方法难以解决的关键问题。研究经济增长核算的传统全要素生产率测算方法存在两个缺点：一是由于污染物排放的价格信息缺失导致相关数据的可得性很差，已有研究方法通常不考虑环境污染因素对全要素生产率的影响，即不考虑环境要素表现出的资源性、稀缺性和在可持续增长问题上表现出的约束性。主要表现为传统全要素生产率主要测算资本、劳动等投入与经济产出的数量关系而不考虑环境污染问题。但是，工业生产在提供经济产出的同时也带来废气、废水和废物排放等非期望产出。可见，传统全要素生产率的测算结果会不可避免地产生误差，其测算结果也无法提供可持续发展层面的内涵分析。因此，近年来学术界开始将目光转向纳入非期望产出的全要素生产率分析框架。二是传统的测算方法假设生产决策单元都能够实现基于生产前沿面的最优化生产，也就是将不同生产决策单元视为技术水平相同的主体，从而忽略了不同地区区域化差异对全要素生产率增长的不同作用。而在实际工业生产过程中，一方面，忽略环境污染因素的假设并不符合现实情况；另一方面，处在经济发展转型阶段的中国，不同地区工业生产中普遍存在技术水平的差异，使得不同生产决策单元分布在生产前沿面的不同位置进行组织生产，而非假设中在生产前沿面上的最优化生产。由此可见，传统的全要素生产率测算方法并不适合对中国工业经济绿色转型问题进行研究。

基于上述考虑，本书从定义环境污染的负外部性入手，通过修正传统的全要素生产率理论体系，拟在考虑非期望产出的绿色全要素生产率理论分析框架下，使用非参数化方法来构建生产前沿面，使用方向性距离函数构建环境规制行为分析模型，测算环境约束条件下地区工业绿色全要素生产率，为中国工业绿色转型奠定理论测算基础，解决了区域经济增长质量的测算问题。随后，构建检验我国地区工业绿色全要素生产率收敛性的静态和动态空间面板随机效应模型，丰富了收敛性概念在研究多区域经济增长理论时的理论内涵，为准确评估中国地区工业绿色全要素生产率增长对中国经济整体转型的贡献，扩展了相关的理论分析框架，解决了不同区域经济增长的均衡性问题。特别是现有的研究在探讨地区工业绿色全要素生产率的影响因素时，往往忽略了地区间技术溢出、环境规制相依性的特点，所以模型存在严重的空间自相关性，难以真正识别出影响地区工业绿色全要素生产率的特征因素。本书将利用非平稳空间计量经济学理论方法中的空间单位根和空间协整方法，研究中国工业绿色全要素生产率的运行机理，识别出影响其运行的主要因素就是以节能减排为标志的环境规制。

1.2.2 现实意义

随着世界经济增速的放缓，发达国家开始重新关注本国的工业发展。美、英、法等国吸取了过度依赖虚拟经济的教训，开始实施"再工业化""制造业回归"等工业发展新模式。德国联邦教研部和经济技术部联手资助的"工业4.0"项目已上升为国家战略。上述国家绿色发展模式的推广不仅促进了本土经济的可持续发展，还在经济全球化背景下影响了全球经济和贸易格局。这种影响通过国际金融和国际贸易渗透到发展中国家去，发达国家可能会对拒绝融入世界经济绿色发展格局中的发展中国家采取绿色贸易制裁。比如，维利（Whalley，2011）研究中提到欧盟自2012年1月1日起对国外航空公司征收航空碳税，这种做法很容易通过航空产业链扩展到其他产业以及地区。

中国必须未雨绸缪，尽快实现经济发展方式的转变，以期在全球经济绿色转型发展竞争中占据有利位置。与此同时，中国正处于传统工业化发展阶段的后期，作为能源消耗与碳排放的主要部门，工业经济的绿色转型对中国实现经济发展方式的转变至关重要。

中国不同地区工业发展水平差异较大，工业经济的增长质量与增长模式相差较大，主要表现为不同地区工业经济的绿色转型发展特征呈现出较大差异。在研究时，必须充分考虑地区工业绿色全要素生产率的异质性问题，才能为中国地区工业的绿色转型提供更为准确且符合中国实际的实证支持和政策建议。本书将不同地区工业绿色全要素生产率分解为两部分，即绿色技术效率变动和绿色技术进步率，从而有助于分清中国工业绿色全要素生产率的增长是由于技术创新还是效率改进，同时从上述两种不同的工业转型发展方式出发提出不同的政策含义和启示。进一步采用静态和动态空间面板随机效应模型，对我国工业绿色全要素生产率的地区差异性进行深入分析，同时剖析影响这些差异的主要因素，揭示出中国地区工业经济绿色转型的方向和途径，上述研究结果对于工业部门区域性的绿色发展转型体制、机制、政策与路径的探索具有重要的现实和指导意义。

以绿色全要素增长的工业绿色转型发展不仅具有生态环境保护方面的意义，还有利于优化调整工业结构。工业绿色技术创新与进步能够推动新能源、节能环保等新兴绿色产业的发展，不仅能够减少传统工业发展的高污染排放，而且能促进形成未来经济发展的新增长点。

1.3 核心概念界定

1.3.1 绿色转型发展

随着环境污染问题日趋严重，绿色转型已成为当今世界学术界的主要议题之一。本书主要就如何提高中国地区工业绿色全要素生产率问题进行了研究和探讨，研究问题涉及中国工业经济增长的可持续发展和均衡性发展两个方面。无论哪一个方面都与工业的绿色转型密切相关。已有学术文献虽然对此概念进行了一定研究，但迄今为止学术界并没有统一的定义。

黄海峰、李博和李锦学（2008）定义"绿色转型"为从粗放的资源密集型发展模式转型至可持续发展的生产、消费模式，从而打破了经济增长与资源消耗在以往的紧密联系。研究还将"绿色转型"总结为三种不同的形式：一是由传统物质经济向绿色经济的转型；二是由不可持续向可持续发展的转型；三是由工业文明向生态文明的转型。张晨（2010）提出"绿色转型"的内涵其实就是科学发展模式对传统发展模式的替代以实现经济发展与生态环境保护的和谐发展。中国社会科学院工业经济研究所课题组（2011）的观点与上述研究相似，认为工业绿色转型的指导思想和内涵，分别是资源集约利用以及环境友好和绿色创新；工业绿色转型的着力点是理念、技术和制度等全方位创新；工业技术的绿色创新在长远角度还要从传统产业逐步扩大到新能源、新材料等新技术产业。向书坚和郑瑞坤（2013）界定了绿色经济与绿色经济发展指数，以生态经济系统物质流动原理与绿色经济的相互关系和影响为基础，建立了中国绿色经济发展指数，利用了"十一五"时期的数据验证了该指数，结果显示：目前中国的绿色经济发展还处于较低水平并且不具有典型的绿色经济性质。苏利阳、郑红霞和王毅（2013）将工业绿色发展的定义融入绿色生产、绿色产品、绿色产业三个方面，认为在居民消费需求日益增长的今天，工业绿色发展可以被理解为在促进工业经济持续较快增长的同时为居民提供更好、更多的绿色工业产品和服务，积极发挥绿色新兴产业的作用，利用绿色工艺系统和生产过程生产出绿色低碳产品，最终协调工业发展与资源环境容量有限之间的矛盾。武春友、陈兴红和匡海波（2014）认为以资本、技术和劳动力为主要构成的现代企业是经济和社会发展不可或缺的一部分，提出识别企业绿色增长模式的影响因素是实现工业绿色发展的首要问题；针对企业发展特点及绿色增长模式的要素，构建企业绿色增长模式的影响因素指标，运用粗糙集理论对指标进行信息重复性约简。在指标分析中利用灰数与 DEMATEL 相结合的方法，分析了约简后的各指标对企业绿色增长模式的影响程度以及各影响因素之间的作用关系，在为工业绿色增长影响因素识别提供新的研究思路的同时也为工业绿色增长模式的选择提供理论指导。

可见，构建了诸如中国绿色经济发展指数、工业绿色发展绩效指数和企业绿色增长模式因素指标等体系，强调了保护环境、实现可持续发展，为中国工业的绿色转型研究奠定了理论基础。但研究主要集中于工业绿色转型的测算指标方面，对其理论内涵并没有做进一步阐述。这一概念是本书研究逻辑上的出发点。

在工业绿色转型发展的概念上，本书在现代经济增长理论的核心观点以及现有的文献研究成果基础上，定义绿色工业转型发展为在促进工业经济持续较快增长、提供更多、更好工业产品和服务以满足人们日益增长的需求同时将资源节约与环境友好以及技术创新、管理和制度创新分别作为指导思想和中心目标，通过改革现有生产技术、改善现有生产方式、提高现有资源的使用效率、创新各种新式能源和技术方式的使用，协调传统工业发展与有限环境容量之间的矛盾，不断提高由绿色全要素生产率所代表的经济增长质量以全面实现可持续发展目标。

1.3.2 效率与生产率

效率衡量的是各种投入在经济活动中被转化为产出的有效程度。效率是经济研究的核心问题。早在 1896 年，意大利经济学家帕累托（Pareto）就提出了著名的帕累托最优理论（Pareto Optimality）。帕累托最优是指某种经济资源的配置如果在不使任何人境况变坏的前提下，就不能使该经济中其他人的境况变得更好，那么这种配置形式是有效率的，被称为帕累托最优。著名经济学家萨缪尔森（Samuelson）则认为在经济生产中，如果物品的减少与物品的生产达到量的平衡，那么这种经济生产方式就被认为是有效率的，即不存在浪费。以索罗（Solow）为代表的经济增长理论学派认为效率在本质上是一种生产技术进步率。基于上述观点，本书将效率视为一定时期内总产出与各种资源投入的比例。

生产率同样也是经济研究中的核心问题，它衡量的是在经济生产中各类生产投入要素在利用上的有效程度，同时还能反映出经济生产过程中技术创新水平、生产要素配置效率、生产管理水平等方面的真实情况。一般采用单要素生产率和全要素生产率两种方法来测算生产率。单要素生产率考察了生产产出与单一要素投入的比例关系，全要素生产率则是考察产出与全部投入要素之间的比例关系。

效率和生产率之间存在一定的联系，但也存在本质的区别：效率是静态的，而生产率则测算了前沿技术进步和效率在不同时点上的相对变化，是一个动态相对比值。本书中生产率是以各地区生产效率值为基础。

1.3.3　全要素生产率

全要素生产率又被称为"索罗余值"（Solow Residual）。最早是由著名经济学家索罗提出，反映了总产量与全部要素投入量的比例。全要素生产率的增长率也被称作技术进步率，是产出增长率与要素投入增长率的差异部分，这种增长差异源自技术进步、组织创新、专业化和生产创新等方面内容。技术进步主要指的是传授知识、技能培养、组织方式、规模经济等方面有所改善，但这种改善还不能量化或归因于有形的、更为先进的专业设备，技术含金量相对更高的劳动，单位面积生产效率更高的土地等要素新增投入量。因此，全要素生产率实际上衡量的是产出量在劳动力、资本量、土地资源等生产要素投入量都不变时仍然增加的部分。因此，传统全要素生产率定义为：经济增长中除了来自要素投入量增长以外，被归因于技术进步和效率提高的产出。可见，传统全要素生产率反映了经济增长的质量。

1.3.4　绿色全要素生产率

传统全要素生产率测算方法在经济绩效的评价过程中会忽略非期望产出，从而忽视环境因素影响。在可持续发展的背景下，环境问题在经济发展中的重要性使学者们开始认识到资源和环境不仅是经济发展的内生变量，还会对经济发展产生刚性约束效力。因此需要在生产率指数分析过程中考虑环境因素，也就是莫赫塔迪、拉曼（Mohtadi，1996；Ramanathan，2005）将全要素生产率的理论内涵扩展到绿色全要素生产率。目前，主流的绿色全要素生产率模型对环境污染的处理是将其看成生产过程中的一种副产品并赋予环境污染负外部性特征，在理论上将其归结为非期望产出。采用这一思路，钟等人（Chung et al.，1997）将污染排放视为非期望产出，通过方向性距离函数和生产率指数，测算了瑞典纸浆厂的全要素生产率。上述研究方法测算出的绿色全要素生产率因为合理地衡量污染排放对于经济增长的作用，对现实生产问题具有重要意义。

为了全面考察污染排放等环境因素对全要素生产率的影响，本书在传统全要素生产率的基础上，将全部污染排放视为具有特殊性质的产出品——非期望产出引入到全要素生产率核算框架中，在此基础上构建生产可能性集，以环境生产技术来定义这一概念。最终，借鉴传统全要素生产率核算方法体系，构建出绿色全要素生产率核算体系。

1.4 研究思路与方法

中国工业经济发展长期以来采取"粗放型"发展模式，导致了严重的生态环境污染。为了有效测算出上述污染情况，本书采用"文献综述—理论框架—现状分析—机理研究—政策建议"的研究思路，研究了中国地区工业经济绿色转型问题。在研究过程按照如下步骤展开：第一，为了判断中国地区工业经济绿色转型的现状和正确核算地区工业经济增长的质量，针对传统全要素生产率理论不考虑环境污染对产出影响而导致测算结果存在偏误的问题，完善了以环境生产技术为基础的绿色全要素生产率指数方法体系，构建了环境规制行为分析模型，对全国及三大地区工业绿色全要素生产率的静态特征和动态趋势进行了测算和分析。第二，采用静态和动态空间面板随机效应模型检验了中国地区工业绿色全要素生产率的收敛性，分析了各地区工业经济增长是否均衡的理论问题，为准确判断中国地区工业经济绿色转型的阶段特征奠定了理论基础。第三，采用空间面板数据模型对影响中国地区工业绿色全要素生产率的主要因素进行分析和研究，并在上述研究成果的基础上提出了对其进行改善的有效途径。为全面促进中国地区工业经济绿色转型提供了理论依据。从以上讨论可知，本书的技术路线图如图 1-1 所示且研究思路大体如下：

（1）确定需研究的问题，对相关文献梳理和数据收集。

（2）提出本书的分析框架与方法体系，完善了以环境生产技术为基础的绿色全要素生产率指数方法体系，构建了环境规制行为分析模型，为研究中国工业经济绿色转型问题奠定了理论基础。

（3）使用中国 1998～2017 年 29 个省际工业面板数据，以数据包络分析为代表的生产前沿面理论方法为分析工具，设计了以松弛向量为基础的非径向、非角度方向性距离函数和 Luenberger 生产率指标，测度和分解了包含污染排放的中国工业绿色全要素生产率，同时分析并总结了全国以及三大地区工业绿色转型的静态特征和动态趋势。

（4）以测算的中国工业绿色全要素生产率指数为依据，运用静态空间面板随机效应模型和动态空间面板随机效应模型方法对中国工业绿色全要素生产率进行收敛性检验，验证了中国工业绿色转型中是否存在传统理论中的"经济收敛"这一重大理论问题，识别出中国工业经济增长质量差异的时间演化趋势。

（5）基于空间面板计量理论，构建了静态空间面板协整模型和动态空间面板自回归模型，对影响中国工业绿色全要素生产率的主要因素进行了单位根检验和协整检验。研究了中国工业绿色全要素生产率的影响机理，还详细分析了各影响因素对中国工业绿色全要素生产率增长及其构成的作用效果。在此基础上，研究指出增加环境规制强度是中国工业绿色转型过程中的核心力量和主要途径。从政府宏观管理角度，为中国工业经济的绿色转型提供政策建议。

基于上述研究步骤和思路，本书研究方法主要有：

第一，文献归纳法。对现有经济增长核算理论中不同测算方法进行综述并对工业传统全要素生产率、工业绿色全要素生产率及其他测算方法进行了比较分析，进而归纳出现有研究文献中有关工业绿色全要素生产率的影响机制和主要因素，总结出改善工业绿色全要素生产率的有效途径，全面梳理了中国地区工业绿色全要素生产率的现状、机制和改善问题，最终形成本书研究的逻辑出发点。

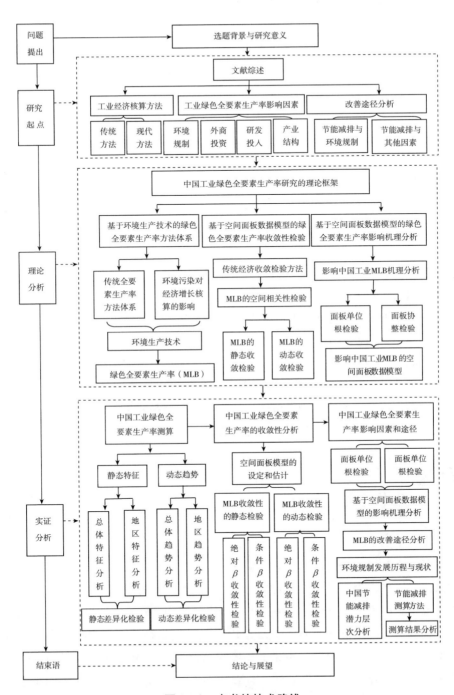

图1-1 本书的技术路线

第二，统计分析法。在概述中国工业经济发展的现状、测算中国地区工业绿色全要素生产率时，对各地区的投入和产出指标采用了表、图等描述性统计方法。为了避免传统曼奎斯特（Malmquist）生产率指数测算方法未考虑随机噪声的影响，采用自助法（Bootstrap）方法对估计结果进行修正。

第三，数理经济学方法。在构建本书使用的绿色全要素生产率方法体系时，使用非参数生产前沿面理论方法，设计了以松弛向量为基础的非径向、非角度方向性距离函数和 Luenberger 生产率指标体系。在对中国地区工业绿色全要素生产率的收敛性进行检验时，使用 Solow 增长模型中推导出的数理公式来说明绝对收敛假设的基本逻辑。

第四，实证分析法。运用静态空间面板随机效应模型和动态空间面板随机效应模型方法，采用空间单位根检验、空间协整检验等方法，研究中国地区工业绿色全要素生产率的收敛性，并分析了其作用机理，同时就各影响因素对中国工业绿色全要素生产率增长及其构成的作用情况进行分析。经过分析后得出，中国工业绿色转型的重要路径是通过增强节能减排强度，以此带动环境规制的实施，从而使得工业企业不得不去实现绿色技术创新和进步，鼓励工业发展清洁能源、提升能源利用率等战略，加速工业结构的优化调整。最后，使用基于人工神经网络反向传播（Back Propagation，BP）算法的非线性动力学模型和物料核算法，研究了中国节能减排的理论机制和改善途径，为促进中国地区工业绿色转型的政策建议提供了理论支撑。

1.5 本书的创新点

本书主要从以下四个方面对现有研究成果进行扩展。

第一，对传统全要素生产率测算方法进行改进，修正了绿色全要素生产率指数方法体系，为中国地区工业绿色转型提供了完整的理论分析框架。针对传统全要素生产率理论不考虑环境污染对产出的影响、其测算结果存在偏误的问题，在分析中国工业绿色转型的理论内涵基础上，将"环境生产技术"引入传统的全要素生产率理论，构建了环境约束条件下的 Malmquist – Lunberger 生产率指数方法并对测算结果进行自助法（Bootstrap）修正，完善了中国工业绿色全要素生产率指数方法体系，即曼奎斯特—伦伯格—自助法（Malmquist-

Lunberger-Bootstrap，MLB）。在此基础上，提出了环境规制行为分析模型、工业经济收敛性检验理论和影响因素机理分析理论，分别从测算基础、均衡扩展和理论深化三个方面，为研究中国地区工业经济的绿色转型问题提供了完整的理论分析框架。

第二，对中国地区工业绿色全要素生产率的特征及趋势进行研究。采用环境规制行为分析模型实证测算了全国及三大地区工业绿色全要素生产率并且分析了其特征和趋势。结果表明：在环境约束条件下中国地区工业绿色全要素生产率呈现了"先增长后下降"的趋势；各地区之间工业绿色转型的发展呈现出显著的静态和动态不均衡特征并且在省级层面上呈现出逐渐扩大的趋势。研究结果揭示了中国地区工业的绿色转型具有大致相同的结构变迁特征和转变时间，但不同地区之间的差异也在不断扩大，工业绿色转型的成效并不显著，工业经济的能源产出水平相对较低，显示出较大的节能减排潜力。为准确判断中国各地区工业经济绿色转型的阶段特征奠定了实证基础。

第三，对中国地区工业绿色全要素生产率的收敛性进行检验。采用工业经济收敛性检验理论对1998～2017年全国各省级单位工业绿色全要素生产率是否存在绝对 β 收敛和条件 β 收敛进行了静态和动态检验。结果表明：中国地区工业绿色全要素生产率出现了较为严重的、基于省级层面的不收敛特征，各地区的检验结果之间存在较大差异。这一研究结果揭示出中国地区工业经济发展在现阶段几乎不存在"经济收敛"现象，显示出不同地区正处于绿色转型的不同阶段。东部地区正处在工业绿色转型"以点带面"的趋向性均衡发展阶段，而中部和西部地区依然处于工业绿色转型形成"点状结构"的不均衡发展阶段。这一研究结果丰富了收敛性概念在研究多区域经济增长理论时的理论内涵，为准确评估中国地区工业绿色全要素生产率增长对中国经济转型的贡献奠定了实证基础。

第四，中国地区工业绿色全要素生产率的影响机理和改善途径。采用绿色转型影响因素机理分析理论对中国地区工业绿色全要素生产率及其主要影响因素进行了面板单位根检验和面板协整检验。在此基础上，构建空间面板模型对影响中国地区工业绿色全要素生产率的运行机理进行实证分析。同时，采用基于人工神经网络BP算法的非线性动力学模型和物料核算法研究了中国节能减排的理论机制和改善途径并且测算了三大地区的碳排放总量。结果表明：一是环境规制强度在四大影响因素中最显著是提高中国工业绿色全要素生产率的核心力量和主要途径。二是降低能源使用强度是提高环境规制强度的主要目标。三是东、中、西部三大地区人均碳排放量的均值依次下降，但整体上呈现出逐步递增的动态变化趋势；各地区人均碳排放量的差异性呈现出显著扩大的动态演化特征；不同地区的减排模式存在显著的不同。这一研究结果准确测度了中国地区节能减排的效果，为提高各地区工业绿色全要素生产率水平提供了差异化的政策途径。

1.6 本章小结

本章从可持续发展和绿色经济增长角度认为，随着第二产业和第三产业在国内生产总值占比的不断增加，提高全要素生产率尤其是工业绿色全要素生产率尤为重要，是提高我国产业的国际竞争力的核心。介绍了本书的研究目标和研究意义，提出本书的研究思路和方法，包括文献归纳法、统计分析法、数理经济学方法和实证分析法。本章还着重诠释了绿色转型发展、效率与生产率、全要素生产率和绿色全要素生产率的概念。最后，本章分析了全书的创新点：（1）对传统全要素生产率测算方法的改进，提出了中国地区工业绿色转型的理论分析框架；（2）对中国地区工业绿色全要素生产率的特征及趋势进行研究；（3）对中国地区工业绿色全要素生产率的收敛性进行检验；（4）研究了中国地区工业绿色全要素生产率的影响机理和改善途径。

第2章

文献综述

　　21世纪全球进入以提高资源生产率、降低污染排放为核心的第四次工业革命，即绿色工业革命。由于绿色工业革命正处于雏形，意味着中国第一次有机会与欧美等西方发达国家站在同一起跑线上。但现有研究表明：中国工业经济整体上趋于污染型、粗放型并且各地区间工业经济增长绩效差距逐步拉大；环境规制强度、外资因素、技术水平、资本深化、产业结构等因素对工业经济增长方式的影响错综复杂（胡鞍钢、高宇宁和鄢一龙，2013）。在这种经济形势下，中国急需走一条新型工业化道路，既不违背现有的工业化规律，又能力争超越发达国家的工业化模式。

2.1 全要素生产率的研究

　　全要素生产率反映了总产量与全部要素投入量的比例。全要素生产率实际上衡量的是产出量在劳动力、资本量、土地资源等生产要素投入量都不变时仍然增加的部分。

2.1.1 全要素生产率的起源和发展

　　全要素生产率又称综合要素生产率，是经济增长研究领域的一个重要概念和研究课题，它反映资本、劳动、信息等要素投入的综合产出效率。根据新古典学派的增长理论，经济增长由三个部分组成：劳动投入的增加、资本投入的追加和全要素生产率（TFP）的增长，而 TFP 应该仅限于外生的、希克斯中性（Hicks-Neutral）的技术进步，也可称为增长余值（residual）或增长残值。

（1）国外关于全要素生产率的研究。

1957 年，美国著名经济学家罗伯特·索洛在《技术变化和总量生产函数》一文中研究了美国 1909 ～ 1949 年的经济增长，发现 80% 是由技术进步贡献的。索洛在一般生产函数中加入了考虑技术进步的因素，确定了产出增长率、各投入要素增长率和全要素生产率增长率的联系，即索洛增长模型。根据此模型，经济增长源于两部分：一部分是增加资本、劳动和资源等投入要素；另一部分是技术进步或效率提升等非投入要素。丹尼森认为索洛模型中技术进步为什么能够带来一定的 TFP 增长率，原因是低估了投入增长率，而低估是由于对资本和劳动的同质性假定。发展了"索洛余值"计算方法，放松了希克斯中性假定，对要素投入进行了细分，将劳动投入分解为劳动时间和就业状况等因素。

乔根森和格雷里切斯（1967）认为全要素生产率是一种计算误差，引起这种误差应归于两个原因：其一是投入要素度量不准确；其二是考虑的投入变量不完整。如果能够精确度量的话，那么总产出 1% 的增加则基本上可以由总投入 1% 的增加来说明，因此基本上发现不到的 TFP 的增长。但是，这种精确度量在现实生活中是基本上不能够实现的，虽然如此，仍然要对生产率增长进行观察。他们指出丹尼森研究方法仍然高估了全要素生产率在增长中的作用，认为其方法存在明显的问题：一是没有分清楚什么是折旧、什么是重置；二是在计算折旧与重置时的计入方式不同。

在全要素生产率的研究早期，多半研究者选用增长核算法测算全要素生产率。法雷尔（Farrell，1957）构造了前沿生产函数来测量技术效率。西米祖（Nishimizu，1982）首次提出将 TFP 的增长分解成技术进步和技术效率的变化。昆巴卡尔（Kumbhakar，2000）将 TFP 分解为技术进步、技术效率的变化、资源配置效率的变化和规模效率。卡拉扬（Kalirajan，1993）等研究了技术效率与 TFP 和产出的关系。1978 年，著名的运筹学家查恩斯（Charnes）、库珀（Cooper）和罗兹（Rhodes）在相对效率概念的基础上提出了数据包络分析（Data Envelopment Analysis，DEA）方法，适用于多投入、多产出的边界生产函数的研究。卡夫（Caves，1982）在前人研究成果上构建了 Malmquist – TFP 指数，该指数可以用来测量技术效率的量，格罗斯科夫（Grosskopf，1994）等人按照费希尔（Fisher，1922）的研究，运用两个经过处理的 Malmquist 指数测算 TFP 的变化，随后把该指数分为相对技术效率和技术进步两个部分。此后，数据包络—曼奎斯特（DEA – Malmquist）生产率指数便广泛地运用于测算 TFP 的变化。

（2）国内关于全要素生产率的研究。

1988 年，魏权龄将 DEA 方法引入我国，开始研究国内 TFP 变化。关于如何研究 TFP 变化，使用最多的方法是 DEA 和随机前沿模型（SFA）。研究内容上集中于两个方面：一方面是对企业、行业和地区的 TFP 增长进行测算，研究其变化趋势；另一方面是对不同类型企业、行业及地区的分类进行对比研究。对于我国工业 TFP 变化趋势的研究尽管没有一致的结论，但大部分学者认为 1980 年以后的 10 年我国 TFP 增长较快，1990 年开始快速下降。对于出现 20 世纪 90 年代的 TFP 下降趋势的原因，郑京海、胡鞍钢（2008）认为，进入资本深化过早，就业岗位减少、处于失业高峰、收入差距扩大及各种寻租活动的出现。对地区、行业和内外资企业对比研究，范爱军、王丽丽（2009）将全国的技术效率指标以及变动规律分成了东、中、西地区，发现这三大区域的技术效率增长收敛。颜鹏飞、王兵（2004）测算了 30 个省份的全要素生产率，认为中国 TFP 增长主要是由于技术效率提高了。朱钟棣、李小平（2005）发现 34 个工业行业 TFP 增长差异呈"发散"趋势。严兵（2008）运用随机前沿生产函数对我国制造业内外资企业生产率增长进行研究，结果显示所有企业 TFP 均不断提升，由于非外资企业增长更快，两者距离开始缩短，技术进步是 TFP 增长的主要动力。

2.1.2　全要素生产率的扩展

全要素生产率自提出后，应用领域不断延伸。对于全要素生产率的测算逐步由宏观层面中的国家到地区、产业，转向微观企业层面。随着经济的发展，人们考虑到资源和环境对于全要素生产率测算的影响，基于全要素生产率提出绿色全要素生产率。

（1）不同层面全要素生产率。

宏观层面全要素生产率关注总量生产率，为研究经济发展趋势提供了数据支撑。微观层面全要素生产要素则是针对企业，为调整产业政策提供了决策依据。

国内关于宏观层面的全要素生产率研究众多，涉及各省（区、市）以及东、中、西全要素生产率趋势及对比。行业方面已经扩展到工业、制造业、服务业、农业、交通运输业等多个产业。对于企业微观层面 TFP 测量，研究人员运用不同方式进行测量。覃家琦等（2009）运用随机边界生产函数测算投资效率。刘小玄和吴延兵（2009）采用 DEA－M 指数法计算生产率增长。在测量 TFP 方面，聂辉华等（2014）运用奥利—帕克斯（Olley－Pakes，OP）法，赵奇伟（2016）采用列文森—佩特林（Levinsohn－Petrin，LP）法，杨汝岱（2015）则通过结合两者起来分析我国经济结构转型问题，李唐等（2016）分别采用时间序列 DEA、随机前沿 SFA 和 LP 模型进行度量并且运用主成分分析对这三种模型得到的企业 TFP 进行线性求和，得到新常态下企业的 TFP。张志强（2015）指出 OP、LP、阿克伯格（ACF）方法高估了企业的 TFP，德洛克（De Loecker）和联合估算 TFP 方法能够得到 TFP 可靠估值。

（2）绿色全要素生产率。

在新古典经济学中，研究全要素生产率的学者通常在测量全要素生产率时忽略了资源和环境污染的影响，而只考虑了资本和劳动力等输入要素对经济增长的影响。但是，随着资源和环境问题日益重要，经济学和环境科学领域的学者在使用全要素生产率评估当地的经济表现和社会福利时，会使用传统的资本和劳动力以及其他因素造成的资源消耗和环境损失。一些学者试图将污染物排放与资本，劳动力和能源一起作为生产要素纳入生产函数（莫赫塔迪，1996）并且在资源和环境约束下计算全要素生产率。这为全要素生产率提供了绿色的含义和可计算性。随着对全要素生产率的认识加深以及全要素生产率测量技术的进步，相关的理论和经验研究表明污染物排放是一种非理想产出。

2.1.3　全要素生产率的影响因素

（1）产业集聚。

产业集聚带来的集聚外部性改善了输入和输出关系并提高了输入和输出效率，无论是货币外部性还是技术外部性。同样，CP 模型和后续模型强调了集聚和增长的累积周期，马丁（Martin，2001）指出，工业集聚通过促进经济增长、降低创新成本（交易成本）和增长技术溢出来促进凝聚力。琼斯（Jones，1995）对经合组织国家的经济增长率与每个国家的劳动力进行研究，结果发现两者没有正相关关系。在集群经济的情况下，仍然不可能得出该集群能够促进生产率提高的结果。伯德（Bode，2004）基于西科尼（1996）模型的扩展，以德国数据为样本，发现凝聚性经济对提高劳动生产率几乎没有影响。

（2）出口。

格罗斯曼（Grossman，1991）认为出口通过创新提高生产率，而创新来自领先国家的技术转移和采纳，以及卢卡斯（Lucas，1988）"干中学"收益。创新来自出口企业为应对国际市场的竞争被迫持续改进技术和提高产品标准。技术的收益以及"干中学"的收益主要来自出口企业与国际竞争对手学习的尖端技术和管理技能。约阿希姆·瓦格纳（Joachim Wagner，2002）认为，出口可以提高绩效的理论原因至少有两个。通过为更大的市场提供服务，公司可以利用规模经济或减少内需的变化提高效率。面对更激烈的竞争，公司会积极改善其产品和服务质量。马穆特·亚萨尔（Mahmut Yasar，2006）认为，学习效果取决于参与出口程度、出口期限长短、出口强度规模以及国际化动机。格林纳维（Greenaway，2008）以1998～2002年一家英国制造公司为样本，研究了出口、集聚和全要素生产率之间的关系，结果显示出口商比非出口商生产率更高。伯德温（Baldwin，2004）认为"出口中学"和"自我选择"这两种观点并不互斥，两种理论都有助于解释出口与生产率之间的关系。

（3）FDI。

外商直接投资（Foreign Direct Investment，FDI）的挤出效应会造成东道国企业的产品积压、研发投资不足、技术依赖等问题。当然，技术溢出的正外部效应和挤出效应的负外部性的存在都具有一定条件，这就为实证研究提供了广阔空间。

董书礼（2004）认为，外国公司利用自身优势抢占市场份额，短期内对国内公司产生了一定影响，阻碍了国内公司的自主研发和创新，导致国内资金和公司形成严重的技术依赖。张海洋（2005）认为，外国技术的传播和外资的涟漪效应是不同的，发生方式和条件存在明显的差异。除了通过技术传播提高本地公司的生产率外，外资还可以通过减少国内垄断，促进竞争和提高资源分配效率来提高本地公司的生产率，促进技术的传播和国内企业的吸收能力，在管理自主研发的前提下，外国直接投资对国内资助的工业部门没有技术传播的影响。FDI 的技术溢出效应具有环境的依存性，东道国的人力资源状况、经济发展水平、研发投入、制度环境等都会影响 FDI 溢出效应的发生（祝波和董有德，2006）。

（4）其他影响因素。

国内外学者还从进口、企业产权、资本深化、经济周期、企业演化、研发等视角研究其对 TFP 增长的影响。欧杰（Augier，2009）等人利用西班牙企业层面数据验证进口中间品和资本装备对企业 TFP 增长的影响，发现进口中间品和资本装备对企业 TFP 增长的影响取决于企业的技术吸收能力（技术工人的比例）。何元庆（2007）研究了人力资本、进出口和外国直接投资对全要素生产率的影响，发现人力资本和出口对提高技术效率具有积极影响，而进口对技术效率则具有负面影响。与进口相比，人力资本和外国直接投资对技术进步和全要素生产率增长的积极影响更大。从产权的角度来看，姚洋（1998）、刘小玄（1995、2000）、谢千里与罗斯基（1996）等人认为，非国有企业的全要素生产率增长高于国有企业。王德文等（2004 年）以 1999～2001 年辽宁省560 家工业的调查数据为样本，研究表明，产业结构由重工业向轻工业转变，整个行业生产率提高的结论。吴延兵（2006）认为研发可以帮助提高工业生产率，但李小平、朱钟棣（2006）认为，中国技术进步的主要原因不是国内研发投资，而是全球工业转移。

人们经常用人均收入的数据表征经济增长，但经济研究表明经济增长绝非仅仅是人均收入数据的增长。在核算经济增长时，不仅要考虑传统生产要素，如劳动力、资本等有形要素的投入量，还需准确定义技术创新和管理创新等无形要素的增加对生产率增长的影响，从而更好地核算经济长期持续增长的质量。

2.1.4 忽视环境污染的经济增长核算：工业传统全要素生产率测算

郑凌霄和赵静敏（2012）采用非参数马姆奎斯特指数对 2000～2009 年我国 29 个省份的全要素生产率进行测算，分析了人均 GDP、教育水平、人口密度和城市化率等四大因素对全要素生产率的影响机制。研究发现：东部生产率增加值在资源投入既定的条件下要高于中部和西部，污染排放也低于二者；人均 GDP 与环境要素生产率之间存在倒"U"型的环境库兹涅茨曲线；教育水平与环境 TFP 有着正向关系，而城镇化率和人口密度与 TFP 有着负相关关系。

高文静（2012）测算了中国工业部门的碳生产率并检验了其收敛性。在分析环境与经济增长关系时，将碳生产率纳入，构建了资源配置对碳生产率影响的理论模型。在实证部分，以资本、劳动力和二氧化碳排放空间等投入要素的特征以及中国工业部门技术进步特点为理论基础，考察了这些影响因素对碳生产率的作用机制。结果显示：首先，单要素的碳生产率指数测算结果会出现偏差，即会对二氧化碳排放空间投入要素的效率产生过高估计，而以全要素生产率为基础的碳生产率指数能够比较真实地反映中国工业部门碳生产率的增长情况。其次，中国工业部门的两位数行业碳生产率指数同时表现出较为显著的 δ 收敛和绝对 β 收敛，这种收敛产生的主要原因是中国工业部门二氧化碳排放空间要素发生了对碳生产率相对较高行业进行再配置。最后，提高中国工业部门两位数行业碳生产率能够较有效地降低煤炭资源消费比例。

孙作人、周德群和周鹏（2012）基于非参数距离函数和环境生产技术，构建了一种生产分解分析新方法，将影响碳排放变动的因素分解为若干贡献因素并且将这些因素用于中国工业 36 个行业的驱动因素分析过程中。结果显示：潜在能源结构碳强度作用要低于潜在能源强度对工业二氧化碳排放量强度下降作用，同时能源强度有着更大发展和调整空间；煤炭消耗占总能源消费比例过高的现状使得能源结构碳强度仍旧过高，导致结构节能的潜力并未完全被开发；分行业的能源技术利用效率差异化扩大并且其改善并不显著。

程云鹤、齐晓安和汪克亮等（2012）在全要素框架下以基于连续前沿的 Malmquist - Luenberger 生产率增长指数方法为分析工具，对中国 1987～2009 年 28 个省份的技术进步、效率改善以及低碳全要素生产率进行测算，并对中国低碳全要素生产率的总体发展以及区域差异进行了实证分析。结果表明：考察期内中国整体低碳全要素生产率趋于上升，但上升幅度逐渐减小；低碳全要素生产率在中、东、西三大区域差异明显，这种差异还存在显著的东高西低的增长态势；技术进步和效率改善共同促进了东、中部地区低碳全要素生产率的提升；西部地区低碳全要素生产率提升仅靠技术进步驱动，效率改善存在退步迹象；各省之间低碳全要素生产率呈现一定的"俱乐部收敛"，技术进步有明显的"追赶效应"。

雷明和虞晓雯（2013）基于动态 Malmquist-Luenberger-DEA 方法，对 1998～2011 年全国各省碳循环全要素生产率进行测算，发现将造林绿化作为碳汇纳入评估体系后我国全要素生产率有所提高。构建空间面板计量模型，对我国地方财政支出结构和环境规制对低碳经济全要素生产率增长的影响进行了实证分析。结果表明，科技支出和工商交事业费支出能显著促进低碳经济全要素生产率的增长，而农业支出、文教科卫支出以及工业污染治理投资完成额和排污费征收额等指标与其负相关；外资利用率和对外开放度的提高会有利于低碳经济转型，而能源结构和产业结构的不合理则会阻碍低碳经济转型。

张成、蔡万焕和于同申（2013）以 1995～2011 年中国 29 个省份的面板数据为样本，研究了人均 GDP 和碳生产率的趋同效应和脱钩状态，实证发现：基于泰尔指数的 σ 收敛显示，全国整体在两变量上分别呈现倒"U"型和"U"型收敛趋势，但东、中、西内部和组间的差距形态各异并且东部和组间差距均是两变量总体差距的主要成因；β 收敛结果显示，两变量由于国际竞争程度、产业结构偏好、技术进步率和能源结构等因素存在的省际差异性更倾向条件 β 收敛而非绝对 β 收敛趋势，也就是说两变量不是统一的水平趋势，而是趋于各自的稳态水平；Tapio 脱钩和追赶脱钩指数模型显示中国各省份人均 GDP 呈现不断增长趋势，但是碳生产率的增长速度较慢，说明碳生产率趋于一个平稳的低态水平。

孙传旺、刘希颖和林静（2010）针对传统全要素生产率测度方法没有考虑到生产过程中的二氧化碳排放问题，提出了考虑碳强度约束下的全要素生产率指数。在与传统全要素生产率的比较研究中，碳强度约束下的全要素生产率指数表现出与碳强度相吻合的目标并且能较准确评价低碳经济发展中全要素生产率。进一步分解碳强度约束下的全要素生产率指数，实施了推动生产可能性边际外移的创新者分析以及全要素生产率的收敛性研究。结果显示：在碳强度的约束下，全要素生产率提高的主要推动力是技术进步；而东部地区省份主要引导技术进步的创新；平均碳强度在西部地区达到最大，从经济区域发展来看，碳强度约束下的全要素生产率目前并不存在赶超发达地区的趋势。在政策上，为了帮助西部地区能够把握低碳转型机遇，政府应该加大对西部节能减排的政策引导与技术创新的扶持投入力度。

2.1.5 基于环境约束的经济增长核算：工业绿色全要素生产率测算

自钟等人（1997）提出将污染排放视为非期望产出的绿色全要素生产率后，该全要素生产率测算方法得到了广泛应用。其中，库马（Kumar，2006）

以曼奎斯特—伦伯格（Malmquist - Luenberger，ML）指数对 41 个国家（地区）绿色全要素生产率进行测算，对比绿色全要素生产率（Green TFP，GTFP）与传统 TFP，结果发现 GTFP 和传统 TFP 间不存在明显的差异性，但二者的 Malmquist 指数和 ML 指数的分解项却表现出显著的差异性。赫什马提等（Heshmati et al.，2010）采用 ML 指数测算了 26 个经济合作与发展组织中国家或地区的 GTFP，测算结果显示尽管 GTFP 及其分解项与传统 TFP 表现出显著的差异性，但两者却有着相同的增长趋势。同时技术效率是 GTFP 初期增长的主要推动力并且其推动作用会随着时间的推移而越发显著。冯等（Feng et al.，2014）在非期望产出纳入分析过程中，基于此对 1981～2000 年 15 个经济合作与发展组织中国家（或地区）的生产率进行了测算。研究结果显示：生产率的测算结果在忽略非期望产出的情况下将误导国家间的生产率排名并且产生错误的技术效率变化率。

国内学者也进行了大量研究。匡远凤和彭代彦（2012）结合了广义马姆奎斯特指数（Gerneralized Malmquist Index，GMI）与随机前沿函数模型（Stochastic Frontier Model，SFM）来衡量在环境因素下 1995～2009 年中国生产效率、全要素生产率及其变化趋势。分析研究结果显示：环境生产效率能够反映环境所带来的效率损失，并能更优地体现省际资源利用差异；环境全要素生产率在 1995～2009 年表现要高于传统全要素生产率，这种趋势与中国在该区间进行的节能减排工作密切相关。同时，过快的资本深化使得这两个全要素生产率对经济增长的贡献率偏低，还加剧了减排难度以及省际前沿技术面的内陷。

刘瑞翔和安同良（2012）以方向距离函数（SBM）以及伦伯格（Luenberger）指数构建了一套新型生产率指数，分析了中国 1995～2010 年环境资源约束条件下的经济增长绩效变化趋势以及影响因素。结果显示：中国环境无效率的主要原因是能源消耗和污染排放，区域环境效率呈现自东向西的阶梯分布；中国经济增长绩效近年来出现下降趋势，特别是东部地区下降趋势尤为明显；样本期间各因素对环境全要素生产率影响的顺序依次为产出、污染排放和投入，说明经济高速发展对生产率增长做出了较大贡献。从动态视角看，近年来要素投入和污染排放是中国经济增长绩效下降的主要因素，而绩效下降的原因表现在效率改善趋缓而非技术进步。

徐永娇（2012）应用 SBM 模型和 ML 生产率指数法分别对 2001～2010 年包括环境因素的中国工业技术效率和全要素生产率进行测算。使用动态面板数据的广义矩估计（GMM）方法考察了环境效率和环境全要素生产率的影响因素。实证发现：在估计工业效率水平和全要素生产率时，不能忽略环境因素，否则会造成结果的误差；技术进步变化是全要素生产率的主要增长推动力；行业间环境效率表现出较大的差异性并且这种差异在考虑到环境因素后更加显著；行业规模、外商直接投资、资本劳动比、研发支出（R&D）支出强度等因素对环境效率和环境全要素生产率的影响存在着较显著差异性；环境规制对环境效率的影响并非是恒定的，其影响系数会随着行业的不同而产生差异化，表现出较明显的非线性门槛效应。

李玲和陶锋（2011）使用了 SBM 方向距离函数和 Luenberger 生产率指标测算了 2004～2008 年中国工业部门中 19 个污染密集型产业 4 种包含了非期望产出的绿色全要素生产率，并对影响污染密集型产业绿色全要素生产率的因素进行了实证分析。结果表明：规模效率对绿色全要素生产率贡献要大于技术进步和纯技术效率；不考虑非期望产出的绿色全要素生产率要大于考虑非期望产出的全要素生产率；污染密集型产业的环境规制程度和规模结构对绿色全要素生产率提高具有推动作用。

李玲（2012）全方位测度并分析了中国工业 1998～2008 年绿色全要素生产率，在研究中使用了 SBM 方向性距离函数和 Luenberger 生产率指标，同时还将能源消耗和环境污染纳入测算过程中。研究还使用面板数据聚类分析方法和收敛检验分析方法度量了工业行业间绿色全要素生产率差异的时间演化趋势，从环境规制和结构调整的角度以面板数据为样本实证分析了影响工业分行业绿色全要素生产率的相关因素，借此深入探讨了提高工业绿色全要素生产率的方法。

李玲、陶锋和杨亚平（2013）对过去 10 年 30 个省（区、市）工业部门包含了能源消费和污染排放的绿色全要素生产率运用 SBM 方向性距离函数和 Luenberger 生产率指标进行估测，将此作为各地区工业增长质量的度量指标，研究区域工业增长质量的差异。研究发现：我国东、中、西三大区域的工业增长质量呈差异化不明显的阶梯式分布态势；从全国层面看，工业增长质量呈现出非收敛的发展态势，这一特征在中部和西部地区也同样存在，与其不同的是，东部区域内各省级单元工业增长质量呈现出相对明显的收敛态势；区域工业经济增长质量主要受环境规制和对外开放水平等因素影响。

沈可挺和龚健健（2011）运用方向距离函数和非参数数据包络分析法来

衡量 1996~2009 年在省际和行业差异基础上的中国能源使用密集型产业的环境全要素生产率，并实证分析了能源使用密集型产业环境全要素生产率的影响因素。研究发现：技术进步推动了能源使用密集型产业环境全要素生产率的增长，说明能源使用密集型产业的生产效率尚有较大的改善和增长空间；各省（区、市）环境全要素生产率增长呈现出不同程度的收敛特征；其增长主要源于外商直接投资、市场化进程等因素，而公司治污投入并提高管制效率将有效减轻外部规制政策对其的成本冲击。

王兵和王丽（2010）采用了 SBM 和 Malmquist-Luenberger 考察在环境约束前提下，1998~2007 年中国各省（区、市）工业全要素生产率、技术效率和治理投入，实证研究分析了前两者的主要影响因素。研究发现：技术效率表现出明显的地域差异性，呈现出由东至西逐次递减趋势。技术效率与治理投入表现出负相关关系；不考虑环境影响下的中国各省（区、市）工业 TFP 要高于考虑环境因素的 TFP 并且各地区工业 TFP 增长主要来源是技术进步；东部工业全要素生产率在环境约束条件下最高，而中西部依次递减；人均 GDP、FDI、工业结构、能源结构、人口密度等因素对全要素生产率和技术效率影响力度表现出差异性。

王丽（2011）利用序列数据包络分析（Sequential DEA）方法和曼奎斯特—卢恩伯格生产率指数（ML Index）方法分析了 1998~2007 年全国各地区规模以上工业企业的面板数据，对环境约束条件下的环境管制成本、技术效率及区域工业全要素生产率进行了测算，使用广义矩阵法（GMM）对动态面板数据的研究实证分析了影响技术效率和工业全要素生产率的因素。研究发现：环境技术效率表现出地域差异性，呈现出东、中、西地区逐次递减的趋势。技术效率与环境管制成本之间负向相关；不考虑环境因素的中国各地区工业全要素生产率要高于考虑环境因素的全要素生产率并且各地区工业全要素生产率增长的主要来源是技术进步；在环境约束条件下工业全要素生产率东、中、西部地区逐次递减；对全要素生产率和技术效率的影响会因人均国内生产总值、外商直接投资、工业结构、能源结构、人口密度因素的不同而不同。

相似地，王兵、吴延瑞和颜鹏飞（2010）以 1998~2007 年中国 30 个省份数据为样本，以 SBM 方向性距离函数和 Luenberger 生产率指标为研究工具，对资源环境约束下的环境效率、环境全要素生产率及其成分进行了研究分析，实证了影响环境效率和环境全要素生产率的因素。结果显示：环境无效率主要是由于能源的过度使用以及碳硫的过度排放引起的；环境效率的区域差异体现为东部省份环境效率较高；环境全要素生产率增长率平均高于市场全要素生产率。从区域上，中西部地区市场全要素生产率和环境全要素生产率均低于东部地区，各省份全要素生产率的排名较大程度上受资源环境的因素影响；环境效率和环境全要素生产率还会受到人均国内生产总值、外商直接投资、结构因素、政府和企业环境管理能力、公众环保意识等影响。

杨俊和邵汉华（2009）构建了包含"非期望"产出的 Malmquist – Luenberger 生产率指数，衡量并分解了中国 1998～2007 年工业全要素生产率在环境因素约束条件下的增长情况。研究发现：中国工业全要素生产率增长会因为环境约束因素的忽略而被高估，生产率增长的主要来源是技术进步；西部地区经济发展在工业化的过程中，较严重的资源浪费与生态环境破坏应该被引起足够重视，与之相比，东部地区有力地促进了我国工业"又好又快"发展；生产率增长水平在环境因素条件下会受到人均国内生产总值、资本劳动比、外商直接投资的显著影响。

张江雪和王溪薇（2013）运用 DEA 方法测算了 2005～2009 年我国各地区工业绿色增长指数，运用随机效应的面板托比特（Tobit）模型分析其影响因素。结果表明：广东省工业绿色增长指数平均值最高，宁夏最低；东部地区较高，西部地区较低；在提高幅度上，中部地区最大，东部地区最小；地方经济发展对工业绿色增长的推动力较小，而重工业化的结构则表现出不显著的负面影响，同时工业绿色增长均显著受到地区科技水平和地方政府对环境保护支持力度的正向影响。

周五七和武戈（2013）以能源和碳排放的全要素分析为研究框架，考察了 1998～2010 年中国省际工业绿色全要素生产率。研究发现：中国工业绿色全要素生产率整体上表现出增长的趋势；省际层面的工业绿色全要素生产率的增长来源主要是技术进步，而技术效率却在整体上对工业绿色全要素生产率的增长形成了阻碍；技术进步和技术效率虽然都对工业碳生产率有促进作用，但是技术效率的促进作用要大于技术进步；从政策实施角度，要兼顾技术进步和技术效率的发展，但更需要重视技术效率的积极促进作用。

李静和沈伟（2012）以 Malmquist – Luenberger 生产率指数为基本研究工具，采用了全局 Malmquist – Luenberge（rGML）生产率指数方法研究了 1990～2009 年 29 个省份的环境技术效率、全要素生产率增长及构成。以包含 3 种污染物环境规制强度指数为基础，实证了该指数影响工业环境技术效率和绿色生产率及构成机制。研究发现：全国工业绿色生产率的年均增长率保持在2%左右，东部地区环境技术效率较高，西部地区较弱，工业绿色生产率的区域差异较为显著；对3种污染物的规制中，只有针对固体废物的规制满足波特假说，具有理论上的"双赢"效果。

樊秀峰和宋爽（2014）研究了2002～2012年陕西省承接产业转移的环境效应，基于非期望产出的DEA-Malmquist模型，测算了能源和环境约束下的绿色全要素生产率；并对其与产业转移、技术进步三变量间关系进行相关性分析。结果显示：承接产业转移对陕西环境的负面影响显著，国际产业转移的负面影响强于国内区域产业转移。据此就承接产业转移和环境保护间协调发展问题提出对策建议。

柴志贤（2013）利用2001～2009年我国36个行业面板数据，运用Matlab软件，分别测算了是否将生态因素纳入的全要素生产率。研究发现：国外资本投入相对较大的产业其TFP也相对较高，国外资本对考虑环境约束的TFP和技术效率具有十分明显的拉动效果，但对不考虑环境约束下的TFP作用不明显；外商投资公司的资金能够显著推动行业TFP增长，但却阻碍了考虑环境约束条件下的TFP增长；环境规制对不考虑环境约束条件下的工业TFP的提升阻碍效应较为明显，但对环境全要素生产率的提升具有积极作用。

宋长青、刘聪粉和王晓军（2014）将资源环境因素纳入生产率测量框架。研究基于DEA的Malmquist生产率指数和基于方向性距离函数Malmquist-Luenberger生产率指数分析了1985～2010年中国绿色全要素生产率。结果显示：不纳入资源环境因素的测量体系会高估中国经济的增长质量；技术进步是中国全要素增长的主要源泉；中国绿色全要素生产率在样本期内呈现出"先升后降再平稳"趋势，并存在地区差异。

梅国平、甘敬义和朱清贞（2014）从区域空间关联视角出发，在传统的TFP分析框架中引入了资源消耗和生态影响因素，测度了2001～2011年29个省份TFP的趋势及其地区差异性，运用空间计量模型，实证研究了TFP的主要影响因素。结果发现：在考虑资源消耗和生态因素后，大部分省区均处于一种无效率状态，在这种情况下，我国TFP在整体上表现出相对突出的"增长效应"，各省份发展水平也存在明显差异，其主要影响因素的作用大小显示出显著的差异性。

朱承亮（2014）以方向距离函数为基础的 ML 生产率指数为工具，对包含资源环境约束的中国全要素生产率进行了测算，并深入研究分析了地区经济差距的演变轨迹及来源。研究发现：TFP 及其对经济增长的贡献会因分析时未考虑环境约束的影响而被高估；中国地区经济差距的演变以 1990 年和 2003 年为拐点经历了"先减小后增加再减小"的演变；地区经济差异主要由区域间经济差异所导致，并且区域间经济差异对地区经济差异的影响有着"先显著后微弱"的趋势；相反，作为地区经济差距的主要构成部分，区域间经济差距对其的影响则是"先微弱后显著"的趋势；地区经济差距的产生主要来自要素投入，但其作用在减弱，而 TFP 在地区经济差距中的作用在增强。

杨文举和龙睿赟（2012）结合方向性距离函数和跨期数据包络分析法，在尽可能避免出现技术倒退结论的目标下测度了绿色全要素生产率增长。研究发现：全要素生产率的增长在不考虑非期望产出时会被高估，技术进步和技术效率变化的相对贡献也被混淆；技术无效率普遍存在并且省际差异和年际波动性大，但这与经济发展水平无关；绿色全要素生产率变化也存在省际差异和年际波动特点，其中技术进步是其增长的主要源泉，而技术效率恶化是其倒退的根本原因；绿色全要素生产率增长存在明显的倒"U"型趋势，且外资利用印证了"污染天堂"假说。

王兵和黄人杰（2014）将环境约束包含在分析模型中，结合参数化共同边界与 Luenberger 生产率指标法，测算和分析了 2000 ~ 2010 年中国的区域绿色发展效率和绿色全要素生产率。研究结果显示：东部地区绿色发展效率明显优于其他地区并且生产技术水平更加贴近潜在产出技术水平；东部地区绿色全要素生产率相比于其他地区的负增长趋势显现出了强劲的增长态势以及优越的发展水平；研究还分析出纯技术进步对我国绿色全要素生产率增长的推动力最强，纯效率变化的不仅推动力较弱，还会对生产率增长产生负面影响；研究的技术层面分析得出以下两个结论：一是东部地区生产技术与潜在生产技术的差距在纯粹技术追赶层面上呈现出递减趋势，而其他地区则直接表现为落后于潜在水平；二是三大地区在潜在技术相对变动层面上来看，表现出后续发展动力不足的情况。

2.1.6 与绿色全要素生产率有关的其他核算方法

王瑾（2014）以 2007～2011 年数据为样本，测算中国各地区生态效率基础上，使用省际面板数据分析生态效率受技术等因素的影响。研究发现：我国生态效率表现出自西向东逐步提高的态势，技术进步是生产率进步的主要推动力；从整体而言，生态效率受技术密集型产业正向影响作用明显，但中西部地区仍应加快推动技术密集型产业以促进生态效率提升；全国工业内生研发与成果转化发展模式依旧相对粗放，而东南沿海内生研发对生态效率影响相对显著。

干春晖和郑若谷（2009）对中国 1998～2007 年 36 个细分行业面板数据在推广随机前沿函数的基础上进行实证研究，估算出我国工业技术效率以及 TFP。研究结果表明：生产效率的有效提高离不开市场化程度和产业规模的扩大以及能源消耗水平的降低；国内工业生产效率存在波动并且在不同产业间表现出显著差异；TFP 随时间推移而趋于向上并且在 2003 年达到高点；生产效率和产业规模均呈现出倒"U"型曲线，其走势与 TFP 相反；国内工业全要素生产率提升主要动力源于研发创新和资源配置效率提升，但各行业 TFP 增长的源泉差异巨大。

汪克亮、杨力和程云鹤（2013）基于非径向、投入松弛导向的方向性距离函数以及序列数据包络分析的框架下，利用具有差分结构的改进型卢恩伯格生产率指标（MLPI）在区域全要素率测算之中纳入能源与环境因素，在实证基础上对中国 2000～2009 年各省级单位绿色全要素生产率水平、主要影响因素以及区域差异进行研究分析，同时对要素利用和节能减排对区域绿色全要素增长的影响机制进行了深入分解。研究表明：2000～2009 年，全国绿色全要素生产率实现了年均 0.68%、累计 6.27% 的增长，主要由技术进步驱动，而技术效率起到阻碍作用；资本、劳动、能源、环境保护分别在绿色全要素生产率增长中贡献了 9.82%、66.43%、2.42%、21.33%，均来自各自领域的技术进步，而非技术效率改善；中国总体绿色全要素生产率、各要素利用生产率存在着显著区域异质性特征，东部地区绩效要高于中西部地区。采用"共同技术率"考察三大地区绿色全要素生产率差异化，根据"生产技术"和"管理"两个层次将省份区域绿色经济无效率分解为"技术差距无效率"与"管理无效率"，寻找低效率根源。结论显示：中国绿色经济效率仅为 0.3411，严重偏低，距离全国最优标准有65.89%的提高空间；绿色生产技术存在显著的地区差异：中西部地区发展被落后的绿色生产技术阻碍；东部地区的绿色经济无效率主要是由于管理方面问题引起；中西部地区分别实现了全国潜在最优绿色生产技术的11.38%和21.34%，改进潜力明显；而东部地区则实现了98%以上。

刘师嘉（2012）构造出了以新型工业化和绿色工业转型理论分析为理论基础的地区绿色工业生态经济二维模式分析思路。研究从生态经济效率出发，对2005~2010年中国31个省级地区面板数据进行实证研究，以数据包络分析模型和Malmquist生产率指数模型为工具分析了31个省份工业发展模式，探讨了各地区经济发展和生态环境之间的理论关系，为新兴工业化发展提供对策。

胡晓珍和杨龙（2011）使用熵值法构建了可处理非理想产出的环境污染综合指数体系并将该指数纳入非参数DEA－Malmquist指数模型中。测量了1995~2008年各省份的绿色曼奎斯特生产率指数，研究了绿色曼奎斯特生产率t指数及其分解指标对区域经济增长的影响及其时间演化趋势。结果显示：在样本期内我国环境污染问题日益加剧；中国全要素生产率（TFP）增长率在环境污染条件下显著下降，地区经济增长差距的主要原因是技术进步率的差异；总体上看，中国绿色曼奎斯特生产率指数并不存在绝对收敛趋势，唯一例外是东部地区绿色曼奎斯特生产率指数呈现较典型的俱乐部收敛特征；各地区在控制投资率、从业人员增长率与环境治理力度后均表现出条件收敛趋势。

朱承亮、岳宏志和师萍（2011）在分析1998~2008年中国环境约束下的经济增长效率和其影响因素时，采用了以环境综合指数测算的相对绿色GDP以及超越对数型随机前沿模型并在测算体系中考虑了环境污染排放和治理。结果表明："环境污染天堂"假说在中国并不成立，外商直接投资和对外贸易对效率改善有显著促进作用；工业化进程有助于效率改善，环境约束却制约了这种促进效应；在环境约束前提下，环境污染治理强度推进了效率改善，环境污染治理强度在不考虑环境约束时反而阻碍效率改善；非国有经济成分的上升有利于效率改善。

刘伟（2013）在测算2001~2009年中国高新技术产业的技术创新效率时使用了Bootstrap方法，提高了效率测度的准确性和稳健性。结果显示：2001~2009年我国高新技术产业技术创新的TFP显现出不断改善，而各年度技术效率和技术进步并不稳定。

应用成本函数对偶测度方法，王克强、武英涛和刘红梅（2013）构建了一个包含了能源开采业中的资源耗减、资本投入的产出滞后和需求因素的全要素生产率测度框架，该框架相比于传统框架更能合理考虑到传统技术进步和规模报酬的影响。以 1999～2010 年省级煤炭和石油天然气行业面板数据为样本发现，资源耗减和产出滞后因素会显著影响 TFP，如果测度模型中纳入上述因素，模型统计性质更优，否则，将产生有偏差的统计结果；煤炭行业和石油与天然气行业的生产效率均表现出明显的增长趋势，其年均增长率分别为 17% 和 3.88%，其中需求和规模报酬对生产效率的贡献率最大。

2.2 工业绿色全要素生产率的影响因素

已有研究表明，环境规制强度、外商直接投资（FDI）、研发投资强度以及产业结构调整等变量是影响中国工业绿色全要素生产率的重要因素。本节通过文献综述为构建第 3 章中国工业绿色全要素生产率影响机理分析方法奠定基础。

2.2.1 环境规制强度

新古典经济理论认为环境规制实施对企业的主要影响是增加企业的运营成本并挤占技术进步投资，这非常不利于企业生产效率和绩效的提高和改善。但是波特在 1991 年提出了著名的"波特假说"，该假说将合适的环境规制看作企业进行技术创新的动力并且企业还可能通过创新补偿来抵消环境规制成本。随后国外学者的大量研究如拉诺伊（Lanoie，2008）支持了"波特假说"的观点，国内学者也进行大量研究。

蔡宁、吴婧文和刘诗瑶（2014）以方向距离函数为基础，用 ML 指数对 2001～2011 年中国 30 个省（区、市）绿色工业全要素生产率进行了测算并使用面板数据模型研究了环境规制对绿色工业全要素生产率的影响。分析结果显示：中国的传统工业全要素生产率要偏高于绿色工业全要素生产率，各省（区、市）发展经济时都存在环境质量的降低；西部地区绿色工业全要素生产率的下降速度要快于中、东部地区；环境规制能够正向影响绿色工业全要素生产率，但这种促进作用会随着绿色工业全要素生产率水平的提高而减弱。

张菡（2014）分别从理论和实践角度探讨了环境规制对中国绿色技术创新的作用影响。理论部分分析了环境规制对绿色技术创新的正面和负面影响并基于此构建了环境规制对绿色技术创新作用的理论模型，对二者的"U"型曲线关系辅以数学推导，对中国环境规制与绿色技术创新的发展状况进行了分析。采用 2000～2011 年各省（区、市）的面板数据，用主成成分分析法衡量出环境规制强度。研究建立了多元回归方程来考察中国环境规制对绿色技术创新的地区差异；环境规制与中国绿色技术创新之间的"U"型曲线关系可由对门槛模型的门槛值分析得到。研究表明：同发达国家相比，中国的环境规制和绿色技术创新发展状况落后，面对较大的竞争压力；中国的环境规制对绿色技术创新的作用存在着明显的区域差异，具体表现为环境规制对绿色技术创新促进作用在东部地区是非常显著的正效应，而在西部表现出负效应，在中西部则表现不明显；环境规制强度的门槛值为 1.135。若超过门槛值，环境规制会促进绿色技术创新，但如果强度低于门槛值，环境规制则会产生对绿色技术创新的抑制效应。深入分析发现这种门槛效应使得环境规制对绿色技术创新的作用为"U"型非曲线。存在人均 GDP、人力资源、技术创新和产业集中等影响因素。

2.2.2 外商直接投资

在经济全球化的大背景下，FDI 在实质上正逐渐成为发达国家污染排放向发展中国家转移的渠道。也就是说由于本土较为严厉的环境规制以及较高的环保成本，发达国家将污染密集型行业转移至发展中国家进行生产，而发展中国家为了吸引投资则会降低环境标准。因此，发展中国家在国际分工角度上看沦为发达国家的"污染避难所"（List and Co，2000），由此 FDI 对中国的绿色全要素生产率将产生负面影响。

为实证该理论假说，国内学者进行了大量研究。以"污染避难所假说（Pollution Haven Hypothesis）"为理论基础，应瑞瑶和周力（2006）实证发现：FDI 是环境污染的格兰杰原因；区域 FDI 量与工业污染程度正相关；同时中国各地区用于治理环境污染的投资额与 FDI 呈显著负相关，即我国总体上基本符合"污染避难所假说"。但是，郭红燕和韩立岩（2008）却提出了相反的观点。其从贸易自由化角度出发，运用 1998～2005 年工业行业数据研究分析了中国环境污染的影响，得出贸易对环境污染具有正的结构效应，即贸易自由化使得中国的工业结构由重污染行业转向轻污染行业；正的环境技术效应，即贸易有助于我国工业行业提高产出效率，积极采用清洁技术并借助技术的溢出效应促进工业企业内部化跨国界污染；负的规模效应，即出口规模的扩大给环境带来了负面影响，且这种负面影响要远大于结构效应和技术效应对环境的影响，使得总效应为负；"污染避难所"假说在中国并不成立，中国并没有成为发达国家的污染转移国。

胡丽娟（2014）认为 FDI 进入为我国带来利益的同时也带来了环境问题。从区域和行业两个角度研究了 FDI 对我国环境造成的影响。建立了 FDI 对环境质量影响的理论模型，采用非参数统计洛斯（LOWESS）稳健回归方法，使用 2001～2011 年工业面板数据，研究我国工业要素密集型行业 FDI 对环境产生污染的问题发现：资源密集型和劳动密集型行业污染会因 FDI 的增加而增多；资本和技术密集型行业的污染排放会因 FDI 增加而减少。

李聪（2014）从资本密集度视角出发，从微观和宏观两个方面分析了环境规制对 FDI 的不同影响。将 37 个工业行业按资本密集程度分为资本节约型行业和资本密集型行业，并对其各个指标进行计量分析。结果显示：在微观层面上，环境规制对 FDI 的影响是不能被确定的；在宏观层面上，环境规制可能会对东道国经济环境、工业结构、经济体系及投资政策产生影响，因此会影响到国际投资者的比较优势；中国的环境规制对工业领域 FDI 产生了负面影响并且环境规制对 FDI 的抑制在资本密集型行业更为显著；工业规模可能会对 FDI 产生正向影响。这种规模效应在资本节约型行业更为显著；工业利润指标对 FDI 的影响较为复杂：在资本密集型行业，成本费用利用率越高，吸引的 FDI 水平越低；在资本节约型行业，则相反。

蒋清华（2014）将贸易对环境的效应扩展为结构效应以及由产品多样性引起的替代效应和收入效应，使用 1998～2011 年 28 个省（区、市）面板数据①，以六种环境污染指标作为被解释变量建立了包括外商直接投资等因素的国际和国内贸易环境效应模型。结果表明：在国家贸易中，当主导效应为替代效应时，国际贸易的发展会增加工业废气、二氧化硫、粉尘的污染，但当主导效应为结构效应以及收入效应时，固体废物和工业废水排放则减少；在内部贸易中，当主导效应为收入效应时，国内贸易的发展会减少工业污水、粉尘和固

---

① 不含港、澳、台地区及西藏自治区、海南省、青海省数据。

体废物的排放，当主导效应为替代效应时，国内贸易的发展反而会增加工业废气、粉尘以及二氧化硫的排放；国际和国内贸易对环境指标的影响会因地域变化而产生地区差异。

2.2.3 研发投入强度

毛德凤、李静和彭飞等（2013）使用倾向得分匹配方法（PSM）分析了2005~2007年中国工业企业数据，以研究企业研发投入全要素生产率的影响。结果显示：使用OLS方法得到的研发投入对全要素生产率至少为66%，但使用PSM的结果为16.5%；在加入更多控制变量后，结果仍然显示研发投入能够显著促进全要素生产率。研究还使用广义倾向得分匹配方法（GPS）分析了研发投入强度对企业全要素生产率的影响，发现当研发投入强度在1%~7%时，其才能对企业TFP产生最大促进作用，不合适的投入强度会弱化这一作用。

冯志军和陈伟（2013）利用基于DEA模型的Malmquist指数法，研究分析了中国区域大中型工业企业的创新全要素生产率，同时还将该创新全要素生产率分解为技术效率和技术进步两部分，在此基础上探讨了研发创新全要素生产率增长的时序演进和区域性差异的基本特征。结果发现：中国大中型工业企业研发创新全要素生产率在2001~2010年主要由于技术进步推动而呈现出适度增长态势；企业的自主研发活动以及国外技术和资金的引进会推动研发创新全要素生产率的提高。在技术引进方面看，国外技术引进的推动效果要明显高于国内技术购买。

冯志军、陈伟和明倩（2013）考察了研发创新（R&D Innovation）过程中的能源和环境约束。构建了Malmquist – Luenberger指数模型计算2001~2011年中国30个省级区域和八大经济区的工业企业研发创新全生产要素率及其分解指数，并分析了其时序演进和空间分布特点。结果显示：当能源和环境约束被考虑进来后，全要素生产率指数有一定程度的下降；技术进步是全要素生产率增长的来源，且技术效率呈下降趋势；全要素生产率呈现上升趋势的地区有：东部沿海、北部沿海、南部沿海、西北地区；而呈现下降趋势的是东北地区、西南地区、黄河中游和长江中游。

万伦来和朱琴（2013）根据1999~2010年中国工业行业数据，实证检验了中国工业绿色全要素生产率在三种不同方式研发投入下的变化。研究发现：

不考虑环境因素的传统全要素生产率要高于考虑了非期望产出的全要素生产率，年平均增长率为 6.23%。中国工业经济增长实现绿色转型的潜力十分巨大；企业绿色 TFP 的提升主要得益于研发投入增加促进的技术效率提高，然而却在一定程度上抑制了技术的前进，这种作用在低研发投入行业较为明显，说明在增加企业创研经费的投入时不能忽视技术领域的创新能力建设；国外技术的引进具有双面性：一方面能够有效提高绿色 TFP 并促进技术进步，而另一方面却限制了绿色技术效率的提升。这在高研发投入行业非常明显，因此规模相对较大的技术密集型公司在技术引进的同时，还要有目的地消化吸收国外企业绿色产出绩效管理和生产经验；国内技术转移对中国工业绿色全要素生产率的促进作用相对较弱，而且作用着力点也有所不同，这表现为在低研发投入行业技术转移能够适当地增加国内技术转移投入，但在高研发投入行业必须防范重复低水平转移国内技术和设备。

程惠芳和陆嘉俊（2014）探索了不同知识资本投入对中国大中型工业企业的全要素生产率、技术进步以及效率变化的影响。研究运用全要素生产率模型对 1997~2010 年中国大中型工业企业面板数据分析发现：中国大中型工业企业的知识资本的投入结构变化较明显，技术开发和技术改造投入能够显著促进企业全要素生产率的提高，但是国外技术引进对企业的创新产出持续减弱；不同区域知识资本投入对全要素生产率的影响具有显著差别，同时不同技术水平企业知识资本投入的创新产出效应也展现出差异性。因此，要根据区域和技术水平的差异来制定和实施相应的发展战略。

江飞涛、武鹏和李晓萍（2014）发现资本投入主导驱动已经取代效率与要素协同驱动成为中国工业增长的动力机制。以 2003 年为研究的分界点，研究发现相比于资本投入对工业经济增长贡献率的大幅度增长，全要素生产率的贡献率则出现了明显倒退，减少了 51.42%。同样，全要素生产率增长率则出现了 4.65% 的减少，边际资本产出率从 2002 年至 2012 年下降至 0.28。上述事实说明了投资驱动的工业经济增长模式面临着严峻的效率问题，其可持续性面临质疑。在全球金融危机前，我国工业效率就已呈现出趋于加速下滑态势，虽然危机加剧了这一下滑趋势，但将工业效率的下降单独归咎于金融危机缺乏合理性。目前，工业效率下降的主因是当前以非市场化主导下依托投资拉动的发展模式。由此可见，发挥市场在资源配置中的决定性作用是实现创新和效率促进发展的核心所在，而政府则需兼顾市场机制和其主体意愿的基础上积极作为，促进工业的技术创新与技术转移。

杨朝均（2014）认为在环境资源问题不断凸显的情势下，绿色工艺创新在我国工业发展过程中的地位开始上升。从技术、市场和环境管制3个方面分析了中国绿色工业工艺的动力源并基于此创建了基于动力学的工业绿色创新评估体系。研究利用基于 RAGA – PPE 模型的评价方法，比较了我国 30 个省（区、市）的工业绿色创新能力并辅以可视化的雷达图比较了这种差异。结果表明，我国绿色工艺创新能力和来源都存在着地区差异。

毕克新、杨朝均和黄平（2013）认为绿色工艺创新在中国绿色工业发展中有着非常重要的地位并促进区域绿色工艺创新绩效的协调发展。以 2004～2010 年中国 30 个省（区、市）的面板数据为样本，创建了一套包括经济绩效、社会绩效和生态绩效的指标评价系统来分析中国绿色工艺创新绩效的地区性差异。从技术推动、市场拉动和环境管制推动三个角度对中国绿色工艺创新绩效的区域性差异进行分析。研究表明：中国存在绿色工艺创新绩效的区域性差异：中部地区绿色工艺创新绩效最好；西部其次；东部最差。国内技术购买强度和环境管制强度对绿色工艺创新绩效的区域性差异有显著促进效应，内部市场需求和市场竞争激烈程度却有着负面影响。

2.2.4 产业结构调整

中国正处于产业转型升级的重要机遇期，面对工业能耗高、工业资源利用率低、工业环境污染严重及国际绿色经济发展的现实，中国工业绿色化发展必须通过创新驱动来提高绿色工业技术水平、优化绿色工业组织结构、加速工业循环经济发展并提高其发展的可持续能力。在中国工业绿色化发展框架下，改造和提升传统产业的动力来自创新，高新技术产业和绿色产业是培养和发展的重点领域，而关键在于强化制度激励、推进科技创新、加强人才培养和深化国际合作（李君安，2014）。

张亚斌、金培振和沈裕谋（2014）基于两化融合的内涵构建了考虑资源节约和环境质量改进的技术创新模型，利用 2002～2010 年中国各省（区、市）工业面板数据，探讨了重化工业化、两化融合与工业环境治理绩效之间的关系。研究发现：较高的重化工业化水平有助于工业化与信息化更好地匹配与融合；两化融合水平的提升能有效抑制重化工业化引致的环境污染和碳排放，从而改善区域工业环境治理绩效；高新技术投资在减少污染的同时也一定程度上提高了碳排放，传统的环境影响因素，比如煤炭消费占比、能源强度等指标，并不能使工业环境治理的绩效得到改善，而工业污染治理投资和民众干预等因素影响尚不明确；国有企业的污染控制和碳减排能力更高。

庞瑞芝和李鹏（2011）运用了基于松弛序列方向性距离函数测算了1985～2009年中国省际工业部门的新型工业化增长绩效，并特别从区域发展战略与产业结构政策角度研究了新型工业化增长绩效的区域分布特征与演变规律。结果显示：沿海经济在东部工业崛起时由于改革开放初期不平衡发展战略而与内陆地区拉开距离。随后一系列区域平衡和协调发展战略由于受到"污染西迁"的高耗能影响而未能改变东西部的这种差距；东部工业结构由于高新技术产业的集聚而避免了1998年以来重化工业加速发展所带来的负面影响。这些结果再次强调了高新技术产业在新型工业化导向的增长模式转型中的重要地位。

周五七（2013，2014）使用非参数生产前沿分析方法，在考虑能源投入与碳排放这一非期望产出的全要素分析框架下，利用全局 DEA 方法及 Malmquist – Luenberger 指数，测度了1998～2010年中国36个工业行业绿色 TFP 的动态变化情况。利用条件均值回归和条件分位数回归方法分析和检验了上述36个行业差异化因素对工业绿色 TFP 的影响。结果显示：行业绿色 TFP 增长受制于行业资本深化的影响，而行业内企业规模和行业集中度对其有增长的带动明显，FDI 和资源消耗比重对其有明显的抑制作用，行业的绿色 TFP 受其内部企业所有制性质的影响作用不显著。实证检验发现：行业特征对不同分位数的绿色 TFP 指数影响效应也不同：其对处于高、低两端分位的绿色 TFP 指数的边际效用较弱；但对处于中间分位的指数则表现出最强的边际效用。进一步运用 Metafrontier – Malmquist – Luenberger 指数，计算了在能源与碳排放的双重约束下中国工业绿色全要素生产率及其分解项变动，结果显示：中国工业绿色全要素生产率在总体上表现出提升走势，但东部地区绿色全要素生产率指数要相对较高，工业生产技术区域间差距总体表现为先增后减的趋势，尤其是2004年后，西部地区的工业生产技术水平实现了对中部地区的赶超；东部绿色全要素生产率对工业的贡献率显著高于中、西部地区，技术进步是中国工业绿色 TFP 的主要增长动力，但是技术效率却在总体上对绿色 TFP 的增长有负面作用。这说明需要重视技术效率改进的积极作用；中、西部省区工业绿色 TFP 增长呈现出条件 β 收敛的特征，而东部省区工业绿色 TFP 增长则表现出俱乐部收敛，需要因地制宜推进低碳工业转型。

李顺毅和王双进（2014）讨论了产业集聚对我国工业污染排放的影响。使用动态面板数据模型对 2001～2007 年中国 20 个工业行业的数据进行了实证分析。结果表明：产业聚集对污染排放具有显著的负向影响，说明产业集聚度的提高有利于减少中国工业的污染排放，进而缓解工业发展与生态环境间的矛盾。

2.3 工业绿色全要素生产率的改善途径

为促进国内工业经济转型和发展方式转变，节能减排和发展低碳经济已成为世界各国可持续发展的必由之路，是实现工业绿色转型的主要途径。环境保护程度成为评价中国特色新型工业化道路是否成功的重要指标。切实执行节能减排环境政策，以技术进步、自主创新和生产效率提高等方式，实施结构调整政策，使能源、资本、劳动等要素在不同部门之间有效配置，进而带动中国地区工业绿色全要素生产率持续提高，这样才能从根本上推动中国地区工业发展方式向绿色工业道路转变。本节对节能减排促进工业绿色转型、提高工业绿色全要素生产率问题及其与环境规制、外商直接投资、研发投资以及产业结构调整等因素的理论关系进行综述，以期为全面改善中国地区工业绿色全要素生产率奠定理论基础。

2.3.1 节能减排与工业绿色转型

在可持续发展的背景下，当今经济增长的主要任务是协调好经济增长、能源节约以及环境保护之间的关系。其中，节能减排在资源环境约束下逐渐成为经济发展方式转型的客观要求和重要途径，其相关政策已经成为经济发展模式转型的重要指导方针，这对中国工业绿色转型起到十分关键的作用，是促进我国绿色转型和可持续发展的重要力量（中国社会科学院工业经济研究所课题组，2011）。节能减排不但能够统一协调经济发展与环境保护之间的关系，还能实现二者目标的双赢。这主要表现为绿色生产率的增长会拉动能耗和污染排放的降低。陈诗一（2010），黄（Huang，2010）认为节能减排管制虽会增加环境治理和管理成本而产生经济损失，但能够有效地约束企业在生产行为，促进企业增加环保生产研发投入来实现环境技术的创新管理改革，由此激励出的技术创新行为能够实现技术进步和效率的提高。企业在生产过程中应该将环境友好技术作为首要选择，直接影响能源、碳和二氧化硫等要素实现节能减排绩效的提升，减少能源投入、降低污染排放，积极配置和利用节能减排对经济发展的直接正向推动力。同时企业通过投入要素的有效调整，实现产出结构的优化，就能够通过增强市场绩效来推动节能减排对经济发展的间接正向影响。在上述作用机制下，节能减排有效促进了企业由传统"低效率、高污染"的粗放型发展模式向新型"高效率、低污染"的集约发展模式转型。在上述直接和间接推动力之和能够完全弥补经济损失时，节能减排产生的净效益，促进绿色全要素生产率的提升，实现环境和绿色经济双赢。

杨福霞（2012）使用数据包络分析方法实证研究了 2001～2010 年中国节能减排全要素生产率在省际层面的变化情况，分析了中国"十一五"期间节能减排政策的技术进步效应。研究结果显示：节能减排政策的实施效果显著，促使全国技术进步速率增加了 2 倍以上，同时还减少了技术进步率的区域差异程度；而节能减排政策的正向促进作用主要源于其先进技术在国内的有效推广，其中技术创新的贡献率相比之下要微弱很多；在技术进步实现途径的区域差异上，技术创新是东部发达地区实现技术进步的主要途径，而节能减排技术推广则是中西部欠发达地区提高自身技术水平的主要方法。从上述研究结论可见，节能减排政策的技术推广应该根据地区需求的不同而挑选进行，同时要积极鼓励各地区节能减排的创新活动。

王兵、刘光天（2015）采用两期权重修正罗素模型，对在资源环境约束下中国绿色全要素生产率的影响效应与机制进行了研究分析，提出节能减排可通过强化节能减排技术与管制，挖掘节能和碳减排潜力，实施区域差异化的节能减排政策，促进中国绿色全要素生产率增长，推动经济绿色转型发展。

何小钢、张耀辉（2012）将能源与污染物因素纳入分析框架，实证研究了基于绿色的中国 36 个工业行业技术进步情况，分析了上述领域节能减排特征，并数理分析了技术因素对节能减排影响效果。研究结果发现：各个行业的工业能耗和排放表现出明显的异质性，这使得减排潜力随着行业的能耗和排放强度的增大而增加；在技术进步、纯技术效率和规模效率对节能减排的影响上，技术进步相比之下贡献最大；节能减排工作也应该重视能源消费结构的影响。

李伟、李涛（2012）基于方向性距离函数（Directional Distance Function,

DDF）和 ML 方法，对中国 29 个省（区、市）2000～2010 年的数据实证，运用波特假说（Porter Hypothesis）等相关理论及 "克鲁斯卡尔—沃利斯（Kruskal-Wallis）" 秩和方法，对 2005～2010 年电力行业在政策促进下的绿色技术变化情况进行实证。结论发现：相对于 2000～2005 年，政策当局在 2005～2010 年实现了标准更高的政策，其对电力行业技术进步作用显著。

韩超、胡浩然（2015）从节能减排与产业发展的困境出发，构建动态面板计量模型分析环境规制与技术进步影响节能减排的内在机制并探究其融合路径。研究结果显示：环境规制与技术进步之间表现出显著的交互作用，同时技术进步对行业整体有着正向带动作用。但是，上述作用机制在不同行业间作用不同，主要表现为：二者的交互作用在污染相对较重行业显著存在，但是规制并未发挥其积极作用；与污染较轻行业不同，规制的作用十分明显，但其交互作用并不显著。因此，需要根据不同行业的特点制定对策，从政策方式转变等角度促进规制与技术进步共同发挥节能减排作用。

程云鹤、齐晓安、汪克亮等（2013）构建了省际节能减排矩阵分类模式，将连续前沿 ML 指数法作为研究工具，从省际低碳经济发展异质性的角度出发，测算、分解了中国各省份基于低碳发展的技术进步，运用面板技术就技术提高对减排影响进行了实证分析。研究结果发现：考察期内中国整体上低碳技术进步上升幅度较大，其中，科技进步贡献大于效率因素的影响且不同省份的区别明显；回弹效应等因素使得绝大多数省区技术进步的影响因素相对效率因素显著性偏低。我国推进节能减排工作应从产业结构、能源结构、技术进步和制度等方面采取综合措施。

资源环境代价和资源环境约束问题在经济发展中始终存在，为了更全面进行分析，许海萍（2008）将在宏观经济的两个代表性指标 GDP 和全要素生产率的分析框架中引入了环境因素，对杭州市环境污染造成的治理成本和环境退化成本进行分类测算。在非期望产出衡量上，研究选取了碳排放量、二氧化硫排放量、工业废水排放量和工业废气排放量这 4 个污染物作为代表，利用方向性距离函数（DDF）测算了包含非期望产出的浙江省及长三角地区的技术效率值。结果显示：污染物排放量少的，区域技术效率的排名会因污染排放量的减少而上升，反之则相反，效率排名变化与污染物排放量之间呈较好的线性关系，相关系数在 0.7 以上。

吴英姿和闻岳春（2013）基于方向距离函数的 SML 指数方法和 DEA 方法

分别测算了 1995～2009 年我国工业绿色生产率和减排成本并基于面板数据模型估计方法,探讨了工业减排绩效和成本的影响因素及其行业差异。研究显示:中国工业绿色生产率的主要趋势特征呈现为"先升后降",工业绿色生产率的增长动力主要源于技术进步;工业的减排成本呈现出波动式增长走势,相比之下,低排放强度行业则表现出愈发显著的波动性趋势;绿色生产率可以促进工业减排绩效的提高。其中,绿色技术效率在高排放强度行业中表现出较为明显的减排作用;工业减排成本并不明显受制于绿色生产率,优化能源结构将降低高排放强度行业的减排成本,人力对资本的替代效应可以降低低排放强度行业的减排成本。

同样以 DDF 为工具,陈诗一(2010)重新测算了改革开放以来的中国工业全要素生产率,结果表明:考虑环境约束的全要素生产率估值要低于不考虑环境约束的传统全要素生产率;改革开放以来的一系列节能减排政策有效改善了工业绿色生产率。中国工业绿色生产率增幅在 20 世纪 90 年代中期到 21 世纪初期间最大且重工业生产率、效率和技术进步增长首次超过轻工业,说明绿色革命成就喜人。2002 年以后工业生产率因重化工业迅速发展而退后,但节能减排政策以及低碳技术发展战略预示着中国很快将面临全新的绿色工业革命。

2.3.2 节能减排与环境规制因素

随着中国工业化进程的加快,工业企业污染排放引发的环境问题凸显。环境制度安排是影响企业生产方式和污染排放行为的重要因素,成为解决工业污染问题的关键。虽然中国积极的环境规制政策能够有效改善一些主要污染物指标,但环境污染问题在整体上来看仍然十分严重。龚海林(2012)利用环境污染因素分解模型将环境改善中的结构效用和技术效应分解,结果表明:我国工业污染排放技术效应为负,工业固废排放的技术效应为 -95.49%,工业二氧化硫排放为 -73.01%,最低废水排放为 -70.36%;但工业污染排放的结构效应则为较小的正值,说明中国现阶段的经济结构会增加污染,其中,结构效应最大的工业固废排放为 79.9%,工业二氧化硫排放的结构效应为 12.88%,最小的废水排放为 2.25%。原因是我国处于工业化进程中,经济增长仍然依赖于环境效应较差的产业,特别是金属采矿业以及与之相关的一些重工业产业占比相对 2001 年有较大提高。而这种高污染产业比重增加仍会进一步恶化环境污染。可见，中国工业污染防治需要一个综合性和多样性的环境制度框架，使得各种环境制度相互补充，来适应不同发展阶段的污染防治需要（穆红莉，2008）。

（1）环境规制的正面效应。

穆红莉和李新娥（2009）概括了中国在不同经济发展阶段的工业环境制度在实施手段、作用机制和设计理念等方面的差异性。利用工业污染排放统计数据，研究了中国工业企业污染排放行为随着制度变迁的变化。借此衡量了中国环境制度的绩效，为中国今后环境制度的优化提供参考。

李树和陈刚（2013）基于《大气污染防治法》（APPCL2000）的自然实验，使用1994～2008年中国工业数据，利用倍差法分析环境管制对中国工业行业全要素生产率的影响。结果显示：APPCL2000的修订将废弃污染密集型工业行业的全要素生产率提高，其边际效应也随时间递增，说明严格且合适的环境管制会促进环境质量的提高和生产率增长的"双赢"。

叶祥松（2013）以1999～2008年中国各省、自治区、直辖市的数据样本，在4种不同环境规制情形假设下，使用方向性距离函数对环境技术效率和规制成本进行度量；使用ML测算出各区域在不同环境规制下的全要素生产率及其分解指标。在实证分析中研究使用面板数据分析了影响中国环境规制下全要素生产率的因素。结果表明：尽管中国环境技术效率逐年上升，但水平仍然较低并且存在显著区域差异；不同强度的环境规制对应成本也不同：强环境规制下的成本最高，弱环境和中环境规制其次；环境规制和全要素生产率存在正相关关系并且越严格的环境规制能较快地促进全要素生产率的增长；中国环境规制下的全要素生产率受前一期的全要素生产率、国内生产总值、资本深化、工业发展水平、环境投资以及能源投入等因素影响显著。

王文普（2012）从产业竞争力、生产率和技术创新等角度考察环境规制对中国经济增长的影响。结果发现：实施环境规制并不会妨碍经济增长，反而盲目地降低环境标准会阻碍经济发展；环境规制对技术创新存在不利影响，但却对环境技术创新有着显著的促进作用，环境规制对环境专利成功申请存在显著的促进作用，而环境技术创新能给企业带来更多的创新收益，宏观上还能推动绿色经济的发展；环境规制可以积极推动产业竞争力的发展和经济增长质量的提高，这是因为环境规制具有的成本效应，可激励企业创新，来带动技术创新的经济利益并推进产业竞争力。

（2）环境规制的负面效应。

李小胜和安庆贤（2012）利用 DDF 方法以及 ML 指数法分析了 1998 ~ 2010 年中国工业 36 个行业的投入产出数据，研究了环境管制成本以及环境全要素生产率。结果显示：中国工业有着较高的环境管制成本，因此如果要履行排放承诺，中国经济将付出较大代价；所有行业环境全要素生产率均小于传统全要素生产率，但两者的假设检验不显著；环境全要素生产率本身是上升的，环境全要素生产率的增长主要来自技术进步。

王文普（2011）以 1992 ~ 2008 年 31 个省级面板数据为样本，考察了环境规制竞争对生产率增长及其构成的作用。结果表明：二氧化硫的减排会正向影响生产率增长，并促进经济增长效率的提高，而工业碳化学需氧量减排会负面影响生产率增长。省际之间环境规制竞争并不是这种负面影响的原因，从废水治理策略不当造成的综合研究结果看，环境规制是否是经济的"一剂良药"还有待商议。

（3）环境规制的双重影响。

李斌、彭星和欧阳铭珂（2013）采用非径向和非角度的 SBM 效率模型对 2001 ~ 2010 年中国 36 个工业行业的投入产出数据进行分析，并结合 ML 生产率指数来衡量各行业绿色技术效率和绿色全要素生产率（Green TFP）。将衡量中国工业发展方式转变的标准设定为绿色全要素生产率对工业经济增长的贡献率。运用面板门槛模型，对环境规制和中国工业发展方式转变之间的非线性关系进行研究。研究结果显示：中国工业绿色全要素生产率在一定程度上表现出后退的趋势，这与预期的增长趋势截然相反，同时绿色全要素生产率对工业经济增长的贡献率会随着绿色全要素生产率的下降而降低，甚至出现负值，这表明在样本期间中国的工业发展方式呈现出"越来越粗放"的特征。环境规制能够用绿色要素生产率来影响中国工业发展方式的转变，但其存在着明显的"门槛效应"：当环境规制强度低于门槛值 1.99 时，其对工业发展方式转变的促进作用不显著；而当其值介于 [1.99, 3.65] 时，环境规制对工业发展方式转变的推进作用会随着环境规制力度的逐步加大而增加；当其越过门槛值 3.65 时，环境规制强度的增加反而会阻碍工业发展方式的转变。此外，如果环境规制要真正促进中国工业发展方式的转变，还必须同时跨越科技创新水平和所有制结构门槛值。

李玲和陶锋（2012）将中国 28 个制造业部门基于污染排放强度分类为重

度污染产业、中度污染产业和轻度污染产业。研究以制造业部门在 1999 ~ 2009 年的环境规制强度和绿色全要素生产率的测算结果为基础，使用面板数据检验了环境规制与绿色全要素生产率之间的关系。结果显示：重度污染产业的环境规制强度更合理，能够有效提高产业绿色全要素生产率并促进技术创新和效率的提高；环境规制强度在中度污染产业则相对较弱，环境规制和绿色全要素生产率及其分解指标均呈现出典型的"U"型数量关系，技术效率可以更早地突破相对于生产率和技术创新而言的"U"型拐点；同时轻度污染产业环境规制强度与三者的关系也呈"U"型，与生产率和技术效率相比，技术创新能够更早突破"U"型拐点的限制。在政策实施上，政府不仅要考虑环境规制的强度是否适宜，还应大力促进环境规制政策的转型，实现环境和经济发展的双赢。

在国际化以及国际垂直专业化分工的大背景下，中国企业已经加入国际新型产业分工过程，其污染很有可能从发达国家转移而来。殷宝庆（2012）以此为背景，使用 SBM 方法测算了 2002 ~ 2010 年中国 27 个制造业部门的绿色全要素生产率并使用面板数据验证了中国在国际垂直专业化过程中环境规制对绿色全要素生产率的影响，结果表明：环境规制和绿色全要素生产率之间存在"U"型关系，这意味着初始的环境规制会阻碍绿色全要素生产率增长。绿色全要素生产率与环境规制强度之间存在正相关关系；环境规制对其的影响会在清洁型部门和污染密集型部门间呈现差异；应采取适度的环境规制强度以及多样化的环境规制形式。

齐亚伟（2012）以二氧化碳排放量来代替环境污染，使用指数分解法就区域经济增长对环境污染排放量的技术进步效应、规模效应、区域产业结构效应和空间结构效应进行分析并结合地理加权回归（Geographically Weighted Regression，GWR）模型检验了环境规制水平对区域创新能力的影响。结果显示：环境污染加重的主要原因是规模效应和区域产业结构的不合理；技术效应可以正向促进环境质量的改善，但区域空间结构效应会对环境质量的改善有着负面影响；环境规制对区域创新能力的效应会随时间而变化，即当期环境规制政策不会促进区域创新能力，而前期环境规制则会表现出激励和弥补环境的负成本效应。采用 SBM 方向性距离函数和 GML 指数对中国各省（区、市）的环境技术效率和环境全要素生产率增长进行计算，结果说明：中国环境技术效率存在省际分布不均，技术进步及规模报酬递增长是环境全要素生产率增长的来源。

张天悦（2014）根据新古典环境经济学和演化经济学理论总结了绿色创

新导向环境规制内容；对波特假说及其验证分析讨论并考察了环境规制是否能从成本补偿效应角度通过强、弱激励效应给企业带来绿色创新；研究还利用费用——效益以及优化组合分析比较了主要规制工具的适用性和必要性；在总结中国环境规制特点与内涵后，研究创建了时序 SBM 模型和聚类 SBM 模型分别对全国及区域环境规制效率进行评价。提出由绿色创新导向的环境规制是推进绿色创新活动的环境政策法规，在为企业创造创新发展环境的同时以促进其技术创新和成果转化水平，还能降低其在发展中的不确定性。

李树和翁卫国（2014）以 1994～2004 年中国省级数据为样本，就地方环境管制对中国经济全要素生产率增长的影响机制进行了研究。结果显示：地方环境规章可以促进全要素生产的增长，但地方环境法规的影响不显著，说明严格的环境管制可以同时提高环境质量并增加生产率且政府主导的环境行政管制要在实施效力方面强于环境法规，所以政府组织机构和激励机制的构建在经济发展中非常重要。

刘海英、谢建政和张纯洪（2014）研究发现绿色 TFP 与环境规制间不一定有波特假说；治污成本以及排放成本会随着规制方式的不同而变化且二者会影响环境规制对绿色 TFP 的最终结果；在环境规制工具的选择上，研究认为需要从影响绿色全要素生产的因素中找到研究方法，即通过观察绿色全要素生产率在加入环境规制变量前后的变化来为工具的选择提供理论依据。

崔亚飞和宋马林（2012）利用 1999～2010 年我国 29 个省份工业污染治理投资强度的空间面板数据，对我国各省区工业污染治理投资强度的互动性进行实证研究。[①] 结果显示：各省份在确定工业污染治理强度时都需要考虑工业污染水平以及相邻省区的工业污染治理投资强度，上述因素之间存在显著的策略互动性；我国工业污染治理强度受环保策略的制约最大，而人均 GDP 和财政收入的影响较弱。

在可持续发展的大前提下，污染行业转移主要源于地方政府之间环境规制竞争。因此必须高度重视由于污染产业转移而产生的污染转移与环境污染问题。李志敏（2012）以环境规制和污染产业转移的相关理论为出发点，在新经济地理学的内生模型（New Endogeous Model of New Economic Geography）基础上改进了迪克斯特—斯蒂格利茨模型（Dixit‐Stiglitz），对污染产业转移的

① 不包含港、澳、台地区及西藏自治区和重庆市。

内生机制进行研究。从环境规制角度针对污染工业转移机制进行实证研究，提出对污染企业迁徙方式的整治、加强污染企业迁徙规制、约束地方政府行为及探索新的规制方式。结论表明：污染企业迁徙主要受地区规制政策的差异及产业结构优化等因素影响；污染企业地区选择的因素十分重要；污染企业迁徙产生一定负面影响的同时，也会对中国的经济增长以及产业结构调整起到促进作用并且高水平环境规制能够明显改善环境状况。

2.3.3　节能减排与其他影响因素

（1）节能减排与外商直接投资。

张倩倩（2013）以外商直接投资的环境效应理论为切入点，综合分析了外商直接投资与东道国环境之间的关系。利用包括 FDI、环境效应等指标的联立方程来分析外商直接投资对工业废水、工业废气和工业固体排放物量的影响，并以工业废水为例解释了 FDI 对其排放量的作用机理。

许和连和邓玉萍（2012）以 2000 ~ 2009 年中国 30 个省份的数据样本，采用熵权法构建的环境污染综合指数来分析中国 FDI 和环境污染的省域分布格局，并实证分析了二者的空间动态跃迁以及 FDI 对中国环境污染的影响。结果表明：中国省域 FDI 和环境污染均存在显著的空间相关性，二者在地理分布上呈 "路径依赖" 特征并且形成了不同的聚集区域，这种特征表现为在中国环境污染的低值聚集区为 FDI 的高值聚集区并且环境污染的高值聚集区是 FDI 的低值聚集区；中国省域环境污染同时受到周边邻近省域环境污染及区域间结构性差异的冲击；FDI 的引进对中国环境污染具有改善作用，主要原因是 FDI 所带来的先进生产技术能够降低生产中的资源消耗量与排污量；FDI 对省域环境污染的影响效果会因为其来源地不同而改变。

为了解释国内规制政策对 FDI 近期和远期的影响，卢新德、刘小明和刘长美（2010）对国内 FDI 和用于改善环境污染的投入因素进行实证研究，通过协整、格兰杰检验（Granger 检验）及误差修正模型（ECM）的构建，实证发现：规制与外商直接投资在远期存在稳定正相关关系，在滞后 4 期的规制因素是外商直接投资的 Granger 原因；在近期变化中，工业污染投入每增加 1 亿元人民币，我国 FDI 增加 0.9726 亿美元。

（2）节能减排与研发投入。

杨威和余贵玲（2014）认为近年来我国工业污染排放强度逐步降低，下降的原因在于技术效应的作用，但结构效应的节能潜力仍需充分挖掘。未来中国日益增强的工业环境约束将会对我国工业经济增长速度和效益产生严峻影响，需要采取相关措施加以解决。

（3）节能减排与产业结构调整。

张霞（2013）研究了中国政府环境规制与并购行为以及产业整合的作用机理。将中国工业各行业基于灰色关联法分成高度污染行业、中度污染行业和轻度污染行业；将2005年国务院发布的环境规制法条设为节点，分析了上市公司在政府环境规制出台的前后3年的并购行为；实证分析了环境规制对并购行为的影响，结果表明：从并购行为视角，2005年环境规制政策的出台促进了轻度污染行业并购高度污染行业和中度污染行业以及中度污染行业并购高度污染行业的商业行为的发生；轻度污染行业并购高度污染行业的行为则在环境规制出台的第二年出现增长并且轻度污染行业并购高度污染行业更为常见；从污染排放来看，政府环境规制政策的出台更能显著控制工业固体废物排放量，但对工业废气排放具有滞后性。

段文斌、刘大勇和余泳泽（2013）根据节能减排的内在特质与不同产业生产要素的使用特征，定义了节能效率与减排效率，结合异质性产业的理论分析与中国工业行业的实证检验，论证了异质性产业在不同技术选择中节能、减排的差异化效果，总结出异质性产业节能减排的最优技术路径及比较优势。结果表明：各类产业应当选择合理的技术手段提升其节能减排效率。在协调好政府差异化、动态化的指标分配与区际、企业间配额的市场调节之间关系的同时，还要实现中央、地方、企业三个层面的激励相容，完成节能减排指标有助于中国工业的健康发展。

2.4 对已有成果的评价

国内外学术界对于中国工业绿色全要素生产率的理论内涵、技术路径、制度安排，特别是对中国工业绿色全要素生产率的评价方法给予了较大关注，也取得了丰硕的研究成果。主要表现为：

第一，从经济增长核算理论方法看，现有针对中国工业绿色转型现状分析的理论方法主要分为参数方法和非参数方法两大类。其中，参数方法主要是随机前沿生产函数模型、超越对数型随机前沿模型、随机效应的面板 To-bit 模型、成本函数的对偶测度模型以及参数化共同边界模型等理论方法。但是，使用上述方法必须首先满足有关生产函数或成本函数的函数形式设定方面的理论假设。否则，上述参数方法的估计结果会产生较明显的偏误。非参数方法主要包括 Malmquist-DEA 方法、ML 生产率增长指数方法、加入非期望产出的 SBM 模型、基于序列数据包络分析的曼奎斯特—伦伯格—序列—数据包络模型（Malmquist-Luenberger-Sequential – DEA，MLSD）、全局曼奎斯特—伦伯格生产率指数（RGML）生产率指数等理论方法。后者较好地克服了参数方法需要先验设定函数形式这一理论缺陷。但是这些方法无法辨别技术低效和噪声，所以非参数方法无法完成对测算结果进行假设检验和置信区间的统计分析。

第二，从影响中国工业绿色全要素生产率因素看，已有研究显示近年来环境规制、外商直接投资、研发投资强度以及产业结构调整等是影响中国工业绿色全要素生产率的主要因素。随着未来资源环境约束日趋增强，中国工业经济的进一步发展，必须在严格执行政府环境规制政策之下，鼓励外商直接投资和研发投资来提升工业技术水平，进一步优化产业结构来提高工业经济可持续发展的能力，最终实现中国工业绿色转型。重点是要以可持续均衡发展为目标，培养和发展中国自己的绿色工业，内容是制定适度的环境规制政策、积极引导外商直接投资进入绿色工业、大力促进国内企业从事绿色工业技术的研发投入、努力改善产业结构减少高排污工业企业的比例。同时，政府应根据区域和企业技术水平差异，实施差别化的节能减排指标政策，实现动态化的指标分配与区际、企业间配额的市场调节之间的有机结合，并实现中央、地方、企业三个管理层面的激励相容，更好地提高工业绿色全要素生产率。

第三，从改善中国工业绿色全要素生产率的途径来看，现有研究表明，中国的环境规制会使中国经济实现提高环境质量和生产率增长的"双赢"结果。首先，对产业竞争力产生一定的积极影响，推动经济增长质量的提高。具体来看，环境规制强度在当前重度污染产业中能够相对合理地促进产业绿色全要素生产率的提高；而环境规制在中度污染和轻度污染产业中表现出较弱的强度，与绿色全要素生产率的关系呈"U"型，即环境规制强度由弱变强。这种"U"型关系将使绿色全要素生产率呈现出"先降低后升高"的特征；其次，环境规制能够明显提升企业环境技术创新和企业环境专利的申请数量，表明环境规制从内在结构方面，极大推进了企业的环境技术创新。环境技术创新同时给企业带来了巨大的创新收益，并对绿色经济发展发挥了巨大推动力。最后，环境规制对区域创新能力表现出"双重"效应，尽管当期环境规制政策对区域创新能力的提高有一定抑制，但前期环境规制却显著激励了区域创新，这种激励作用可以弥补甚至超过环境成本的负效应。因此，政府在制定适当的环境规制时，需要推进环境规制政策从控制型向激励型的转变，只有这样才能最大程度激励企业技术创新，同时兼顾环境保护和经济增长两个社会发展目标。

现有的研究成果虽然在工业绿色全要素生产率方面有了一些发现，但研究层次、研究内容、研究方向以及针对已有问题的反思上差距较大，存在一些问题。具体来看，主要问题如下：第一，混淆部分有关环境因素的概念内涵和名称。大多数文献将环境效率看作是考虑环境因素的效率，尽管二者名称相同，但是研究很难在实际的理论内涵上达成一致，没有从环境生产技术这一最基本概念入手定义环境效率的理论内涵。其采用的生态经济系统物质流动的原理、综合指数法和粗糙集理论等理论方法构建的中国绿色经济发展指数等指标并不属于经济增长核算理论的范畴。第二，创新驱动是实现中国工业绿色转型的重要技术途径，但现有的文献由于缺乏对绿色技术进步概念的定义，而无法准确测算中国工业绿色转型的现状。第三，环境规制对中国工业绿色转型的作用虽然已经被理论界普遍接受，但中国节能减排的主要途径以及区域节能减排潜力等问题并没有得到很好解决。第四，传统非参数 Malmquist – DEA 方法虽然克服了参数方法需要先验设定函数形式这一理论缺陷，但只给出了各个决策单元效率值点估计值，未考虑随机噪声对最优生产前沿面的影响，从而忽略了样本敏感性和极端值影响等问题。本书通过构建基于 Malmquist-Lunberger-Bootstrap（MLB）的绿色全要素生产率指数方法尝试去解决这一问题。

2.5 本章小结

本章从三个方面总结和分析了现有文献的研究成果，提出了现有文献的不足，以此得到本书研究的目标和方法：

　　第一，从国外内现有文献介绍了全要素生产率的起源和发展，并对全要素生产率进行了扩展，总结全要素生产率的影响因素，主要包括产业集聚、出口、FDI以及其他因素。本章还介绍了现有计算全要素生产率的方法，包括数据包络分析方法、参数分析方法等，并给出绿色全要素生产率含义。

　　第二，本章介绍了绿色全要素生产率的影响因素，包括环境规制强度、外商直接投入、研发投入强度和产业结构调整等，每一个影响因素从国内外文献分析其作用机理，并对比全要素生产率影响因素，分析相同点和不同点。

　　第三，本章还分析了工业绿色全要素生产率的改善途径，包括节能减排与工业绿色转型、节能减排与环境规制因素、节能减排与外商直接投资、节能减排与产业结构调整等。

　　从经济增长核算理论方法、影响中国工业绿色全要素生产率因素、改善中国工业绿色全要素生产率的途径等方面总结现有文献存在的问题和不足，并提出改进举措。

第3章

中国的区域工业绿色全要素
生产率分析的理论框架

致力于经济增长研究的学者们已经发现，在世界各国经济发展的历史中，其经济增长水平呈现出两种特征：第一，从跨时期角度来看，世界各国的人均产出都表现出持续增长并且其增长率表现出上升的趋势；第二，在同一时期，人均产出的增长率在世界各国之间存在巨大的差距。这两种现象构成了传统经济增长理论关心两个核心主题——经济增长的持续性和均衡性，即经济增长理论关心的问题是：第一，经济持续增长的推动力是什么？经济实现长期稳定增长的机制是什么？第二，经济增长是否会产生收敛性结果？经济是否可以实现均衡发展？前者是为了寻找影响经济增长的核心因素，从理论上解释促进经济增长的动力源泉。后者代表了经济学家对经济增长结果的深入探究，即经济增长在不同国家或地区之间的分布状况。

3.1 环境规制行为分析模型：绿色全要素生产率分析框架的基本内容

现代经济增长理论认为经济长期增长的推动力是全要素生产率的提高，同时也是判断经济增长是否收敛的根本指标。由于资源环境对经济发展存在巨大影响，在有关经济增长问题的探讨，考虑资源环境对其的影响作用显得尤为必要。因此，在充分考虑环境污染的社会成本情况下，全要素生产率指标才能真实反映经济长期发展的质量，体现污染排放对经济发展的真实影响。许多研究成果在全要素生产率理论体系中纳入了环境因素，在此基础上创建了绿色全要素生产率理论。正如文献中提到的，环境因素的产出效率在很多研究中被称为环境效率，其理论内涵并不统一，没有从环境生产技术这一最基本的概念入手，来定义环境效率的理论内涵。分析中国工业经济增长持续性和收敛性的理论前提就是要做到准确度量中国工业的绿色全要素生产率。也就是说，中国工业经济长期增长的根源是中国工业绿色全要素生产率水平的提高，而缩小绿色全要素生产率在各地区之间存在的区域性差距，是实现中国工业经济均衡发展的必要条件。

丹尼森（Denison，1962）提到传统经济增长核算方法有了很多改进和优化，用于度量技术进步对经济增长贡献的传统全要素生产率方法得到长远发展。现有文献中估算全要素生产率的方法可以粗略分为指数法、索洛残余法和生产前沿面分析方法。指数法由于必须考虑投入和产出的价格信息而无法度量缺乏市场价格信息的环境污染变量。索洛残余法需要先验确定投入要素的产出弹性，这种主观确定为常数或通过对某种生产函数采用计量理论方法进行估计得到投入产出弹性常被其他研究所批评。生产前沿面分析方法以准确识别无效率生产单位、定量测算无效率程度等特点而得到广泛应用，其具体测算体系分为随机方法和确定方法。随机性生产前沿面分析方法作为一种参数方法局限于先验性主观确定的生产函数（这一生产函数反映了效率随时间变化的模式），而且只能拟合一种产出的生产过程，从而对同时考虑期望产出和非期望产出（环境污染）等情况无能为力。确定性生产前沿面分析方法也包括参数和非参数两种估计方法，其中以基于投入最小化或产出最大化的非参数数据包罗分析方法应用更为广泛。这一方法不仅可以避免参数方法先验设定生产函数的缺陷，还可以考虑多种投入和多种产出同时存在的生产过程，从而使得对环境污染等非期望产出的合理处置成为可能。因此，本章以非参数生产前沿面理论中MLB生产率指数方法为核心构建了环境规制行为分析模型，建立了中国地区工业绿色转型分析框架的理论测算基础。

经济增长理论不仅关心经济增长的持续性，还关心经济增长的均衡性。具体来说，包括"绝对收敛假说"和"相对收敛假说"两个层次的理论内容。"绝对收敛假说"是指人们普遍认为较"贫穷"国家（或地区）的增长速度较快速，而较"富有"国家（或地区）的增长速度较缓慢。因而穷国（或地区）的人均实际收入逐渐赶上、甚至已经赶上早期较富有的国家（或地区）。由此推论期初人均实际 GDP 较低的国家，会有较高的产出增长率；期初人均实际 GDP 较高的国家（或地区），会有较低的产出增长率。这个人均实际收入的"绝对数值"与经济增长率有反向关联的结论被称为"绝对收敛假说"（Absolute Convergence Hypothesis）。然而，并非所有国家（或地区）的实际数据都支持绝对收敛假设。许多国家（或地区）的数据显示期初人均实际 GDP 与该国（或地区）的平均人均 GDP 增长率并无显著的负向关系，这一结论显然并不支持绝对收敛假说。"相对收敛假说"（Relative Convergence Hypothesis），试图弥补绝对收敛无法用于不同经济结构国家（地区）的缺点，强调①每个经济体系目前（期初）人均资本（产出）与其静止均衡的人均资本（产出）的"相对"差距。该假设主张，如果目前（期初）人均资本（产出）水平愈远低于其静止均衡的人均资本（产出），则人均实际收入将有愈高的增长率。那么，决定我国各地区工业经济能否均衡发展的各地区工业绿色全要素生产率是否存在收敛性？如果存在，属于哪一种形式的收敛性？它们都具有什么样的时变特征和空间特征？这些重大理论问题的实证研究，对于我国相关经济政策的制定有着重要的影响作用。因此，本章基于空间面板数据模型理论方法从静态和动态两个方面，建立中国工业绿色全要素生产率的收敛性检验模型，完善了地区工业经济均衡发展的检验模型，扩展了中国地区工业绿色转型分析框架的理论内涵。

上述两个方面的理论内容，主要是为研究中国地区工业经济增长的持续性问题和均衡性问题所建立的分析方法体系。它们构成了本章有关中国地区工业绿色转型分析理论框架的一部分，而不是全部。原因在于这两部分的研究主要是希望通过测算中国地区工业绿色全要素生产率的现状特征和检验其收敛性结果，来判断中国地区工业绿色转型发展的理论特征，即研究中国地区工业绿色转型是否已经开始了？如果已经开始转型，那么这种转型处于什么阶段了？具有什么样的阶段特点？也就是说，这些研究回答了"是什么"的问题，却没有进一步明确"为什么"和"怎么办"的问题。为了解决这些问题，深化对中国地区工业绿色转型的理论研究，在第 2 章文献综述的基础上，从环境规

---

① "相对收敛假说"也被称作"动态变动的原则"（principle of transition dynamics）。

制、自主创新、技术进步和结构调整等方面分析影响绿色全要素生产率的主要因素，进而明确促进中国地区工业绿色转型的影响因素及其作用机理。为中国地区工业经济发展方式从"数量增加"转变为"质量提高"，提供理论支撑并确定转变途径。因此，本章使用面板单位根检验方法和面板协整检验方法，构建了影响因素机理分析模型，深化了中国地区工业绿色转型分析框架的理论内容。

本节通过定义环境生产技术，将环境约束条件引入距离函数和 DEA - Malmquist 生产率指数理论体系中，完善了现有的绿色全要素生产率理论。在目标函数中引入松弛变量完善了绿色全要素生产率理论的测算方法体系，并通过纠偏方法对测算结果进行修正，从而建立了基于绿色全要素生产率理论的经济增长核算方法体系。在此基础上，可以较为准确地判断我国地区工业发展可持续性是否已经实现的重大理论问题。进一步通过分析绿色全要素生产率指标体系分解出来的两大变量——绿色技术进步率和绿色技术效率变动的变化特征，可以较为准确地判断我国地区工业发展方式是否已经显著由"粗放式"向"集约式"进行转变。

3.1.1　基于谢帕德距离函数的 DEA-Malmquist 生产率指数

谢帕德（Shephard）距离函数是传统全要素生产率方法的研究起点，其衡量已观察到样本点偏离最优生产边界的距离，即实际产出在生产可能性集合（PPS）内所能扩展的距离，或者实际投入在 PPS 内所能压缩的距离。前者即为产出距离函数，后者则为投入距离函数。在多项产出与多项投入生产函数下，前述扩展与缩减则以一般化的方式定义为径向扩展与缩减，即其为一种所有产出的比例式扩展或所有投入的比例式缩减。其中，产出距离函数为一个衡量实际产出 y 至产出导向边界的射线距离，其定义式为式（3 - 1）。

$$D_o(y,x) = \min\left[\mu \mid \left(\frac{y}{\mu},x\right) \in PPS\right] \leqslant 1 \qquad (3-1)$$

如式（3 - 1）所示，$D_o(y,x)$ 为 (y,x) 的函数，而且其值介于 0 ~ 1。利用产出距离函数，也可定义出投入水平在 x 时的对应边界产出量 y^*，如式（3 - 2）所示。

$$y^* = \frac{y}{D_o(y,x)} \qquad (3-2)$$

所谓投入距离函数，旨在衡量从 x 至投入导向边界的射线距离值，其数学上的定义式为式（3-3）。

$$D_I(y,x) = \max\left[\lambda \mid \left(y, \frac{x}{\lambda}\right) \in PPS\right] \geqslant 1 \qquad (3-3)$$

进而，投入距离函数可定义对应定量产出水平 y 边界投入量 x^*，如式（3-4）所示。

$$x^* = \frac{x}{D_I(x,y)} \qquad (3-4)$$

借助距离函数，可以定义产出导向或者投入导向技术效率的概念。例如，第 i 个决策单元（DMU）产出导向的技术效率可以定义为实际产出与边界产出量的比值，如式（3-5）所示。

$$TE_o(y,x) = \frac{y_i}{y_i^*} = D_o(y,x) \leqslant 1 \qquad (3-5)$$

而投入导向技术效率，由距离函数求解如式（3-6）所示。

$$TE_I(y,x) = \frac{x_i^*}{x_i} = \frac{1}{D_I(y,x)} \leqslant 1 \qquad (3-6)$$

式（3-6）表明，各决策单元（DMU）的投入导向技术效率为其投入导向距离函数的倒数。

一个 DMU 的全要素生产率可能会随着时间而变动，而这种变动可能是源于生产技术变动所导致的生产边界移动，也许是因为技术提高水平的提高或降低使得要素投入减少，总产出增加。这两种动态变化可以用 Malmquist 生产率指数衡量。该指数由卡夫（1982）等人最先提出，经格罗斯科夫（1994）等人、洛弗尔（Lovell, 1999）等和普里蒙（Primont, 1995）等推广后得以全面应用。其具体内容如式（3-7）所示。

$$TFP(y_s, x_s, y_t, x_t) = \frac{TFP(y_t, x_t)}{TFP(y_s, x_s)} = \frac{\dfrac{y_t}{x_t}}{\dfrac{y_s}{x_s}} \qquad (3-7)$$

全要素生产率指数衡量了两期间的生产率变动，从计算的角度来看，式（3-7）的 TFP 指数只需两期的 TFP 的观测值，它并不被各期使用生产技术假设所影响。但是，我们为了以距离函数的形式把 TFP 指数表示出来，根据一个任意的共同的基准技术对比两期 TFP。举例说明，假设规模报酬不变的生产技术（CRS），假设此生产函数在 s 期为 $F_C^s(\cdot)$，在 t 期则为 $F_C^t(\cdot)$，则在式（3-7）的 $TFP(y_t, x_t)$ 和 $TFP(y_s, x_s)$ 可分别表示为式（3-8）和式（3-9）。

$$TFP(y_t, x_t) \frac{y_t}{x_t} = \frac{y_t}{F_C^t(x_t)} \times \frac{F_C^t(x_t)}{x_t} = D_{OC}^t(y_t, x_t) \times \frac{F_C^t(x_t)}{x_t} \quad (3-8)$$

$$TFP(y_s, x_s) = \frac{y_s}{x_s} = \frac{y_s}{F_C^t(x_s)} \times \frac{F_C^t(x_s)}{x_s} = D_{OC}^t(y_s, x_s) \times \frac{F_C^t(x_s)}{x_s} \quad (3-9)$$

其中，$D_{OC}^t(y_t, x_t) = \dfrac{y_t}{F_C^t(x_t)}$ 及 $D_{OC}^t(y_s, x_s) = \dfrac{y_s}{F_C^t(x_s)}$ 分别是在基准生产技术为 CRS $F_C^t(\cdot)$ 时，生产 (y_s, x_s) 及 (y_t, x_t) 的产出距离函数。式（3-8）与式（3-9）的比值即为 TFP 指数的衡量，表示如式（3-10）所示。

$$TFP(y_s, x_s, y_t, x_t) = \frac{D_{OC}^t(y_t, x_t)}{D_{OC}^t(y_s, x_s)} \times \frac{\dfrac{F_C^t(x_t)}{x_t}}{\dfrac{F_C^t(x_s)}{x_s}} = \frac{D_{OC}^t(y_t, x_t)}{D_{OC}^t(y_s, x_s)} \quad (3-10)$$

式（3-10）中最后一个等式的成立，系基于在基准 CRS 技术下，等式 $\dfrac{F_C^t(x_t)}{x_t} = \dfrac{F_C^t(x_s)}{x_s}$ 成立的前提。这种利用距离函数衡量的 TFP 指数，即 Malmquist 生产率指数，$M_O^t(y_s, x_s, y_t, x_t)$，也就是式（3-11）。

$$M_O^t(y_s, x_s, y_t, x_t) = \frac{D_{OC}^t(y_t, x_t)}{D_{OC}^t(y_s, x_s)} \quad (3-11)$$

换句话说，Malmquist 生产率指数为两个距离函数的比值。

如果两期生产 (y_s, x_s) 及 (y_t, x_t) 的比较，是利用第 s 期的基准技术 $F_C^s(\cdot)$，则式（3-7）的 $TFP(y_t, x_t)$ 和 $TFP(y_s, x_s)$ 可分别表示为式（3-12）和式（3-13）。

$$TFP(y_t, x_t) = \frac{y_t}{x_t} = \frac{y_t}{F_C^s(x_t)} \times \frac{F_C^s(x_t)}{x_t} = D_{OC}^s(y_t, x_t) \times \frac{F_C^s(x_t)}{x_t} \quad (3-12)$$

$$TFP(y_s, x_s) = \frac{y_s}{x_s} = \frac{y_s}{F_C^s(x_s)} \times \frac{F_C^s(x_s)}{x_s} = D_{OC}^s(y_s, x_s) \times \frac{F_C^s(x_s)}{x_s}$$

$$(3-13)$$

其中，$D_{OC}^s(y_t, x_t)$ 及 $D_{OC}^s(y_s, x_s)$ 分别为 (y_t, x_t) 及 (y_s, x_s) 在第 s 期的 CRS $F_C^s(\cdot)$ 技术为基准下的产出距离函数。则式（3-12）和式（3-13）的比值，可提

供另一个形式的 Malmquist 生产率指数如式（3-14）所示。

$$M_O^s(y_s, x_s, y_t, x_t) = \frac{D_{OC}^t(y_t, x_t)}{D_{OC}^t(y_s, x_s)} \qquad (3-14)$$

由式（3-11）及式（3-14）可知，产出导向 Malmquist 生产率指数可以用第 s 期或第 t 期的基准技术来定义。一个通过单一指标表达产出导向的 Malmquist 生产率指数，则通常定义为上述两种指数的几何平均数，即式（3-15）。

$$M_O(y_s, x_s, y_t, x_t) = (M_O^s(y_s, x_s, y_t, x_t) \times M_O^t(y_s, x_s, y_t, x_t))^{1/2} \quad (3-15)$$

式（3-15）为实际应用时的产出导向 Malmquist 生产率指数，其可以用来衡量第 t 期与第 s 期的全要素生产率变动，其代表意义为 $M_o(y_s, x_s, y_t, x_t)$：

$$M_o(y_s, x_s, y_t, x_t) = \begin{cases} > 1 & \text{表示生产率改善} \\ = 1 & \text{表示生产率不变} \\ < 1 & \text{表示生产率恶化} \end{cases}$$

类似地，Malmquist 生产率指数也能衡量投入导向面。

本质上，Malmquist 生产率指数是利用距离函数来表达两期 TFP 变动的指数。不过如前所述，TFP 的跨期变动，可能源自技术效率变动或是生产技术变动。假如生产技术为 CRS 时，法勒等（Fare et al.，1994）在研究中进一步指出，Malmquist 生产率指数可被分解为多种来源不同的变动。下面将基于产出导向方式，分解 Malmquist 生产率指数的来源。

将式（3-15）的项目重新组合，Malmquist 生产率指数可以被分解为技术进步率指标和技术效率变动指标如式（3-16）所示。

$$M_O(y_s, x_s, y_t, x_t) = \frac{D_{OC}^t(y_t, x_t)}{D_{OC}^s(y_s, x_s)} \times \left(\frac{D_{OC}^s(y_t, x_t)}{D_{OC}^t(y_t, x_t)} \times \frac{D_{OC}^s(y_s, x_s)}{D_{OC}^t(y_s, x_s)} \right)^{1/2}$$

$$= \Delta TE_O(s, t) \times \Delta T_O(s, t)$$

$$(3-16)$$

在 CRS 技术下，式（3-16）的第一项为产出导向的两期间技术效率变动（ΔTE_O），而该两期的产出导向技术效率，用其产出距离函数来衡量如式（3-17）所示。

$$\Delta TE_O(s, t) = \frac{D_{OC}^t(y_t, x_t)}{D_{OC}^s(y_s, x_s)} \qquad (3-17)$$

$$\Delta TE_O(s,t) = \begin{cases} > 1 & \text{表示技术效率改善} \\ = 1 & \text{表示技术效率不变} \\ < 1 & \text{表示技术效率恶化} \end{cases}$$

式（3-16）的第二项为两期技术进步率的几何平均数，即式（3-18）。

$$\Delta T_O(s,t) = \left(\frac{D_{OC}^s(y_t,x_t)}{D_{OC}^t(y_t,x_t)} \times \frac{D_{OC}^s(y_s,x_s)}{D_{OC}^t(y_s,x_s)} \right)^{1/2} \qquad (3-18)$$

$$\Delta T_O(s,t) = \begin{cases} > 1 & \text{表示技术进步} \\ = 1 & \text{表示技术不变} \\ < 1 & \text{表示技术退步} \end{cases}$$

同理利用投入导向的 Malmquist 生产率指数，也能将技术效率变动与技术进步率分解，分解结果见式（3-19）：

$$M_I(y_s,x_s,y_t,x_t) = \frac{D_{IC}^t(y_t,x_t)}{D_{IC}^s(y_s,x_s)} \times \left(\frac{D_{IC}^s(y_t,x_t)}{D_{IC}^t(y_t,x_t)} \times \frac{D_{IC}^s(y_s,x_s)}{D_{IC}^t(y_s,x_s)} \right)^{1/2}$$

$$= \Delta TE_I(s,t) \times \Delta T_I(s,t) \qquad (3-19)$$

以上对 Malmquist 生产率指数的分解是基于生产技术为 CRS。但若真实的生产技术不是 CRS 时，则其效率成分可能也包括了规模效率变动。基于此，法勒等（Fare et al.，1994）进一步将技术效率变动（ΔTE）分解为纯技术效率变动（ΔPTE）和规模效率变动（ΔSE）。若此，Malmquist 生产率指数的一般化分解将包括三种成分如式（3-20）所示。

$$M_O(y_s,x_s,y_t,x_t) = \Delta PTE_O(s,t) \times \Delta SE_O(s,t) \times \Delta T_O(s,t) \qquad (3-20)$$

其中，技术进步率是指新知识、新技能或发明创造所引起生产率的提高，而纯技术效率变动是指管理、制度创新以及生产经验的积累所引发效率提高，规模效率变动衡量的是企业规模扩大所带来的规模经济引起效率提升。

3.1.2 环境污染对经济增长核算的影响

随着人类社会面临的环境污染问题日渐严重。许多学者开始关注环境污染对经济增长的影响效应。休斯等（Hughes et al.，2011）和张（Zhang，2014）认为环境约束对社会有着持续性的影响。环境污染问题不仅关系到世界经济的可持续发展，还是经济发展速度和规模的刚性约束条件。因此，将环境约束考虑到相关研究中已经是该领域研究的一个方向，具有重要的理论和现实意义。

对环境约束的学术研究主要包括两个方面：一是对考虑环境约束的经济增长问题进行研究，主要研究环境污染与经济增长之间的关系。目前，环境污染与经济增长之间的关系尚没有形成统一的认识，环境库茨涅茨假说虽然是该领域最经典的理论研究成果，但并未得到学术界的一致认同。吉桑代斯等（Guisández et al.，2013）认为环境污染可能会对经济增长产生负面作用，而另外一些研究如认为环境恶化和经济增长之间呈现倒"U"型关系，如格罗斯曼等、帕纳约塔、沙菲克等（Grossman et al.，1991；Panayotou，2013；Shafik et al.，1992），还有研究如博尔亚斯、索奥纳等（Borghesi，1999；Tsionas et al.，2001）认为经济增长和环境污染之间存在经济发展水平异质性，因此对不同发展水平的国家进行研究时要选择具有针对性的分析方法。休斯等（Hughes et al.，2012）认为由于发展水平不同的国家对环境约束承受能力不同，在测算不同国家或地区生产率指数时必须考虑环境因素，这样才能更准确地测度实体经济发展情况。

二是对考虑环境约束的生产率指数研究。为了在现有的生产率指数理论中引入环境因素，需要对全要素生产率的理论内涵进行扩展，将其发展为绿色全要素生产率。从绿色全要素生产率模型处理环境污染的不同方式来看，理论界现阶段有三种建模思路：第一种思路是海陆等、萨布吉、书杰等（Hailu et al.，2001；Sabuj，2010；Shujie et al.，2012）认为环境污染是生产过程中避免不了的伴生物，因此可以将环境污染视为生产投入，进而将其引入全要素生产率理论中；第二种建模思路与前一种截然对立，阿比扎德等（Abizadeh et al.，2009）将环境污染视为产出，即将其视为一种副产品引入全要素生产率理论中；第三种建模思路是第二种思路的延伸，将环境污染视为具有负外部性的副产品产出。邓巴等、马尔哥拉塔（Dunbar et al.，2013；Malgorzata，2014）认为这种负的外部性与传统意义上的产品所具有的正外部性完全相对立，从而将其归结为非期望产出。可见，上述三种建模思路中，最后一种思路能够更合理地阐述环境污染因素在生产过程中的作用。

3.1.3 绿色全要素生产率分析的理论基础

为了全面考察能源消耗、污染排放等环境因素对全要素生产率的影响，需要将能源消耗作为一种特殊的投入要素、而将全部污染排放作为一种特殊的产出品，纳入全要素生产率核算框架中，以此为基础构建生产可能性集，也就是环境生产技术。最终，借鉴传统的全要素生产率核算方法体系，形成绿色全要素生产率核算体系。因此，为了利用公理化方法对环境生产技术进行数理描述和分析，首先需要对产出重新进行定义。在环境经济学分析中常常将产出区分为合意产出（$y \in R_+^M$）和非合意产出（$u \in R_+^J$）。合意产出常常表现为可以市场化的产品，而非合意产出是难以市场化，而且表现为一种对环境或者人类健康有害的副产品。故定义合意产出和非合意产出的概念如下：

（1）合意产出。指能够提供给市场，满足消费者某种欲望和需求、为消费者提供一定效应的有形物品和无形服务。

（2）非合意产出。指与合意产出同时被生产出来，却与合意产出相对立的、只能给特定消费者或整个社会带来负效应的物品。

因此，在相同技术结构下构造生产前沿面时，会同时生产合意产出以及一些不可避免"副产品"（非合意产出）。这就需要构造一个环境生产技术（即生产可能性集），同时包含合意产出（desirable or good output，g）和非合意产出（undesirable or bad output，b）。与一般生产技术的数理描述不同，环境生产技术的特点就是产出的零结合性（null-joint outputs）以及弱可处置性（weak disposability of outputs），下面将对这两个重要概念进行说明和分析。

（3）零结合性。令合意产出向量为 y、非合意产出向量为 u，若产出向量 (y,u) 满足式（3-21）：

$$(y,u) \in P(x)，\text{如果} u = 0 \text{则} y = 0 \qquad (3-21)$$

其中，$x \in R_+^N$ 为投入向量，$P(x)$ 为生产可能性集，则称合意产出向量与非合意产出具有零结合性。表明如果产出向量 (y,u) 具有可行性并且没有合意产出产生，则在零结合性的约束下合意产出必定为零。也就是说，如果有一定量的合意产出产生，则必定伴随着一定量的非合意产出产生。

（4）环境生产技术，对 $k = 1,2,\cdots,K$ 个观测单元，投入要素 x 有 n = 1，2，$\cdots$，N 种，合意产出 y 有 m = 1，2，$\cdots$，M 种，非合意产出 u 有 j = 1，2，$\cdots$，J 种，即投入产出向量表示为 (x^k, y^k, u^k) 且其生产可能性集合为 $P(x)$，若 $P(x)$ 满足条件式（3-22），则称生产可能性集合 $P(x)$ 代表的技术为环境生产技术。

$$P(x^k) = \left\{ (y,u) : \sum_{k=1}^{K} z_k y_{km} \geq y_m, m = 1,2,\cdots,M; \right.$$

$$\sum_{k=1}^{K} z_k u_{kj} = u_j, j = 1,2,\cdots,J;$$

$$\sum_{k=1}^{K} z_k x_{kn} \leqslant x_{k'n}, n = 1,2,\cdots,N; z_k \geqslant 0, k = 1,2,\cdots,K \}$$

$$\sum_{k=1}^{K} u_{kj} > 0, j = 1,2,\cdots,J$$

$$\sum_{k=1}^{J} u_{kj} > 0, k = 1,2,\cdots,K \qquad (3-22)$$

对于产出的可处置性有如下两种定义：

第一，环境生产技术的弱可处置性。令合意产出向量为 y、非合意产出向量为 u，若产出向量 (y,u) 满足式（3-23）：

$$(y,u) \in P(x)，以及 0 \leqslant \theta \leqslant 1，则 (\theta y, \theta u) \in P(x) \qquad (3-23)$$

则称环境生产技术具有弱可处置性。即当产出向量 y 成比例减少时，在该生产技术下，结果依然可行。

第二，环境生产技术的强可处置性。令合意产出向量为 y、非合意产出向量为 u，若产出向量 (y,u) 满足式（3-24）：

$$(y^0, u^0) \in P(x)，以及 (y,u) \leqslant (y^0, u^0)，则 (y,u) \in P(x) \qquad (3-24)$$

则称环境生产技术具有强可处置性（strong disposability）或自由处置性（free disposability），表明非合意产出的下降不会导致合意产出数量的下降。

所以包含非合意产出的生产技术过程中不应该出现产出的强可处置性。由于环境生产技术要求合意产出和非合意产出联合生产，非合意产出不可以被无成本处置（如通过管制约束），而产出的弱可处置性表明如果保持投入 x 不变的情况下，非合意产出被减少，则合意产出必然同时降低。因此，式（3-22）是一个对于环境生产技术所做的一个合理假设。

从现有文献上看，可以用参数方法和非参数方法将上述零结合性假设和产出的弱可处置性结合起来共同刻画包含合意产出和非合意产出的生产技术。但由于非合意产出往往是非市场化的产品，难以取得其市场价格方面的信息，所以相对于参数方法，非参数方法表述更为适合，所以目前相关研究大量采用非参数 DEA 方法刻画环境生产技术。本书下述将简要讨论利用非参数 DEA 方法刻画环境生产技术，作为其后绿色生产率测算的理论基础。

假定存在投入和产出的 $k = 1,2,\cdots,K$ 个观测单元，投入产出向量表示为 (x^k, y^k, k^k)。则基于这些观测可以构建生产可能性集 $P(x)$。例如，对于 k'，

$$P(x^{k'}) = \{(y,u) : \sum_{k=1}^{K} z_k y_{km} \geqslant y_m, m = 1,2,\cdots,M$$

$$\sum_{k=1}^{K} z_k u_{kj} = u_j, j = 1, 2, \cdots, J$$

$$\sum_{k=1}^{K} z_k x_{kn} \leqslant x_{k'n}, n = 1, 2, \cdots, N$$

$$z_k \geqslant 0, k = 1, 2, \cdots, K\}$$ (3-25)

式（3-25）中可以注意到对于非合意产出 $u_j, j = 1, 2, \cdots, J$ 是等式约束，在模型规模报酬不变假设下，等式约束反映了非合意产出并不可自由处置。同时模型还考虑了投入和合意产出的自由处置性，所以其约束均为不等式约束。为了说明上述模型考虑了产出的弱可处置性，进行如式（3-26）分析。

假设 $(y, u) \in P(x^{k'})$ 以及 $0 < \theta \leqslant 1$，如果上述模型考虑了产出的弱可处置性，则应该存在 $(\theta y, \theta u) \in P(x^{k'})$，也就是如式（3-26）的约束集合同样是可行集合：

$$\sum_{k=1}^{K} z_k y_{km} \geqslant \theta y_m, m = 1, 2, \cdots, M$$

$$\sum_{k=1}^{K} z_k u_{kj} = \theta u_j, j = 1, 2, \cdots, J$$ (3-26)

$$\sum_{k=1}^{K} z_k x_{kn} \leqslant x_{k'n}, n = 1, 2, \cdots, N$$

$$z_k \geqslant 0, k = 1, 2, \cdots, K$$

而可以直接验证满足上述约束的集合依然是可行集，验证过程如式（3-27）所示。

$$\sum_{k=1}^{K} (z_k/\theta) y_{km} \geqslant y_m, m = 1, 2, \cdots, M$$

$$\sum_{k=1}^{K} (z_k/\theta) u_{kj} = u_j, j = 1, 2, \cdots, J$$ (3-27)

$$\sum_{k=1}^{K} (z_k/\theta) x_{kn} \leqslant (x_{k'n}/\theta), n = 1, 2, \cdots, N$$

$$(z_k/\theta) \geqslant 0/\theta = 0, k = 1, 2, \cdots, K$$

而如果 $\theta = 0$ 也可以验证 $(\theta y, \theta u) \in P(x^{k'})$。所以上述 DEA 方法刻画的生产技术满足产出的弱可处置性。当然上述模型假设生产技术过程满足规模报酬不变（CRS），可以在上述模型的基础上考虑规模报酬可变（VRS）的非参数 DEA 模型。同时为了使得上述环境生产技术的非参数 DEA 模型满足产出的零结合性，还需要在模型（3-24）的基础上施加约束式（3-28）。

$$\sum_{k=1}^{K} u_{kj} > 0, j = 1,2,\cdots,J$$

$$\sum_{k=1}^{J} u_{kj} > 0, k = 1,2,\cdots,K \qquad (3-28)$$

3.1.4 绿色全要素生产率分析的基本模型：MLB 生产率指数方法

1. 绿色生产效率与 Malmquist-Lunberger 生产率指数

以环境生产技术为基础，构建绿色全要素生产率指数，即 ML 生产率指数，钟等（1997）引入了方向距离函数的概念（directional distance function, DDF）。与传统的谢帕德距离函数相比，方向距离函数在给定方向上将会不对称地处理合意产出与非合意产出，换句话说，在正向推动合意产出的同时减少非合意产出。该机制可以使用如式（3-29）的方向距离函数表示。

$$\vec{D}_o(x,y,u;g) = \sup\{\beta : (y,u) + \beta g \in P(x)\}$$

$$g = (y,-u) \qquad (3-29)$$

其中，g 为产出变化的方向向量，表示合意产出增加以及非合意产出减少。为了表示其与谢帕德函数之间的理论关系，假定 $g = (y,u)$，则有式（3-30）：

$$\vec{D}_o(x,y,u;g) = \sup\{\beta : D_o[x,g = (y,u) + \beta g = (y,-u)] \leq 1\}$$

$$= \sup\{\beta : (1+\beta) D_o(x,y,u) \leq 1\}$$

$$= \sup\{\beta : \beta \leq \frac{1}{D_o(x,y,u)} - 1\}$$

$$= 1/D_o(x,y,u) - 1 \qquad (3-30)$$

上述结果表明，谢帕德产出方向的距离函数是方向距离函数的一个特殊例子。因此，以方向距离函数（DDF）的概念为基础，仿照前述有关产出导向的技术效率概念，即参照式（3-5）定义绿色生产效率的概念，就是指考虑非合意产出（污染）的条件下，假定投入的要素不变，决策单元的实际产出与理想的最大可能性产出之间的比值。

绿色生产效率。指生产可能性集 $P(x)$ 满足环境生产技术，若 PE_o 满足条件式（3-31）：

$$PE_o = \frac{y_i}{y_i^*} = \vec{D}_o(x,y,u;g) = \sup\{\beta : (y,u) + \beta g \in P(x)\} \leq 1 \quad (3-31)$$

则称 PE_O 为绿色生产效率。

同理，绿色全要素生产率的构建方法类似前述 Malmquist 生产率指数，不同点是 ML 生产率指数以方向距离函数为基础，而 Malmquist 生产率指数是以传统的谢帕德距离函数为基础。

（1）绿色全要素生产率。指生产可能性集 $P(x)$ 满足环境生产技术，则若 ML_t^{t+1} 满足条件式（3－32）：

$$ML_t^{t+1} = \left[\frac{(1 + \vec{D}_O^t(x_t, y_t, u_t; y_t, - u_t))(1 + \vec{D}_O^{t+1}(x_t, y_t, u_t; y_t, - u_t))}{(1 + \vec{D}_O^t(x_{t+1}, y_{t+1}, u_{t+1}; y_{t+1}, - u_{t+1}))(1 + \vec{D}_O^{t+1}(x_{t+1}, y_{t+1}, u_{t+1}; y_{t+1}, - u_{t+1}))} \right]^{1/2}$$

（3－32）

其中，四个绿色技术效率函数的非参数模型为式（3－33）：

$$\vec{D}_O^t(x_t, y_t, u_t; y_t, - u_t) = \sup\{\beta: (y_t, u_t) + \beta(y_t, - u_t) \in P^t(x_t)\}$$

$$\vec{D}_O^{t+1}(x_t, y_t, u_t; y_t, - u_t) = \sup\{\beta: (y_t, u_t) + \beta(y_t, - u_t) \in P^{t+1}(x_t)\}$$

$$\vec{D}_O^t(x_{t+1}, y_{t+1}, u_{t+1}; y_{t+1}, - u_{t+1}) = \sup\{\beta: (y_{t+1}, u_{t+1}) + \beta(y_{t+1}, - u_{t+1}) \in P^t(x_{t+1})\}$$

$$\vec{D}_O^{t+1}(x_{t+1}, y_{t+1}, u_{t+1}; y_{t+1}, - u_{t+1}) = \sup\{\beta: (y_{t+1}, u_{t+1}) + \beta(y_{t+1}, - u_{t+1}) \in P^{t+1}(x_{t+1})\}$$

（3－33）

则称 ML_t^{t+1} 为观测单元从第 t 期到第（$t+1$）期的绿色全要素生产率。

ML 生产率指数也可以被分解为 MLTECH（绿色技术进步率）和 MLEFF-CH（绿色技术效率变动）：

（2）绿色技术效率变动。

$$MLEFFCH_t^{t+1} = \frac{1 + \vec{D}_O^t(x_t, y_t, u_t; y_t, - u_t)}{1 + \vec{D}_O^{t+1}(x_t, y_t, u_t; y_t, - u_{t+1t})}$$

（3－34）

（3）绿色技术进步率。

$$MLTECH_t^{t+1} = \left[\frac{(1 + \vec{D}_O^{t+1}(x_t, y_t, u_t; y_t, - u_t))(1 + \vec{D}_O^{t+1}(x_{t+1}, y_{t+1}, u_{t+1}; y_{t+1}, - u_{t+1}))}{(1 + \vec{D}_O^t(x_t, y_t, u_t; y_t, - u_t))(1 + \vec{D}_O^{t+1}(x_{t+1}, y_{t+1}, u_{t+1}; y_{t+1}, - u_{t+1}))} \right]^{1/2}$$

（3－35）

2. 基于松弛变量法（SBM）的方向距离函数估计

在实际应用中为了得到 ML 生产率指数的估算结果，首先要得到方向距离函数的估计。具体来说往往是借鉴托恩（Tone，2001；2002）的思想，使用非径向非角度的基于松弛方法（slacks-based measure，SBM），在目标函数中引入投入和产出松弛量，从而估计方向距离函数。目前形成了福山和韦伯（Fukuyaman and Weber，2009）和阿拉比（Arabi et al.，2014）等人的两大类估计方法。

（1）福山和韦伯（Fukuyaman and Weber）估计方法。

在径向 DEA 模型中，在测算无效率程度时只包含了所有投入（产出）等比例缩减（增加）的比例。而无效率观测单元的当前值与最优值之间的差距除了等比例改进之外，还包括松弛改进部分。但是效率值的测量并不能体现出松弛改进的部分。基于上述考虑，福山和韦伯（2009）提出了如式(3 - 36)的方向距离函数估计。

$$
\min\rho = \frac{1 - \dfrac{1}{m}\displaystyle\sum_{i=1}^{m} s_i^- / x_{ik}}{1 + \dfrac{1}{q}\displaystyle\sum_{r=1}^{q} s_r^+ / y_{rk}}
$$

$$
s.t.\ X\lambda + s^- = x_k \tag{3 - 36}
$$

$$
Y\lambda - s^+ = y_k
$$

$$
\lambda,s^-,s^+ \geq 0
$$

福山和韦伯（2009）等方向距离函数的估计，采用 ρ 表示被评价 DMU 的方向距离函数估计，它同时从投入和产出两个角度出发，对无效率状况进行了测量，所以被叫做非导向（non-oriented）模型。在非导向模型中，无论是投入数据，或是产出数据中都不可以有 0 的情况出现。估计时投入和产出的无效率分别体现为式（3 - 37）：

$$
\frac{1}{m}\sum_{i=1}^{m} s_i^- / x_{ik},\ \frac{1}{q}\sum_{r=1}^{q} s_r^+ / y_{rk} \tag{3 - 37}
$$

如果模型的方向距离函数估计 ρ 等于1，则说明被评价 DMU 模型是强有效的，模型中没有径向模型中出现的弱有效问题。被评价 DMU 的投影值（目标值）为式（3 - 38）：

$$
\hat{x}_k = x_k - s^-;\ \hat{y}_k = y_k + s^+ \tag{3 - 38}
$$

在径向模型中，无效率可以被测量，根据所有投入（产出）可同比例地减少或增加的程度；而在上述模型中，无效率可以根据使用各项投入（产出）可以减少或增加的平均比例衡量。

福山和韦伯（2009）等方向距离函数的估计方法解决了径向模型不考虑

松弛变量的问题，但其也存在明显的缺点在于，模型的目标函数是使方向距离函数估计 ρ 最小化，即被评价观测单元的投影点是前沿面上距离被评价观测单元最远的点。

非导向的福山和韦伯（2009）模型是非线性规划，可按以下步骤转化为线性规划。令式（3-39）

$$t = \frac{1}{1 + \frac{1}{q}\sum_{r=1}^{q} s_r^+/y_{rk}} \qquad (3-39)$$

可将福山和韦伯（2009）模型转化为式（3-40）：

$$\min\rho = t - \frac{1}{m}\sum_{i=1}^{m} ts_i^-/x_{ik}$$

$$s.t.\ Xt\lambda + ts^- - tx_k = 0 \qquad (3-40)$$

$$Yt\lambda - ts^+ - ty_k = 0$$

$$t = \frac{1}{1 + \frac{1}{q}\sum_{r=1}^{q} s_r^+/y_{rk}}$$

$$\lambda, s^-, s^+ \geq 0$$

令 $S^- = ts^-$；$S^+ = ts^+$；$\Lambda^- = t\lambda^-$，模型进一步转换为式（3-41）的线性规划：

$$\min\rho = t - \frac{1}{m}\sum_{i=1}^{m} S_i^-/x_{ik}$$

$$s.t.\ X\lambda + S^- - tx_k = 0 \qquad (3-41)$$

$$Y\lambda - S^+ - ty_k = 0$$

$$t + \frac{1}{q}\sum_{r=1}^{q} s_r^+/y_{rk} = 1$$

$$\lambda, s^-, s^+ \geq 0$$

在模型（3-41）的目标函数中，如果分别只取分子和分母，则分别为投入导向和产出导向的福山和韦伯（2009）模型。

投入导向模型为式（3-42）：

$$\min\rho = 1 - \frac{1}{m}\sum_{i=1}^{m} s_i^-/x_{ik}$$

$$s.t.\ X\lambda + s^- = x_k \qquad (3-42)$$

$$Y\lambda \geq y_k$$

$$\lambda,s^- \geqslant 0$$

在式（3-42）的模型中，投入数据中不能出现0。

产出导向模型为式（3-43）：

$$
\begin{aligned}
&\max 1/\rho = 1 + \frac{1}{q}\sum_{r=1}^{q} s_r^+/y_{rk} \\
&s.t.\ X\lambda \leqslant x_k \\
&\qquad Y\lambda - s^+ = y_k \\
&\qquad \lambda,s^+ \geqslant 0
\end{aligned}
\tag{3-43}
$$

在式（3-36）的模型中，产出数据中不能出现0。

（2）阿拉比估计方法。

在径向模型求解的效率值均存在以下关系：VRS 效率值大于等于 CRS 效率值。在径向模型中，规模效率值＝CRS 效率值/VRS 效率值，即也可对 CRS 效率值进行如下的分解：径向 CRS 效率值＝径向 VRS 效率值×规模效率值。规模效率应采用径向模型计算。理论上看，规模报酬可变（VRS）模型下生产边界将最贴近样本点，即视为最有生产规模；而规模报酬不变（CRS）模型下的生产边界，则为最宽松地包络着样本点，即视为实际生产规模。因此，可在规模报酬不变（CRS）模型和规模报酬可变（VRS）模型的基础上定义绿色生产规模效率。

绿色生产规模效率：指在考虑了非合意产出（污染）的情况下，实际生产规模与最优生产规模的比例，即规模报酬不变（CRS）模型效率值和规模报酬可变（VRS）模型效率值之间的比值。

在福山和韦伯（2009）模型中，各投入（产出）指标在效率测量中重要程度相同。根据托恩（2001）理论，在福山和韦伯（2009）模型的基础上，阿拉比等（2014）通过对各项产出和投入指标赋予不同权重来表示其重要性的差异。加权处理后被评价 DMU 的有效性不受影响，即模型和加权模型评价为有效 DMU 是相同的，但无效 DMU 的效率值及其投影值会发生改变。

$$
\min \rho = \cfrac{1 - \cfrac{1}{\sum\limits_{i=1}^{m} w_i^I}\sum\limits_{i=1}^{m} w_i^I s_i^-/x_{ik}}{1 + \cfrac{1}{\sum\limits_{r=1}^{q} w_r^o}\sum\limits_{r=1}^{q} w_r^o s_r^+/y_{rk}}
$$

$$s.\,t.\,X\lambda + s^- = x_k \qquad (3-44)$$
$$Y\lambda - s^+ = y_k$$
$$\lambda,\,s^-,\,s^+ \geqslant 0$$

w_i^I 和 w_r^O 表示投入和产出指标的权重。

投入导向加权模型表示为式（3-45）：

$$\min\rho = 1 - \frac{1}{\sum\limits_{i=1}^{m} w_i^I} \sum\limits_{i=1}^{m} w_i^I s_i^- / x_{ik}$$
$$s.\,t.\,X\lambda + s^- = x_k \qquad (3-45)$$
$$Y\lambda \geqslant y_k$$
$$\lambda,\,s^+,\,s^- \geqslant 0$$

产出导向加权模型表示为式（3-46）：

$$\min\rho = \frac{1}{1 + \dfrac{1}{\sum\limits_{r=1}^{q} w_r^O} \sum\limits_{r=1}^{q} w_r^O s_r^+ / y_{rk}}$$
$$s.\,t.\,X\lambda \leqslant x_k \qquad (3-46)$$
$$Y\lambda - s^+ = y_k$$
$$\lambda,\,s^+ \geqslant 0$$

阿拉比（2014）模型是福山和韦伯（2009）模型的一种推广，在目标函数中采用被评价 DMU 各项投入或产出最大可能的改进值作为计算其无效率程度的分母，即式（3-47）。

$$\min\rho = \frac{1 - \dfrac{1}{m} \sum\limits_{i=1}^{m} \dfrac{s_i^-}{R_{ik}}}{1 + \dfrac{1}{q} \sum\limits_{r=1}^{q} \dfrac{s_r^+}{R_{rk}}}$$
$$s.\,t.\,X\lambda + s^- = x_k \qquad (3-47)$$
$$Y\lambda - s^+ = y_k$$
$$e\lambda = 1$$
$$\lambda,\,s^-,\,s^+ \geqslant 0$$
$$R_{ik} = x_{ik} - \min(x_i)$$
$$R_{rk} = \max(y_r) - y_{rk}$$

阿拉比（2014）模型与福山和韦伯（2009）模型相比，优势在于允许投入和产出指标中包含负数，其对投入和产出指标进行加权处理后的模型为式（3-48）。

$$\min\rho = \frac{1 - \dfrac{1}{\sum\limits_{i=1}^{m} w_i^I} \sum\limits_{i=1}^{m} \dfrac{w_i^I s}{x_{ik}}}{1 + \dfrac{1}{\sum\limits_{r=1}^{q} w_r^O} \sum\limits_{r=1}^{q} \dfrac{w_r^O s_r^+}{y_{rk}}}$$

$$s.t.\ X\lambda + s^- = x_k \qquad (3-48)$$
$$Y\lambda - s^+ = y_k$$
$$e\lambda = 1$$
$$\lambda, s^-, s^+ \geqslant 0$$

（3）Bootstrap 纠偏技术。

在多投入和多产出的背景下，如果用 x 表示投入向量，$x \in R_+^d$，用 y 表示产出向量，$y \in R_+^p$，用生产集 Ψ 表示生产技术。

$$\Psi = \{(x,y) \in R_+^{d+p} : x\ can\ produce\ y\} \qquad (3-49)$$

除了生产集 Ψ，投入集 $L(y)$ 也是另一种技术的等价表示方法。

$$L(y) = \{x:(x,y) \in \Psi\} \qquad (3-50)$$

基于上述设定，可用如下测度方法衡量 Farrell（1957）所提出的技术效率。

$$\theta(x,y) = \min\{\theta:\theta x \in L(y)\} \qquad (3-51)$$

实际上 $\theta(x,y)$ 就是谢帕德（Shephard）所提出的距离函数的倒数。当且仅当 $x \in L(y)$，$\theta(x,y) \leqslant 1$。从经济含义上看，$\theta(x,y)$ 是实际投入向量的长度 $\|x\|$ 与给定产出条件下，相应的生产前沿面投入向量的比例。

$$\|x^f\|\ x^f \in IsoqL(y) = \{x:x \in L(y), \mu x \notin L(y), \mu < 1\} \qquad (3-52)$$

查恩斯等（Charnes et al.，1978）等最早提出相关模型，理论界将其称为 CCR 模型。该模型的一个重要前提假设是"规模收益不变"，在这一假设的基础上，使用受约束的线性规划方法来求解观察对象的效率值，模型形式如式（3-53）所示。

$$\hat{\theta}^{CRS} = \min\{\theta:\theta x_i \in \hat{L}_n^{CRS}(y_i)\} \qquad (3-53)$$
$$\hat{L}_n^{CRS}(y_i) = \{x:y_i \leqslant Yz, x \geqslant Xz, z \in R_+^n\} \qquad (3-54)$$

上述模型虽然能够从定量角度测算相关研究对象的效率值，但必须符合规模效率不变的假设。现实中，研究对象的经济行为常常不满足这一假设条件。为了解决这一缺陷，著名经济学家班克等（Banker et al.，1984）在 CCR 模型的基础上，构建了规模收益可变模型（BCC），模型形式如式（3-55）和式（3-56）。

$$\hat{\theta}^{CRS} = \min\{\theta : \theta x_i \in \hat{L}_n^{VRS}(y_i)\} \tag{3-55}$$

$$\hat{L}_n^{CRS}(y_i) = \{x : y_i \leq Yz, x \geq Xz, \sum_{i=1}^{n} z_i = 1, z \in R_+^n\} \tag{3-56}$$

由此提出了一个重要的理论问题：由于现实经济问题是符合规模报酬不变还是满足规模报酬可变的假设难以得到实证检验，因此，在对实际效率的测度过程中就出现了使用 CCR 模型还是 BCC 模型的问题。西马尔和威尔逊（Simar and Wilson，1999）认为如果实际问题满足规模收益不变的假设，此时，CCR 模型和 BCC 模型的测算结果 $\hat{\theta}^{CRS}$ 和 $\hat{\theta}^{VRS}$ 均具有一致性。但科罗斯托莱夫等（Korostelev et al.，1995）认为若实际问题不满足规模收益不变的假设时，BCC 模型的测算结果 $\hat{\theta}^{VRS}$ 比 CCR 模型的理想，具有一致性。奈普和西马尔（Kneip and Simar，1996）指出无论真实模型满足那一种前提假设，BCC 模型的测算结果 $\hat{\theta}^{VRS}$ 都是一致和上偏的，而 CCR 模型的测算结果 $\hat{\theta}^{CRS}$ 只有在真实模型满足规模收益不变假设时才是一致和上偏的，否则就是非一致的。

为解决测算结果上偏问题，西马尔和威尔逊（1999）提出基于 Bootstrap 纠偏的 DEA 方法。学者们对该方法进一步完善，提出 Bootstrap - DEA 算法（西马尔和威尔逊，2011；奈普、西马尔和威尔逊，2011）。Bootstrap - DEA 算法步骤如下：

第一，针对模型所要研究的每一个决策单元，收集整理其全部的投入产出数据 (X_i, Y_i)，$i = 1, 2, \cdots, n$（数据不能有缺失），然后利用原始 DEA 模型计算效率估计值 $\hat{\theta}_i$。

第二，利用计算得到的 $\hat{\theta}_i$，作如式（3-57）变换：

$$(\hat{x}_i^f, Y_i) = (X_i \hat{\theta}_i, Y)_i \tag{3-57}$$

第三，利用计算得到的 $\hat{\theta}_i$，估计参数 h：

$$h = 0.90 n^{-1/5} \min\{\hat{\sigma}_{\hat{\theta}}, \frac{R_{13}}{1.34}\} \tag{3-58}$$

其中，$\hat{\sigma}_{\hat{\theta}_i}$——$\hat{\theta}_i$ 的标准差；R_{13}——$\hat{\theta}_i$ 的经验分布。

第四，利用 $\hat{\theta}_i$ 进行独立的重复抽样过程，将重复抽样效率为 $\delta_i^*, i = 1,2,\cdots,$ n；

第五，利用式（3 - 59），生成序列 $\tilde{\delta}_i^*, i = 1,2,\cdots,n$，

$$\tilde{\delta}_i^* = \begin{cases} \delta_i^* + h\varepsilon_i^* & if \quad \delta_i^* + h\varepsilon_i^* \leqslant 1 \\ 2 - (\delta_i^* + h\varepsilon_i^*) & if \quad \delta_i^* + h\varepsilon_i^* > 1 \end{cases} \qquad (3-59)$$

其中，ε_i^*——抽自于独立同分布的标准正态分布的随机数；h——h 得到的参数。

第六，根据式（3 - 60），可以得出光滑的重复抽样拟效率 γ_i^*

$$\gamma_i^* = \bar{\delta}_i^* + \frac{(\tilde{\delta}_i^* - \bar{\delta}_i^*)}{\sqrt{1 + h^2/\hat{\sigma}_\theta^2}} \qquad (3-60)$$

其中，$\bar{\delta}_i^* = \dfrac{\sum\limits_{i=1}^{n} \delta_i^*}{n}$。

第七，根据 γ_i^*，得到 Bootstap 虚拟样本数据集（bootstrap pseudo-data）式（3 - 61）：

$$(\hat{x}_i^*, Y_i^*) = \left(\frac{\hat{x}_i^f}{\gamma_i^*}, Y \right) \qquad (3-61)$$

第八，使用第七的数据集，求解如下线性规划，得到 bootstrap 效率值式（3 - 62）：

$$\hat{\theta}_{in}^{SW*} = \min_{\theta,z} \left\{ \theta : Y_i \leqslant Yz, \theta X_i^* \geqslant X^*z, \sum_{i=1}^{n} z_i = 1, z \in R_+^n \right\} \qquad (3-62)$$

第九，重复步骤三到八 B 次产生了一系列效率值 η；

据此可以估计 $\hat{\theta}_i$ 的 DEA 估计偏差式（3 - 63）：

$$bias = E(\hat{\theta}_i^*) - \hat{\theta}_i$$

$$est.\, bias = B^{-1} \sum_{b=1}^{B} (\hat{\theta}_{ib}^*) - \hat{\theta}_i \qquad (3-63)$$

在偏差估计结果基础上对 DEA 测度结果的偏误进行修正并构建其置信区间。

本节从阐述生产率概念出发，论述了传统全要素生产率理论体系的核心概念

和主要方法，引入环境约束条件，将其扩展为方向距离函数与 ML 生产率指数。在此基础上，借鉴托恩（Tone）的方法，将投入和产出松弛量引入至目标函数中，即具有"非径向、非角度"的松弛变量方法来估计方向距离函数，得到 ML 生产率指数的测算值。但考虑典型 ML 方法只能给出恒定的点估计，并不测算甚至讨论所得估计量的不确定性，而事实上由于度量效率涉及对随机生产前沿面的估计，因此，ML 模型得到的效率估计值会因为样本方差的存在而具有随机误差。为了避免传统 Malmquist 生产率指数及其分解理论中的测算方法，仅给出各决策单元效率值未考虑随机噪声影响的点估计，本节采用 Bootstrap 方法对估计结果进行统计分析，即采用纠偏方法估计得到传统 Malmquist 生产率指数及其分解理论测算出效率值得分区间，据此对效率值进行修正。

3.2 工业经济收敛检验模型：绿色全要素生产率分析框架的均衡扩展

3.2.1 经济增长收敛理论概述

新古典增长模型最早提出"经济增长收敛假说"。生产函数和资本积累方程是新古典增长模型的核心，其基本思想是生产中规模报酬不变以及要素投入的边际产出递减。模型认为落后经济体比发达经济体增长速度相对较快的原因是资本边际报酬的递减规律。因此，不同经济体的人均产出水平在长期会收敛于稳定状态。进一步，可以利用下述索罗增长模型（Solow）推导出的一个式子说明绝对收敛假设的基本逻辑，如式（3 - 64）所示。

$$\frac{\dot{k}}{k} = \frac{sf(k)}{k} - (n + \delta) \qquad (3 - 64)$$

其中，$\frac{\dot{k}}{k}$ 代表人均资本增长率，s 是储蓄率，n 是人口增长率，δ 是折旧率，$f(k)$ 是生产函数。对应着某一个国家（地区）的期初人均资本数量为 k_1，$\frac{sf(k)}{k}$ 与 $n + \delta$ 的垂直差距为 $\left(\frac{\dot{k}}{k}\right)_1$；而对应着另一个国家（地区）的期初人均资本数

量为 k_2, $\frac{sf(k)}{k}$ 与 $n+\delta$ 的垂直差距为 $\left(\dfrac{\dot{k}}{k}\right)_2$。这样的结果显示,假设两个国家(地区)有相同的经济结构(即相同的人口增长率、储蓄率、资本折旧率、生产技术),则期初人均实际收入较高的国家(或地区),会有较低的产出增长率,期初人均实际产出较低的国家(或地区),会有较高的产出增长率;换句话说,如果 $k_2 > k_1$,则 $\left(\dfrac{\dot{k}}{k}\right)_1 > \left(\dfrac{\dot{k}}{k}\right)_2$。

"相对收敛假说"则强调①每个经济体系目前(期初)人均资本(产出)与其静止均衡人均资本(产出)的"相对"差距。该假设主张,如果目前(期初)人均资本(产出)水平愈远低于其静止均衡的人均资本(产出),则人均实际收入将有愈高的增长率。按前述例子,由于 k_1 与其静止均衡 k_1^* 的差距小于 k_2 与其静止均衡 k_2^* 之差距,所以 k_2 对应的人均实际资本增长率 $\left(\dfrac{\dot{k}}{k}\right)_2$,大于 k_1 所对应的人均实际资本增长率 $\left(\dfrac{\dot{k}}{k}\right)_1$。

随着"经济收敛假设"理论的发展和概念扩展,实证研究经济收敛的方法不断改进。以截面数据分析为例,常用的新古典经济增长理论框架下的绝对 β 收敛模型形式如式(3-65)所示。

$$\ln\left(\frac{y_{it}}{y_{i,0}}\right) = \alpha + \beta \ln y_{i,0} + \varepsilon_i \qquad (3-65)$$

其中,y_{it} 是第 i 个地区在 t 时期的实际人均国内生产总值对数值,$\ln\left(\dfrac{y_{it}}{y_{i,0}}\right)$ 是样本 i 在期初至期末的实际人均 GDP 增长速度,α 是常数项,扰动项 $\varepsilon \sim N(0, \sigma^2)$。研究结果表明,若 $\hat{\beta} < 0$,则说明存在绝对 β 收敛;反之,若 $\hat{\beta} > 0$,则不存在绝对 β 收敛。

若将资本、产业结构、人口增长率等经济结构特征的控制变量纳入模型中,则模型(3-65)成为条件 β 收敛截面数据模型式(3-66)。

$$\ln\left(\frac{y_{it}}{y_{i,0}}\right) = \alpha + \beta \ln y_{i,0} + \gamma X_{it} + \varepsilon_i \qquad (3-66)$$

---

① "相对收敛假说"也被称之为"动态变动的原则"(principle of transition dynamics)。

其中，X_{it} 是向量，包含反映 t 时期样本 i 经济结构特征的多个控制变量。若经济初始水平 $\ln y_{i,0}$ 的估计系数 $\hat{\beta} < 0$，说明存在条件 β 收敛；反之，若 $\hat{\beta} > 0$，则不存在条件 β 收敛。

3.2.2 绿色全要素生产率的空间相关性检验方法

国内学者较多从实证分析深入研究了中国工业绿色全要素生产率的收敛性问题。郑丽琳和朱启贵（2013）分析了中国全要素生产率的收敛性特征，发现纳入环境因素的全要素生产率年均增长幅度有限，东中西地区呈现递减特征并且增长来源各异。TFP 核密度分布呈现双峰特征，与东、西部两大地带俱乐部收敛现象互为验证。张纯洪和刘海英（2014）在三阶段 DEA 模型中纳入以地区发展不平衡因素为代表的不可控变量，结果显示中国工业的"追赶效应"和绿色技术进步源于地区发展不平衡因素，这种效应带来了中国工业绿色全要素生产率地区差距逐渐增大。从长期看，若中国工业对不平衡发展路径产生依赖，则其工业绿色全要素生产率地区差距将会持续扩大。

在上述收敛性检验模型中，研究对象各个区域被作为相互独立的个体进行分析，未考虑区域间社会经济的相互影响。在实际经济运行中，劳动力、资本在地区间的流动及技术在地区间扩散和转移下，使空间相关性尤为突出。值得注意的是，区域经济的收敛必然与空间相关性有关。从模型设定角度看，雷伊等（Rey et al.，1999）认为如果空间相关性不被纳入 β 收敛模型，严重的遗漏变量问题将会出现。

1. 空间相关性检验

区域数据由于自身的特性往往显示出空间效应，但传统回归模型并不考虑其空间相关性或异质性，这就会产生有偏误的估计结果。因此，空间计量经济模型开始得到广泛应用，以期提高估计结果的准确率。安瑟兰等、加洛等、巴尔塔吉等（Anselin et al.，2008；Gallo et al.，2008；Baltagi et al.，2009）认为在进行空间计量分析前，需要对区域数据进行空间相关性检验来确定其是否具有空间相关性。其中，全局空间自相关分析用于检验整体空间数据的分布上是否存在空间相依性，也就是检验全局空间单元的观测值与其邻近单元观测值关联性的存在，根据检验结果判定相邻的空间单元之间是否具有某种聚集或扩散的特征。默然指数（Moran I）、吉尔里指数方法（Geary C）和全局 G 指数方法是最常用的空间自相关检验方法。

MoranI 指数方法，计算公式如式（3-67）所示。

$$I = \frac{n \sum\limits_{i=1}^{n} \sum\limits_{j=1}^{n} w_{ij} (U_i - \overline{U})(U_j - \overline{U})}{\sum\limits_{i=1}^{n} \sum\limits_{j=1}^{n} w_{ij} \sum\limits_{i=1}^{n} (U_i - \overline{U})^2} = \frac{\sum\limits_{i=1}^{n} \sum\limits_{j=1}^{n} w_{ij} (U_i - \overline{U})(U_j - \overline{U})}{S^2 \sum\limits_{i=1}^{n} \sum\limits_{j=1}^{n} w_{ij}}$$

$$S^2 = \frac{1}{n} \sum_{i=1}^{n} (U_i - \overline{U})^2 , \overline{U} = \frac{1}{n} \sum_{i=1}^{n} U_i \qquad (3-67)$$

式（3-67）中，U_i 为第 i 个地区相关指标观测值；n 为地区的总数量；w_{ij} 为空间权重矩阵的元素。

标准化的 Moran I 指数 $Z(I)$ 可对空间自相关性进行假设检验，其值介于 $1 \sim -1$，值越大表明观测对象之间的空间相关性越高、观测对象之间的性质就越相似。反之，其值越接近 -1，则表明观测对象之间的空间相关性差异越大或分布越不集中。

Geary C 指数方法的计算公式如式（3-68）所示。

$$C = \frac{(n-1)}{2 \sum\limits_{i=1}^{n} \sum\limits_{j=1}^{n} w_{ij}} \frac{\sum\limits_{i=1}^{n} \sum\limits_{j=1}^{n} w_{ij}}{\sum\limits_{i=1}^{n} (U_i - \overline{U}^2)}$$

$$\overline{U} = \frac{1}{n} \sum_{i=1}^{n} U_i \qquad (3-68)$$

式（3-68）中，U_i 为第 i 个地区相关指标观测值；n 为地区的总数量；w_{ij} 为空间权重矩阵的元素。

C 值小于 1 时代表着空间正相关，而大于 1 时代表着空间负相关。

全局 G 指数方法计算公式如式（3-69）所示。

$$G = \frac{\sum\limits_{i=1}^{n} \sum\limits_{j=1}^{n} w_{ij}(d) U_i U_j}{\sum\limits_{j=1}^{n} \sum\limits_{i=1}^{n} U_i U_j} \qquad (3-69)$$

其中，$w_{ij}(d)$ 为空间单元 i 和 j 的区位相邻系数，若 i 和 j 相邻，则 $w_{ij}(d) = 1$，若 i 和 j 不相邻则 $w_{ij}(d) = 0$，d 为门限距离；U_i 为第 i 个地区的相关指标的观测样本；n 为地区数。

式（3-69）中 G 指数越趋近于 1 表示所分析的变量存在显著正向空间相

关性；同理，趋近于 -1 的 G 指数表示所分析的变量并不存在显著的空间相关性。

2. 空间权重矩阵的构建

将模型中变量空间关联性和空间溢出效应客观反映出的基础是选择合适的空间权重矩阵。现有研究中主要有地理邻接和社会经济关联空间权重矩阵两大类构建方法。以邻近基准或距离基准信息为标准构建地理邻接空间权重矩阵。若相邻单元的空间邻接权重矩阵的元素设为 1，而不相邻单元设为 0，则被称为二进制权重矩阵。

$w_{ij} = 1$，当区域 i 和 j 相邻接；

$w_{ij} = 0$，当 $i = j$ 或不相邻。

反映地理距离的空间权重矩阵 W_{net}，其权重元素的设置方法为式（3 - 70）。

$$w_{ij} = \frac{N_{ij}}{\sum_j N_{ij}} \qquad (3 - 70)$$

其中，N_{ij} 为区域 i 和 j 之间的地理距离，在空间位置上，要是区域 i 和 j 并不相连，则 w_{ij} 为 0。

社会经济特征信息作为社会经济关联空间权重矩阵的设定基准，进一步构建空间权重矩阵，两个空间单元之间流量与该设定方法密切相关。一般将空间权数的依据设定为产业间的关联、区域间的贸易量或者是区域间的人口迁移。以反映经济距离的人口密度空间权重矩阵 W_{perpop}、人均 GDP 空间权重矩阵 W_{pergdp} 为例，其计算公式如式（3 - 71）：

$$w_{ij} = \frac{\dfrac{1}{|X_i - X_j|}}{\sum_j \dfrac{1}{|X_i - X_j|}} \qquad (3 - 71)$$

其中，W_{perpop} 中的 X_i 是以在第 i 个区域每平方公里人口数表示人口密度，W_{pergdp} 中的 X_j 是以在第 j 个区域的人均 GDP，以每万人创造国内生产总值表示。

3.2.3　绿色全要素生产率的静态收敛性检验模型

静态空间面板模型的应用非常广泛，因此针对静态空间面板模型有大量的设定形式。例如，安瑟兰（Anselin，1988）将包含随机效应的空间面板模型设定为式（3 - 72）。

$$Y_{nt} = \lambda_{01} W_{n1} Y_{nt} + X_{nt}\beta_0 + \mu_n + U_{nt} \ , \ t = 1, \cdots, T \qquad (3-72)$$

其中：Y_{nt} 是 $n \times 1$ 维的向量，X_{nt} 是 $n \times K$ 维的观测矩阵，W_{n1} 是空间权重矩阵，μ_n 是随机效应，U_{nt} 是独特性误差，该静态空间模型称为随机效应空间自回归模型（简称 RE – SAR 模型）。

卡普尔等（Kapoor et al.，2007）将包含随机效应的空间面板模型设定为式（3 – 73）。

$$Y_{nt} = \lambda_{01} W_{n1} Y_{nt} + X_{nt}\beta_0 + \mu_n + U_{nt} \ , \ U_{nt} = \lambda_{02} W_{n2} U_{nt} + V_{nt} \ , \ t = 1, \cdots, T$$
$$\mu_n = \lambda_{02} W_{n2}\mu_n + c_{n0} \ , \ V_{nt} = \rho_0 V_{n,t-1} + e_{nt} \ , \ t = 2, \cdots, T \qquad (3-73)$$

其中，W_{n2} 是空间权重矩阵，c_{n0} 和 e_{nt} 是独特性误差（idiosyncratic error）。该静态空间模型被称为空间自回归随机效应模型（简称 SAR – RE 模型）。

巴尔塔吉等（Baltagi et al.，2007）将包含随机效应的空间面板模型设定为式（3 – 74）：

$$Y_{nt} = \lambda_{01} W_{n1} Y_{nt} + X_{nt}\beta_0 + \mu_n + U_{nt} \ , \ U_{nt} = \lambda_{02} W_{n2} U_{nt} + V_{nt} \ , \ t = 1, \cdots, T$$
$$\mu_n = \lambda_{03} W_{n3}\mu_n + c_{n0} \ , \ V_{nt} = \rho_0 V_{n,t-1} + e_{nt} \ , \ t = 2, \cdots, T \qquad (3-74)$$

其中，W_{n3} 是空间权重矩阵。该静态空间模型被称为广义随机效应空间自回归模型（简称 GRE – SAR 模型）。

安瑟兰等（Anselin et al.，2010）将包含随机效应的空间面板模型设定为式（3 – 75）：

$$Y_{nt} = X_{nt}\beta_0 + \mu_n + U_{nt} \ , \ U_{nt} = \lambda_{01} W_{n1} U_{nt} + V_{nt} \ , \ t = 1, \cdots, T$$
$$V_{nt} = \rho_0 V_{n,t-1} + e_{nt} \ , \ t = 2, \cdots, T \qquad (3-75)$$

该静态空间模型被称为随机效应空间误差模型（简称 RE – SMA）。

按照李和海（Lee and Hai，2010）方法，现有静态空间面板模型设定表示形式为式（3 – 76）：

$$Y_{nt} = \lambda_{01} W_{n1} Y_{nt} + X_{nt}\beta_0 + \mu_n + U_{nt} \ , \ U_{nt} = \lambda_{02} W_{n2} U_{nt} + (I_n + \delta_{02} M_{n2}) V_{nt} \ , \ t = 1, \cdots, T$$
$$\mu_n = \lambda_{03} W_{n3}\mu_n + (I_n + \delta_{03} M_{n3}) c_{n0} \ , \ V_{nt} = \rho_0 V_{n,t-1} + e_{nt} \ , \ t = 2, \cdots, T$$
$$(3-76)$$

模型（3 – 76）之所以被称为静态空间面板模型设定的一般形式，是因其包含了空间异质性、空间相关性和序列相关性，具有很强的一般性，现有文献中出现的静态空间面板模型设定便是通过对其模型参数施加一定约束得到。

3.2.4 绿色全要素生产率的动态收敛性检验模型

动态空间面板模型设定的一般形式为式（3 - 77）：

$$y_{it} = \rho y_{it-1} + x_{it}^T \beta + z_i^T \gamma + u_{it} \qquad (3-77)$$

其中，$i = 1,2,\cdots,n$；$t = 1,2,\cdots,T$，标量参数 ρ 称之为模型的自回归系数，刻画了模型的动态效应，通常假设 $|p| < 1$。x_{it} 是 $p \times 1$ 维的时变外生变量向量，z_i 是 $q \times 1$ 维时不变外生变量，例如常数项，刻画截面单元特性的虚拟变量等。扰动向量 $u_t = (u_{1t}, u_{2t}, \cdots, u_{nt})^T$ 包含了不可观测的个体效应以及空间自相关结构，其形式为式（3 - 78）和式（3 - 79）：

$$u_t = \mu + \varepsilon_t \qquad (3-78)$$

$$\varepsilon_t = \lambda W_n \varepsilon_t + \upsilon_t \qquad (3-79)$$

其中，μ 表示不可观测的个体效应，可以是固定效应或者随机效应。误差项 ε_t 具有空间相关性的特征。υ_t 代表随机误差项，假设均值为零，方差为 σ_υ^2 的独立同分布过程。当个体效应为随机效应时，假设均值为零，方差为 σ_μ^2 的独立同分布过程且与 υ_t 相互独立。当个体效应为固定效应的时候，为了避免模型由于同时具有可观测和不可观测的个体效应所导致的多重共线性问题，模型设定不包含时不变外生变量 z_i。λ 是空间误差自回归系数，W_n 是 $n \times n$ 维的空间权重矩阵。在空间计量模型分析中，假设 $I_n - \lambda W_n$ 是非奇异矩阵。在后续的分析中将 $I_n - \lambda W_n$ 记为 B_n。引入符合 B_n 之后，可知 $\varepsilon_t = B_n^{-1} \upsilon_t$。

利用相关矩阵符合，可将模型（3 - 77）~模型（3 - 79）简化记为式（3 - 80）：

$$Y = \rho Y_{-1} + X\beta + Z\gamma + U$$

$$U = (\tau_T \otimes I_n)\mu + (I_T \otimes B_n^{-1})\upsilon \qquad (3-80)$$

动态空间面板模型设定形式的特点就是将模型的空间自回归结构设定于 ε_t 之上，而并非是个体效应之上。巴尔塔吉等（Baltagi et al., 2002；Baltagi et al., 2004）对于上述模型设定的理论原因及背景进行了严格阐述。另外值得指出卡普尔等（Kapoor et al., 2007）模型是动态空间面板模型的另一种设定形式，它和模型（3 - 80）设定形式的不同之处在于对 μ 和 ε_t 同时设定了空间自回归结构。但是为了对这样的模型进行估计，只能设定模型的个体效应为随机效应。一旦模型中的个体效应是固定效应，则卡普尔等（2007）是动态空间面板模型的参数不具有可识别性，这是该模型设定的一个最大缺陷。

3.3 影响因素机理分析模型：绿色全要素生产率分析框架的理论深化

文献综述的结果表明环境规制强度、外商直接投资、研发投资强度和产业结构调整可能会影响中国工业绿色全要素生产率。本节首先分析了这四大因素对中国工业绿色全要素生产率的影响机理。基于此，研究利用面板单位根检验方法和面板协整分析方法检验了环境规制强度、外商直接投资、研发投资强度以及产业结构对中国工业绿色全要素生产率的影响。

3.3.1 影响中国工业绿色全要素生产率的机理分析

中国经济要实现从数量奇迹向质量奇迹飞跃的成功转型，就必须以加快经济发展方式转变为主线，积极促进经济发展的绿色转型，力争全面、协调、可持续的高效发展，同时要推广新型发展模式，逐渐摒弃传统的"粗放式"发展模式，实现经济的可持续发展，就必须实现经济发展方式的根本转变。问题的关键在于投入要素对产出的贡献方式，即投入要素通过水平扩张推动产出的纯数量增长方式和通过结构调整、技术进步等来提高环境约束条件下的全要素生产率实现产出质量增长方式。可见，可持续发展战略下加快转变经济发展方式的根本途径就在于通过绿色转型全面提高经济发展的绿色全要素生产率。本节尝试从可持续发展概念最初起源的环境纬度来更深层次地剖析环境规制在发展方式转变过程中发挥作用的经济学机制，分析如何通过 FDI 引导下的自主创新来实现技术进步下的产业技术水平提高和结构调整下的要素重置成本降低，减少经济生产活动过程中的环境污染，以推动全要素生产率增长并最终实现经济发展方式从"粗放型"的数量增长向"集约型"的质量增长转变，图 3 - 1 为中国地区工业绿色转型分析的逻辑框架图。

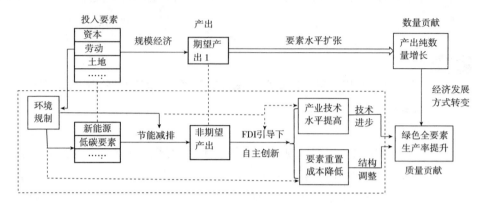

图3-1 中国地区工业绿色转型分析的逻辑框架

本书以工业作为研究对象，主要是因为它是中国主要的能源消耗部门和污染排放源，环境规制下的节能减排在其发展方式转变过程中的作用尤其突出。迄今为止，工业仍然是中国经济的核心部门，在三次产业中工业改革的广度和深度最高，市场化和国际化进程最快，企业竞争最充分。因此，中国工业的改革最真切地反映了迄今为止中国经济改革的主要内容，可以较为全面地反映现阶段中国经济转型的全貌。因此，发展方式的转变过程在中国现阶段就是新型工业化道路的选择过程，中国经济发展方式的转变主要载体就是工业部门。

1. 环境规制强度影响绿色全要素生产率的作用机理

现有理论研究表明，现实经济运行中环境规制的实行将会降低污染物排放，降低由于生产、消费等活动对环境的破坏。但由于环境规制过程中存在着环境规制效率或环境规制强度的不同，不同国家和地区的环境规制过程中对于环境提高的影响存在较大差异。环境规制强度对地区工业绿色全要素生产率的影响还在于环境规制和地区经济增长之间的"双向"作用关系。在早期的发展经济学和环境经济学分析中，往往只是注意到了环境规制对于经济增长的负向作用，即提高环境规制的强度，必然会抑制经济增长水平。但近年来，一些学者认为环境规制不一定和经济增长之间呈现出绝对的"此消彼长"的趋势。大量发展中国家例子表明，污染总量往往和经济增长之间呈现环境库兹涅茨曲线。在特定场合下，提高环境规制强度，也提高经济增长水平。这是因为如果环境规制活动本身除了具有环境规制的机会成本和沉没成本之外，也具有一定的经济收益。只有当环境规制的机会成本和沉没成本远高于其经济收益时，环境规制和经济增长之间表现为负相关关系。甚至环境规制不仅不会抑制经济增长，还会刺激经济增长。这其中最著名的"Porter 假说"理论认为：提高环境规制强度，往往会使企业不断创新，使行业技术进步，最终促进经济增长。在环境规制和环境保护法律约束下，企业之间、行业之间会面临巨大的竞争压力。在压力下，企业或行业生产关键是能否在环境规制和环境保护法律下，持续进行创新活动，尤其是能否在清洁生产或清洁产品方面实现突破，最终使得企业或产业不断改进相关生产流程和技术设备，不断降低污染物排放，实现企业或行业生产的可持续，或者说是企业或产业源源不断的技术创新和生产革新，降低了环境规制和环境保护法律给企业或行业所带来的高额环境成本。从整个社会经济发展情况看，由于环境规制的作用，最终降低了整个社会的环境外部性，将环境的外部性转化为了企业或行业的环境成本，而通过技术创新和生产革新，又不断降低了环境的外部性所带来的环境成本，实现整个经济的"集约型"增长。

2. 外商直接投资影响绿色全要素生产率的作用机理

竞争效应、技术溢出和"污染避难所"是外商直接投资对绿色全要素生产率产生影响的主要途径。库格勒（Kugler，2006）认为国内企业之间的竞争会因为 FDI 的引进而加剧，同时形成一个"优胜略汰"的选择机制。在激烈竞争下，该机制会促使国内企业进行生产技术的创新以及资源配置效率的提高。内外资企业之间人力资源流动也可带动 FDI 引致出的先进技术和管理理念向内资企业的流入。FDI 可通过上述机制，对生产率形成提升。但是 FDI 的这种有利影响会因为环境因素而存在很大的不确定性，甚至有可能出现负效应。

目前学术界认为 FDI 对工业绿色全要素生产率存在"污染避难所"和"污染光环"两种效应（彭可茂、席利卿和彭开丽，2012）。"污染避难所"理论认为在国际经济一体化的环境下，发展中国家往往可以获得大量来自发达国家的投资，即 FDI。FDI 的流入促进了发展中国家的经济增长，提高了发展中国家的对外贸易总量。但 FDI 所流入的行业也往往是高排放、高污染的行业，所以一些学者指出 FDI 是一把"双刃剑"，在提高发展中国家经济水平的同时，也加剧了发展中国家的环境污染问题。"污染避难所"是对发展中国家不利的贸易优势效应，这种效应的形成源于在国际资本流动环节中利用经济手段，实现发达国家对生产成本的改变。由于各国间具有的比较优势不同，其通过国际贸易使成本相对较低的商品出口而成本相对较高的商品进口，但这种比较优势建立在没有环境成本的基础上，确切说是一种排除环境优势以外的比较优势。在国际资本流动中，污染产业外移是一种环境外部成本内在化的经济手段，这就使得各国的比较成本发生了变化。在未考虑环境成本时，发展中国家拥有廉价的劳动力和自然资源，这会形成其在国际贸易中的比较优势。但当将环境成本考虑其中时，情况将发生了改变，发达国家以高新技术产业为主且环境治理较好使得企业的环境成本较低，从而使得比较优势向发达国家转移。"污染光环"理论认为国际资本的流动中，FDI 从发达国家流向发展中国家也是实现国际技术转移的重要渠道。跨国公司在资本输出的同时，也为发展中国家带来生产技术和先进的管理理念。随着 FDI 的不断流入，发展中国家的污染水平不仅不会提高，而会因先进技术和管理水平学习和模仿，不断降低经济增长中排放，提高环境质量。另外"污染光环"效应还来自 FDI 对发展中国家原有高能耗产业的冲击，这种冲击会引发新的投资浪潮。FDI 流入，会对发展中国家的制造业，尤其是高能耗产业和创新能力较低的行业带来冲击。发展中国家的减排技术还达不到发达国家水平，FDI 流入会迫使发展中国家强行减排，若减排水平达不到国际标准就会增加发展中国家高能耗产品的出口成本，而这些高能耗产业多依赖于国际贸易的发展，无疑这会使得这些高能耗产业面临生存危机。但危机同时会使大量资本从这些产业中抽离，投向清洁环保型产业，从而引发新的投资热潮，产生投资效应。

3. 研发投资强度影响绿色全要素生产率的作用机理

技术进步会带来生产活动中效率的提升和生产率的提高，使得经济的集约程度增加。大量研究表明研发投资强度会导致国家或地区创新水平的提高，进而引发整个经济的技术进步。研发投资强度决定了企业在生产经营活动中研发投入效率高低，研发投资强度越高的企业，往往具有越高的研发效率。研发投入和研发效率的结果就是企业生产经营活动中具有更高的生产率，或者具有技术创新和生产革新的能力。大量实证研究发现，技术进步及技术研发行为对中国环境和降低污染带来显著影响。例如，本间等（Honma et al.，2014）运用随机指数分解的方法，利用 1993～2012 年日本周边发展中国家数据进行分解发现，这些发展中国家的能源指数中环境效应提高的效果主要来自工业生产中技术进步所带来的提高。张文君和任荣朋（2014）利用 1998～2010 年中国 30

个省份数据①,建立静态面板数据模型(固定效应模型、随机效应模型)分析了贸易、外商直接投资和技术研发投入对工业碳排放的影响。研究结果表明:技术研发投入对工业碳排放确实存在显著的负向影响,也就是说增加技术研发投入对于抑制工业碳排放总量具有显著的作用。

4. 产业结构调整影响绿色全要素生产率的作用机理

降低全球碳排放总量,提高全球经济发展质量,依赖于世界各国有效的产业结构调整。发展中国家产业多为资源密集型,其产业附加值有限且对环境的污染较大,需要国家采取有效措施促进其升级。国家产业结构调整的实施对象就是发展中国家这些碳密集度较高的制造业,由于技术的落后和管理经验的不足,这些国家的制造业多延续着传统粗放式的生产模式。产业结构调整会促进发展中国家这些产业加紧改进生产技术,提高清洁能源的使用以降低单位产品能耗,与此同时,还会将社会原有资本和人力资源引向服务业和高新技术产业为主的第三产业中,从而促进了产业升级。同时,产业结构的调整实施能够促进技术的创新和升级。这体现在为应对压力,企业会努力提高其生产技术,进而降低单位产品能耗量。在一定程度上促进了国家整体技术的提高,激励了技术创新和产业升级;促进低碳技术和清洁能源开发技术的发展。产业结构的调整实施会加重碳密集型企业负担,为摆脱这种困境,企业会尽量避免使用高碳排放能源,转而使用低碳生产技术和无碳的清洁能源。这会促进低碳技术以及清洁能源技术的发展,摆脱传统粗放式生产,从而促进整个社会产业结构完善。产业结构调整能够促进生产要素在各产业之间的重新分配。在产业结构调整过程中,会增加一些企业的经营成本,从而降低其产业的平均利润。而高新技术产业、服务业以及新能源产业的利润水平会有所提高,不断促进各产业之间要素流动。那些遭受影响产业的生产要素会不断向未受到影响的产业流动,以追求高于原有企业的利润,直到各行业之间的平均利润持平。要素在产业间流动,会优化资源的合理配置,提高资源利用率,从而促进整体的经济产业结构升级。将企业面临的外部环境成本内在化,会增加企业的额外成本,企业会加大对环保和技术上的投资,从而提高对环保技术和设备的需求。新的需求会带动能源与环保行业的发展,进而促进环保产品、设备以及减排技术服务等行业的发展。

---

① 不含港、澳、台和西藏地区。

3.3.2 影响绿色全要素生产率因素的计量检验方法：实证模型（一）

1. 面板单位根检验

因单变量单位根检验力在小样本时相对较弱，而且在 ADF 方程式中滞后项具有高度线性重合，并不能因为数据的增加而提高其检验力。近来发展了以多变量数据以及面板数据为基础的单位根检验。

（1）LLC 单位根检验方法（Levi、Lin and Chu，2002）。

例如，对 N 种个别变量，每一个变量都有 T 次不同时间的观测数据。则第 i 个变量的单位根检验式（ADF）可以写成式（3-81）

$$\Delta y_{it} = \gamma_i y_{it-1} + \sum_{L=1}^{p_i} \beta_{iL} \Delta y_{it-1} + a_{1i} + a_{2i}t + \varepsilon_{it} \qquad (3-81)$$

所以单变量时间序列的 ADF 单位根检验，就是针对式（3-81）的每一个变量进行检验。乐文-林-楚（LLC 检验）的虚无假设是 $H_0 : \gamma_i = 0$。其中，隐含联合检验的观念 $\gamma_1 = \gamma_2 = \cdots = \gamma_N = \gamma = 0$。注意，在进行 LLC 检验时，式（3-81）中的两项 a_{1i}、$a_{2i}t$ 也可以为 0。在 LLC 检验步骤中证明调整后值渐近于正态分布，且相当适合对介于 $10 \sim 250$ 的面板数据来进行检验。时间长度较小的检验特别适合这样的面板单位根检验，所以可以以既有数据来弥补时间长度不足的现实限制。

但巴尔塔吉（Baltagi，2007）等指出，LLC 检验在应用上有一些局限性：全部变量都具有单位根的假设有时并不尽合理，特别是针对面板数据经常有跨区异质性；个别 ADF 检验式的残差跨区不相关假设如果不成立，LLC 检验会出现较严重的检验扭曲问题。

（2）IPS 单位根检验方法（Im et al.，2003）。

IPS 回归其实是一个标准将 ADF 推广至面板数据的做法。回归式如式（3-82）所示。

$$\Delta y_{it} = \alpha_i + \beta_i y_{it-1} + \gamma_i t + \sum_{L=1}^{p_i} \delta_{ij} \Delta y_{it-1} + \varepsilon_{it} \qquad (3-82)$$

其中，$i = 1,2,\cdots,N$；$t = 1,2,\cdots,T$（N 个时间序列和 T 个观察值，也即该模型适用于平衡的面板数据），p_i 为使残差无序列相关的数目。检验存在单位根的虚无假设可表示为式（3-83）。

$$H_0 : \beta_i = 0, \forall i \qquad (3-83)$$

对立假设则为式（3 – 84）。

$$H_1 : \beta_i < 0, i = 1, 2, \cdots, N, \beta_i = 0, i = N_1 + 1, N_2 + 2, \cdots, N \quad (3-84)$$

IPS 检验对立假设允许了完全的异质性。在对立假设下，个别平稳过程的分量 N_1/N 为非零并且该值趋近于固定值。尹等（Im et al., 2003）证明了面板单位根检验的一致性，上述条件是必要的。

在 IPS 设定中，每个 ADF 方程式均独立估计，即对每一个数列 i，估计 β_i 并且计算 ADF 检验的 t 统计量，以 $t_{iT}(P_i)$ 表示，其中 $i = 1, 2, \cdots, N$，取 P_i 滞后项。再将所有的检验参数统计量加起来平均，如式（3 – 85）所示。

$$\bar{t}_{NT} = \frac{\sum_{i=1}^{N} t_{iT}(p_i)}{N} \quad (3-85)$$

其中，$t_{iT}(p_i)$ 是第 i 个单元 ADF 检验的 t 统计量。

尹等（2003）也提出一个 LM-bar 统计量，允许了在残差具有序列相关时的单位根检验统计量，定义为式（3 – 86）：

$$\overline{LM}_{NT} = \frac{\sum_{i=1}^{N} LM_{iT}(p_i)}{N} \quad (3-86)$$

有限样本下利用 $LM_{iT}(p_i)$ 的均值和方差，在虚无假设之下，可能有较好的近似值。当 T 趋近于无穷大时，修正后的 LM-bar 统计量，为 $N(0,1)$ 分布。

（3）LM 单位根检验方法（Hadri, 2000）。

LM 统计量是由单变量的 KPSS 推广形成，估计以下两个模型（3 – 87）和（3 – 88）。

$$模型 1 : y_{it} = \gamma_{it} + \varepsilon_{it} \quad (3-87)$$

$$模型 2 : y_{it} = \gamma_{it} + \beta_i T + \varepsilon_{it}, \gamma_{it} = \gamma_{it-1} + \varepsilon_{it} \quad (3-88)$$

没有单位根（趋势平稳）的虚无假设为式（3 – 89）：

$$H_0 : \sigma_\varepsilon^2 = 0 \quad (3-89)$$

然后这个检验统计量是式（3 – 90）。

$$LM = \frac{\sum_{i=1}^{N} \sum_{t=1}^{T} S_{it}^2}{NT^2 \hat{\sigma}_\varepsilon^2}, \ S_{it} = \sum_{t=1}^{t} \hat{\varepsilon}_{it} \quad (3-90)$$

LM 分母的方差，是由回归残差计算的长期方差协方差矩阵，KPSS 检验建议用 Bartlett 核函数 $w(s, l) = 1 - s/(l+1)$ 推算分母的长期方差协方差矩阵。

（4）CIPS 单位根检验方法（Pesaran，2007）。

令 y_{it} 为在时间 t 的第 i 个横截面观测值，且假设是根据简单动态线性异质面板数据模型（3 - 91）产生的。

$$y_{it} = (1 - \varphi_i)\mu_i + \varphi_i y_{it-1} + \mu_{it}, \quad i = 1,2,\cdots,N; \quad t = 1,2,\cdots,T \quad (3 - 91)$$

其中，起始值 y_{i0}，给定模型的密度函数具有有限平均值与方差且残差 μ_{it} 项具有单一因子结构为式（3 - 92）。

$$\mu_{it} = \gamma_i f_t + \varepsilon_{it} \quad\quad\quad (3 - 92)$$

其中，f_t 为未观察到的共同效果，ε_{it} 则为独特性误差。

将式（3 - 92）改写为式（3 - 93）。

$$\Delta y_{it} = \alpha_i + \beta_i y_{it-1} + \gamma_i f_i + \varepsilon_{it} \quad\quad (3 - 93)$$

其中，$\alpha_i = (1 - \varphi_i)\mu_i$，$\beta_i = - (1 - \varphi_i)$。存在单位根的虚无假设 $\varphi_i = 1$，此时可表示为式（3 - 94）。

$$H_0 : \beta_i = 0, \forall i \quad\quad\quad (3 - 94)$$

对立假设则为式（3 - 95）。

$$H_1 : \beta_i < 0, i = 1,2,\cdots,N, \beta_i = 0, i = N_1 + 1, N_2 + 2, \cdots, N \quad (3 - 95)$$

CIPS 单位根检验的对立假设成立下，个别平稳过程的分量 N_1/N 为非零并且该值趋近于固定值 $\delta(0 < \delta \leqslant 1)$。该检验假设共同因子 f_t 能以横截面 y_{it} 的平均（$\bar{y}_t$）和 $\bar{y}_t$ 滞后值来充当代理变量，表示为式（3 - 96）。

$$\Delta y_{it} = \alpha_i + b_i y_{it-1} + c_i \bar{y}_{t-1} + d_i \Delta \bar{y}_t + e_{it} \quad\quad (3 - 96)$$

因此，式（3 - 97）也称为横截面扩展 DF（Cross Sectionally Augmented Dicky-Fuller，CADF）回归式。根据式（3 - 97），考虑序列相关，对横截面个别的 i 而言，检验单位根的 t 检验统计量为式（3 - 97）。

$$CIPS(N,T) = \frac{\sum_{i=1}^{N} t_i(N,T)}{N} \quad\quad (3 - 97)$$

$CIPS(N,T)$ 检验统计量的临界值可参考比萨兰（2007）。

（5）横截面相依程度的单位根检验方法 – CD 检验（Pesaran，2004）。

比萨兰（Pesaran，2004）提出"残差项横截面相依检验" – CD 检验以检验横截面是否具有相依性。此方法可被应用于平稳的面板数据，在有限样本时有优良的表现。CD 检验是先从标准 ADF 回归式中得到各序列的残差项后，再根据普通最小二乘法（OLS）计算出两两残差项的相关系数（$\hat{\rho}_{ij}$）的平均。

检验统计量为式 (3–98)。

$$CD = \left[\frac{TN(N-1)}{2}\right]^{1/2} \bar{\hat{\rho}} \rightarrow N(0,1) \qquad (3-98)$$

其中, $\bar{\hat{\rho}} = \left[\frac{2}{N(N-1)}\right] \sum_{i=1}^{N-1} \sum_{j=i+1}^{N} \hat{\rho}_{ij}$ 代表横截面所有两两相关系数的平均, T 与 N 分别代表时间序列与横截面的个数。CD 检验的虚拟假设 H_0 为面板横截面独立, 对立假设 H_1 为面板横截面相依, CD 检验统计量的分布为双尾标准正态分布。

2. 面板协整检验

目前, 面板协整检验方法主要有两大类: 一是没有考虑截面相关性的鲍依和额 (Bai and N) 面板协整检验方法、汉克 (Hanck) 面板协整检验方法; 二是考虑截面相关性的张和阮 (Chang and Nguyen) 面板协整检验方法。

(1) 鲍依和额面板协整检验方法。

鲍依和额 (2004) 在有关面板协整研究中首先提出如下不考虑截面相关性的面板协整模型, 两个面板变量 z_{it} 和 w_{it},

$$w_{it} = w_{it-1} + \varepsilon_{it}$$
$$z_{it} = z_{it-1} + \upsilon_{it}$$
$$z_{it} = \alpha_i + w_{it}\gamma + \mu_{it}, \quad i = 1,\cdots,N; \; t = 1,\cdots,T \qquad (3-99)$$

其中, α_i 是面板数据模型中的固定效应或随机效应项, γ 是模型中的斜率系数, 而 ε_{it} 和 υ_{it} 是面板协整模型中的误差项, 为简化后续推导, 假设 ε_{it} 和 υ_{it} 是两个稳定的面板变量。根据式 (3–99) 的模型设定, 可知两个面板变量 z_{it} 和 w_{it} 均含有单位根。

由于 ε_{it} 和 υ_{it} 是两个稳定的面板变量, 所以可以将 ε_{it} 和 υ_{it} 表示为向量 $\psi_{it} = (\varepsilon_{it}, \upsilon_{it})$, 根据稳定随机向量的泛函中心极限定理, 可推导 ψ_{it} 如下的渐近分布, 当 $T \rightarrow \infty, i \rightarrow \infty$, 有式 (3–100)。

$$\frac{1}{\sqrt{iT}} \sum_{i=1}^{N} \sum_{t=1}^{[Tr]} \psi_{it} \rightarrow G(W) \qquad (3-100)$$

其中, 极限分布 $G(W)$ 是长期方差协方差矩阵为 W 的高斯过程。W 可以用如式 (3–101) 的二重期望极限运算求得式 (3–101)。

$$W = \lim_{i \to \infty} \lim_{i \to \infty} E\left[\frac{1}{Ti}\left(\sum_{t=1}^{T} \psi_{it}\right)\left(\sum_{t=1}^{T} \psi_{it}^{T}\right)\right] \qquad (3-101)$$

在实际应用中常常将 W 的表达式写成式 (3–102)。

$$W = N + W_i + W_i^T \qquad (3-102)$$

其中，对于每个截面 i，$N = \lim\limits_{T \to \infty} \dfrac{1}{T} \sum\limits_{t=1}^{T} E(\psi_{it} \psi_{it}^T)$。$W_i$ 是所谓的短期方差协方差

矩阵，$W_i = \lim\limits_{T \to \infty} \dfrac{1}{T} \sum\limits_{k=1}^{T-1} \sum\limits_{t=k+1}^{T} E(\psi_{it} \psi_{it-k}^T)$。

短期方差协方差矩阵 W_i 在上述面板协整模型中并没有考虑到截面可能存在这此相关性，所以可以用式（3-103）的半参数估计方法进行估计。

$$\hat{W}_i = \frac{1}{T} \Big[\sum_{t=1}^{T} \hat{\psi}_{it} \hat{\psi}_{it}^T + \sum_{s=1}^{k_i} \Big(1 + \frac{s}{k_i + 1} \Big) \sum_{t=s+1}^{T} (\hat{\psi}_{it-s} \hat{\psi}_{it}^T + \hat{\psi}_{it} \hat{\psi}_{it-s}^T) \Big]$$

$$(3-103)$$

其中，$\hat{\psi}_{it}$ 是对面板协整方程 $z_{it} = \alpha_i + w_{it} \gamma + \mu_{it}$ 进行极大似然估计（ML）所得到的残差面板变量。

对 W_i 进行如式（3-104）的乔拉斯基分解（Cholesky decomposition）。

$$W_i = R_i^T R_i = \begin{bmatrix} R_{11i} & R_{21i} \\ 0 & R_{22i} \end{bmatrix} \begin{bmatrix} R_{11i} & 0 \\ R_{21i} & R_{22i} \end{bmatrix} \qquad (3-104)$$

其中，$R_{11i} = (W_{11i} - W_{21i} / W_{22i})^2$，$R_{21i} = W_{21i} / W_{22i}^2$，$R_{22i} = W_{22i}^{1/2}$。

在乔拉斯基分解基础上，鲍依和额（2004）给出了下述两种面板协整关系的检验统计量。其中，第一面板协整检验统计量简化了长期方差协方差矩阵 W 和短期方差协方差矩阵 W_i 的差异，假设 $W_i = W$。而第二面板协整检验统计量假设长期方差协方差矩阵 W 和短期方差协方差矩阵 W_i 存在显著差异，即 $W_i \neq W$。对于第二面板协整检验统计量的具体计算，首先是利用极大似然方法估计面板协整模型 $z_{it} = \alpha_i + w_{it} \gamma + \mu_{it}$，得到各个面板截面的残差变量，其次利用残差变量 $\hat{\psi}_{it}$ 借鉴菲利普斯和奥利阿里斯（Phillips and Ouliaris, 1990）方法，得到 W_i 的估计 $\hat{W}_i$，并得到 W_i 的乔拉斯基分解矩阵 R_i 的估计 $\hat{R}_i$。在此基础上进行二阶段回归，利用极大似然方法进行方程（3-105）估计。

$$\hat{\mu}_{it} = \phi_i \hat{u}_{it-1} + \hat{e}_{it} \qquad (3-105)$$

在鲍依和额面板协整检验方法的原假设是模型中不存在面板协整关系，第一面板协整检验统计量的构造方法为式（3-106）。

$$BN_1 = \sum_{i=1}^{N} \frac{\sum\limits_{t=1}^{T} (\Delta \hat{\psi}_{it} + \hat{\phi}_i)}{\sum\limits_{t=1}^{T} \hat{\psi}_{it}^2} \qquad (3-106)$$

而鲍依和额第一面板协整检验统计量的构造方法为式（3－107）。

$$BN_2 = \sum_{i=1}^{N} \frac{\sum_{t=1}^{T} (\Delta\hat{\psi}_{it} + \hat{\phi}_i)^2}{[\sum_{t=1}^{T} \hat{\psi}_{it}^2 / \hat{R}_{11i}^2]^{1/2}} \qquad (3-107)$$

其中，$\hat{R}_{11i} = (\hat{W}_{11i} - \hat{W}_{21i}/\hat{W}_{22i})^2$。$\hat{W}_i$ 利用菲利普斯和奥利阿里斯（1990）方法估计得到，$\hat{\psi}_{it}$ 可以利用式（3－108）的方法估计得到。$\varphi_i = \dfrac{\hat{\sigma}_i^2 + \hat{s}_i^2}{2}$，其中 $\hat{s}_i^2$ 是 $\hat{e}_{it}$ 的同期方差，$\hat{\sigma}_i^2$ 是 $\hat{e}_{it}$ 的长期方差。$\hat{s}_i^2$ 和 $\hat{\sigma}_i^2$ 的无偏估计为式（3－108）。

$$\hat{s}_i^2 = \frac{1}{T}\sum_{t=1}^{T} \hat{e}_{it-1}^2 \hat{e}_{it}^2$$

$$\hat{\sigma}_i^2 = \frac{1}{T}\Big[\frac{1}{T}\sum_{t=1}^{T} \hat{e}_{it}^2 + \sum_{s=1}^{k_i}\Big(1 + \frac{\hat{s}_i^2}{k_i+1}\Big)\sum_{t=s+1}^{T} \hat{e}_{it}\hat{e}_{it-s}\Big] \qquad (3-108)$$

大量 Monte－Carlo 模拟研究发现，鲍依和额第一面板协整检验统计量 BN_1 和鲍依和额第二面板协整检验统计量 BN_2 的极限分布是参数为含有长期方差协方差矩阵为 W 的高斯过程的随机积分，而相关假设检验临界值见鲍伊和额（2004）的模拟结果。

（2）汉克（Hanck）面板协整检验方法。

汉克（2009）同样考虑了下述不存在截面相关性面板协整模型，两个面板变量 z_{it} 和 w_{it}，如式（3－109）所示。

$$w_{it} = w_{it-1} + \varepsilon_{it}$$
$$z_{it} = z_{it-1} + \upsilon_{it}$$
$$z_{it} = \alpha_i + w_{it}\gamma + \mu_{it}, \ i = 1,\cdots,N; \ t = 1,\cdots,T \qquad (3-109)$$

汉克面板协整模型设定和上述鲍依和额面板协整模型设定不同，在汉克所设定的面板协整模型中允许斜率参数 γ_i 在截面个体上存在着系统差异，所以汉克面板协整模型设定是考虑截面异质性，而不考虑截面相关性的面板协整模型。

汉克面板协整检验同样检验利用极大似然估计对模型（3－109）进行估计，然后计算每个面板单元的 ADF 统计量。每个面板单元的 ADF 统计量考虑截面异质性，而不考虑截面相关性。按照帕克和菲利普斯（Park and Phillips，1999）的方法，利用模型（3－109）的极大似然残差变量，构建如式（3－110）的辅助回归。

$$\hat{\mu}_{it} = \gamma \hat{u}_{it-1} + \sum_{j=1}^{p} \psi_j \Delta \hat{u}_{it-j} + \varepsilon_{itp} \qquad (3-110)$$

其中，$\hat{\mu}_{it}$ 是从（3 – 110）极大似然残差变量。

在辅助回归的基础上，可以对原假设协整变量之间并不存在着协整关系进行检验，汉克检验统计量的构建形式为式（3 – 111）。

$$H = \frac{\left(\sum \hat{u}_{it} M_w \hat{u}_{it-1} \right)^3 \hat{\psi}_j}{s^2} \qquad (3-111)$$

其中，$M_w = w_p \left(w_p^T w_p \right)^{-1} w_p^T$，$w_p^T$ 是解释变量为 $(\Delta \hat{u}_{it-1}, \cdots, \Delta \hat{u}_{it-p})$ 的残差生成矩阵，$s^2 = \frac{1}{T} \sum_{t=1}^{T} \hat{e}_{itp}^2$，$\hat{e}_{itp}^2$ 是辅助回归的残差平方。

汉克指出面板协整检验统计量 H 的极限分布是一个较为复杂的随机泛函，其分布函数较难获得。直接利用面板协整检验统计量 H 进行检验则难以获得其临界值，所以在实际应用中建议对面板协整检验统计量 H 进行如式（3 – 112）变换。

$$\overline{H} = \frac{1}{N} \sum_{i=1}^{N} H_i \qquad (3-112)$$

定义 $E(H_i) = e$ 以及 $Var(H_i) = V^2$。根据克莱默—杜布（Cramer – Doob）中心极限可以得知，如式（3 – 113）所示。

$$\sqrt{N}(\overline{H} - e) \xrightarrow{L} N(0, V^2) \qquad (3-113)$$

则利用上述统计量就可以对模型是否存在协整关系进行检验。

鲍依和额面板协整检验方法和汉克面板协整检验方法是目前使用较为广泛的两种面板协整检验方法。汉克面板协整检验的优势在于考虑面板截面之间可能存在的异质性。但一旦面板截面存在相关性，则鲍依和额面板协整检验和汉克面板协整检验的检验结果都值得怀疑。

（3）张和阮面板协整检验方法。

张和阮（2012）面板协整模型在非参数估计基础上，提出了考虑截面相关性的面板协整方法，现有文献称之为张和阮截面相关面板协整检验，或者简称为 CN 面板协整检验方法。在利用面板数据进行分析时，由于面板单元的个体往往性质相似，如同一个国家的不同地区，同一个行业下的不同企业等性质类同的单元，所以截面独立假定与实际面板数据的应用存在着较大差异。但若面板单元含有了截面相关性，则涉及的统计推断过程将异常复杂。所以考虑截面相关性的面板协整检验一直是面板模型领域一个极其棘手的问题。而 CN 面板协整检验方法的提出，使得面板协整模型的检验和构建更加符合经济现实，所以在近两年的学术研究中得到了广泛应用。

张和阮（2012）定义了如下具有截面相关性面板协整模型，两个面板变量 z_{it} 和 w_{it} ，

$$w_{it} = w_{it-1} + \varepsilon_{it}, \mathrm{cov}(\varepsilon_{it}, \varepsilon_{it-1}) \neq 0, \forall i$$

$$z_{it} = z_{it} + z_{it}, \mathrm{cov}(\upsilon_{it}, \upsilon_{it-1}) \neq 0, \forall i$$

$$z_{it} = \alpha_i + w_{it}\gamma + u_{it}, i = 1, \cdots, N; t = 1, \cdots, T$$

对上述模型的协整系数进行如下的非参数估计：

$$m = \sum_{t=2}^{T} \omega_t (z_t - \gamma z_{t-1})^2 + \sum_{t=1}^{T-1} (1 - \omega_t)(z_t - \gamma z_{t-1})^2 \qquad (3-114)$$

其中，$\omega_t(t = 2, 3, \cdots, T)$ 为非参数估计中的权核函数，设定核函数 $\omega_t = \dfrac{t^2 - 1}{T}$，就可以得到的协整模型系数 γ 的非参数估计量。利用非参数估计中的权核函数均匀解析原理，可以得到 γ 非参数估计中的具体解析表达式（3-115）。

$$\hat{\gamma} = \frac{T^2 \sum_{t=2}^{T} z_t z_{t-1}}{\sum_{t=2}^{T-1} z_t^2 + 1/\sqrt{T} \sum_{t=1}^{T} z_t^2} \qquad (3-115)$$

同样原理，可以推导个体效应 α_i 非参数估计中权核函数的解析表达式（3-116）。

$$\hat{\alpha_i} = \frac{i \sum_{t=2}^{T} z_t w_t}{\sum_{t=2}^{T-1} z_t^2 + 1/\sqrt{T} \sum_{t=1}^{T} z_t^2} \qquad (3-116)$$

如果面板协整模型含有如式（3-117）的截距项。

$$z_{it} = c + \alpha_i + w_{it}\gamma + u_{it} \qquad (3-117)$$

则 γ 非参数估计解析表达式为式（3-118）。

$$\hat{\gamma} = \frac{T^2 \sum_{t=2}^{T} (z_t - \bar{z})}{\sum_{t=2}^{T-1} z_t^2 + 1/\sqrt{T} \sum_{t=1}^{T} z_t^2} \qquad (3-118)$$

个体效应 α_i 非参数估计中权核函数的解析表达式为式（3-119）。

$$\hat{\alpha}_i = \frac{i\sum_{t=2}^{T}(z_iw_t - \overline{zw})}{\sum_{t=2}^{T-1}z_t^2 + 1/\sqrt{T}\sum_{t=1}^{T}z_t^2} \tag{3-119}$$

其中，$\overline{z_{it}} = 1/T\sum_{t=1}^{T}z_t$，$\overline{w} = 1/T\sum_{t=1}^{T}w_t$。

第一，考虑截面相关性单位根检验中极限分布如式（3-120）所示。

$$w_{it} = \tau_1 w_{it-1} + \varepsilon_{it}, \text{cov}(\varepsilon_{it}, \varepsilon_{it-1}) \neq 0, \forall i$$

$$z_{it} = \tau_2 z_{it-1} + \upsilon_{it}, \text{cov}(\upsilon_{it}, \upsilon_{it-1}) \neq 0, \forall i \tag{3-120}$$

先考虑上式单位根检验中，原假设是自回归系数 $\tau = 1$，检验统计量，见式（3-121）。

$$NT(\hat{\tau} - 1) \xrightarrow{L} \frac{[K^2 - 1] - G^2}{G^2}$$

$$t_{\hat{\tau}} \xrightarrow{L} \frac{[K^2 - 1] - \sqrt{G}}{G^2} \tag{3-121}$$

其中，$K^2 = G(0)$，$G = \int_0^1 [G(r)]^2 dr$，$G(r)$ 是分布于 $[0,1]$ 闭区间的标准高斯过程。式（3-121）的面板单位根检验，其检验原假设就是 $\tau = 1$，包含截面相关性的面板单位根检验统计量，如式（3-122）所示。

$$T(\hat{\tau} - 1) \xrightarrow{L} \frac{[K^2 - 1] + G + KH + H^2}{G + KH + H^2}$$

$$\hat{\tau} - 1 \xrightarrow{L} \frac{1/2[K^2 + 1] + G + H^2}{(G + H^2)^{1/2}} \tag{3-122}$$

其中，$K^2 = G(0)$，$G = \int_0^1 [G(r)]^2 dr$，$G(r)$ 是分布于 $[0,1]$ 闭区间的标准高斯过程。

第二，考虑截面相关性的非参数面板协整检验的极限分布

针对截面相关性面板协整模型，两个面板变量 z_{it} 和 w_{it}，如式（3-123）所示。

$$w_{it} = w_{it-1} + \varepsilon_{it}, \text{cov}(\varepsilon_{it}, \varepsilon_{it-1}) \neq 0, \forall i$$

$$z_{it} = z_{it-1} + \upsilon_{it}, \text{cov}(\upsilon_{it}, \upsilon_{it-1}) \neq 0, \forall i$$

$$z_{it} = \alpha_i + w_{it}\gamma + u_{it}, i = 1, \cdots, N; t = 1, \cdots, T \tag{3-123}$$

张和阮（2012）建议进行前述考虑截面相关性面板协整的非参数估计，得到面板协整的残差变量 $\hat{u}_{it}$，然后对面板协整的残差变量 $\hat{u}_{it}$ 进行前述考虑截

面相关性的面板单位根检验。横截面相关性的面板单位根检验方程为式（3 - 124）。

$$\hat{u}_t = \psi \hat{u}_{t-1} + e_t, \ t = 1, 2, \cdots, T \tag{3 - 124}$$

面板单位根系数的非参数估计，如式（3 - 125）所示。

$$m = \sum_{t=2}^{T} \omega_t (z_t - \psi z_{t-1})^2 + \sum_{t=1}^{T-1} (1 - \omega_t)(z_t - \psi z_{t-1})^2 \tag{3 - 125}$$

其中，$\omega_t(t = 2, 3, \cdots, T)$ 为非参数估计中的权核函数，设定核函数 $\omega_t = \dfrac{t^2 - 1}{T}$，就可以得到的面板单位根系数的非参数量。面板单位根系数 β 的非参数量可以写成式（3 - 126）。

$$\hat{\psi} = \frac{T^2 \sum_{t=2}^{T} z_t z_{t-1}}{\sum_{t=2}^{T-1} z_t^2 + 1/\sqrt{T} \sum_{t=1}^{T} z_t^2} \tag{3 - 126}$$

考虑截面相关面板协整的虚无假设为不存在协整关系，即式（3 - 125）中，$H_0 : \psi = 1$，考虑截面相关的面板协整检验统计量及其极限分布为式（3 - 127）。

$$T(\hat{\psi} - 1) \xrightarrow{L} \frac{[M_1 - 2\zeta + \zeta^2 M_2] + 1/2 M_4 + M_3 + (1 + \zeta^2)}{M_3}$$

$$t_{\hat{\psi}} \xrightarrow{L} \frac{[(M_1 + \zeta + \zeta^2 M_2) + M_4 + M_3 + (1 + \zeta^2)]}{(M_3)^{1/2}} \tag{3 - 127}$$

其中：

$$M_1 = \left[\int_0^1 V(r)\,dr \right]^2 + \int_0^1 V(r)\,dr + [V(1)]^2$$

$$M_2 = \left[\int_0^1 W(r)\,dr \right]^2 - 2W(1) \int_0^1 W(r)\,dr$$

$$M_3 = \int_0^1 [V(r)]^2\,dr$$

$$M_4 = \int_0^1 [W(r)]^2\,dr + \left[\int_0^1 W(r)\,dr \right]^2$$

$$\zeta = \frac{2 + \int_0^1 V(r)W(r)\,dr}{\int_0^1 [V(r)]^2\,dr} \tag{3 - 128}$$

其中，$V(r)$ 和 $W(r)$ 是 $[0,1]$ 区间的高斯过程。

从上述考虑截面相关的张和阮面板协整检验的渐进分布可以看到，面板协整检验统计分布与面板协整方程中解释变量个数有关。

3.3.3 绿色全要素生产率演化机理的空间计量分析：实证模型（二）

1. 静态空间面板协整模型

（1）模型设定。

基于上述张和阮面板协整检验方法，构建如式（3 - 129）的具有截面相关性的静态空间面板协整模型（3 - 129）。

$$x_{it} = x_{it-1} + \varepsilon_{it}, \; \mathrm{cov}(\varepsilon_{it}, \varepsilon_{it-1}) \neq 0, \; \forall i$$
$$y_{it} = y_{it-1} + \upsilon_{it}, \; \mathrm{cov}(\upsilon_{it}, \upsilon_{it-1})10, \; \forall i$$
$$y_{it} = \alpha_i + x_{it}\gamma + u_{it}, \; i = 1, \cdots, N; \; t = 1, \cdots, T \qquad (3 - 129)$$

（2）模型估计。

对式（3 - 129）采用完全修正最小二乘法估计（FMOLS）。目前，对协整模型参数的估计主要有两种方法，一是由约翰森（Johansen）提出的极大似然估计（ML），二是普通最小二乘估计（OLS）。在大样本情况下，ML 估计量因其具有的超一致性和渐近正态性等优良性质而优于 OLS 估计量。且 ML 估计量对非正态性设定不敏感，数据不服从正态分布时 ML 估计量也具有良好特性。但是宏观经济分析一般不能满足 ML 估计方法对大样本容量的要求。因此需要对 OLS 方法进行改进。FMOLS 估计方法就是学者们改进传统 OLS 方法的成果之一。FMOLS 估计方法具有两个明显的优势。首先，其能处理协整参数估计中的小样本问题；其次，OLS 估计量的沃尔德（Wald）统计量不再渐近地服从于卡方分布，这在很大程度上限制了沃尔德检验的应用。相比之下，FMOLS 估计方法可以生成协整参数估计量的一致估计和渐近正态分布。

2. 动态空间面板自回归模型

（1）模型设定。

一个简单的动态空间面板回归模型形式如下：

$$y_{it} = \alpha_i + \beta x_{it} + \phi y_{it-1} + \mu_i + \varepsilon_{it} \qquad (3 - 130)$$

在纯时间序列动态模型时，y_{it-1} 可视为随机回归因子，虽然建立在 T 的估计式存在偏误，属于有偏估计量，但当 $T \to \infty$ 时仍是一致的。动态面板数据模型主要考察被解释变量 y_{it} 及其滞后期 y_{it-1} 都是个体效应 μ_i 的函数，从而导致序列相关的问题。特别是当残差不存在序列相关时，此相关性依然存在的问题。

（2）模型估计。

在标准面板数据模型时，因 T 往往不大，且面板模型估计量渐进性质是建立在 $N \to \infty$ 上，不是 $T \to \infty$ 上。故面板模型的虚拟变量最小二乘（LSDV）和广义最小二乘法（GLS）皆是有偏误的估计量。固定效应模型下 β 和 σ 的估计，可视为个别估计式的平均。因此，N 个非一致估计量的平均，依然是非一致的。随机效应模型下的估计问题更加明显，因为滞后期 y_{it-1} 和复合残差 $\mu_i + \varepsilon_{it}$ 产生更复杂的相关性，且每个随机效应 μ_i 均为 i 的观察值。前述问题意味着动态面板数据的估计必须用其他方法，利用阿雷拉诺和邦德（Arellano and Bond，1991）和阿雷拉诺和博韦尔（Arellano and Bove，1995）的做法，在 GMM 架构下处理动态工具变量，用此方法来克服动态模型估计所面临的问题。对本书下述估计所使用的 2 步 Arellano – Bond GMM 估计式，进行说明。这一估计方法的特点是同步滞后原动态方程式，再差分移除横截面效果，如式（3 – 131）所示。

$$y_{it} = \beta y_{it-1} + \mu_i + \varepsilon_{it}$$
$$y_{it-1} = \beta y_{it-2} + \mu_i + \varepsilon_{it-1}$$
$$y_{it} - y_{it-1} = \beta(y_{it-1} - y_{it-2}) + (\varepsilon_{it} - \varepsilon_{it-1})$$
$$E(\Delta\varepsilon_i\Delta\varepsilon_i^T) = \sigma_\varepsilon^2(I_N \otimes G), \Delta\varepsilon_i^T = (\varepsilon_{i3} - \varepsilon_{i2}, \cdots, \varepsilon_{iT} - \varepsilon_{iT-1})$$

$$(3 - 131)$$

其中，G 其实就是 $E(\Delta\varepsilon_i\Delta\varepsilon_i^T)$ 展开后的系数矩阵，以 $i = 1$ 为例，主对角线第 1 格：

$$(\varepsilon_3 - \varepsilon_2)(\varepsilon_3 - \varepsilon_2) = \varepsilon_3\varepsilon_3 - 2\varepsilon_3\varepsilon_2 + \varepsilon_2\varepsilon_2 \qquad (3 - 132)$$

对式（3 – 132）取期望值后，因为 $i.i.d$ 同质分布假设，所以，如式（3 – 133）所示。

$$E[\varepsilon_3\varepsilon_3 - 2\varepsilon_3\varepsilon_2 + \varepsilon_2\varepsilon_2] = 2\sigma_\varepsilon^2 \qquad (3 - 133)$$

故主对角线第一格系数是 2，其余类推。每一个 i 都做这样的处理，就成了一个依克罗内克（Kronecker）积 $\otimes$ 展开的矩阵。

因此，利用方程式（3 – 134）：

$$y_{it} - y_{it-1} = \beta(y_{it-1} - y_{it-2}) + (\varepsilon_{it} - \varepsilon_{it-1}) \qquad (3 - 134)$$

估计出参数，成了 GMM 方法的重心。阿雷拉诺—邦德（Arellano – Bond）对工具变量的想法如式（3 – 135）。

$t = 3$ 是第 1 期：

$$y_{i3} - y_{i2} = \beta(y_{i2} - y_{i1}) + (\varepsilon_{i3} - \varepsilon_{i2}) \tag{3-135}$$

对 $t = 3$ 期而言，y_{i1} 是一个有效的工具变量，因为它与 $y_{i2} - y_{i1}$ 相关，与 $\varepsilon_{i3} - \varepsilon_{i2}$ 无关。

同理在 $t = 4$ 期：

$$y_{i4} - y_{i3} = \beta(y_{i3} - y_{i2}) + (\varepsilon_{i4} - \varepsilon_{i3})$$

对 $t = 4$ 期而言，y_{i2} 是一个有效的工具变量，因为它和 $y_{i3} - y_{i2}$ 很相关，却和 $\varepsilon_{i4} - \varepsilon_{i3}$ 无关。因此，对每个横截面 i，都有一个有效工具变量矩阵 $(3-136)$。

$$Z_i = \begin{bmatrix} [y_{i1}] & \cdots & \cdots & 0 \\ \vdots & [y_{i1},y_{i2}] & 0 & 0 \\ \vdots & \vdots & \ddots & 0 \\ 0 & \cdots & \cdots & [y_{i1},y_{i2},\cdots,y_{iT-2}] \end{bmatrix} \tag{3-136}$$

所有有效的工具变量矩阵则为 $Z = [Z_1, Z_1, \cdots, Z_N^T]^T$，GMM 正交条件满足式 $(3-137)$ 的解。

$$E(Z_i^T \Delta \varepsilon_i) = 0 \tag{3-137}$$

则第 1 步 Arellano - Bond GMM 估计式为式 $(3-138)$。

$$\hat{\beta}_1 = [(\Delta y_{-1})^T Z (Z^T(I_N \otimes G)Z)^{-1} Z^T(\Delta y_{-1})]^{-1} [(\Delta y_{-1})^T Z (Z^T(I_N \otimes G)Z)^{-1} Z^T(\Delta y)] \tag{3-138}$$

若把 $Z^T(I_N \otimes G)Z$ 以 $V_N = \sum_{i=1}^N Z_i^T \hat{V}^{-1}(\Delta \varepsilon_i)(\Delta \varepsilon_i)^T Z_i$ 替代，所得到的估计式就是第 2 步 Arellano - Bond GMM 估计式 $(3-139)$。

$$\hat{\beta}_2 = [(\Delta y_{-1})^T Z \hat{V}_N^{-1} Z^T(\Delta y_{-1})]^{-1} [(\Delta y_{-1})^T Z \hat{V}_N^{-1} Z^T(\Delta y)] \tag{3-139}$$

式 $(3-140)$ 中，

$$\mathrm{var}(\hat{\beta}_2) = [(\Delta y_{-1})^T Z \hat{V}_N^{-1} Z^T(\Delta y_{-1})]^{-1} \tag{3-140}$$

最后，当然还有工具变量的有效性检验，也就是 Sargan 检验，检验方程式如式 $(3-141)$ 所示。

$$m = \Delta \hat{\eta}^T [\sum_{i=1}^N W_i^T(\Delta \hat{\eta})(\Delta \hat{\eta}^T) W_i]^{-1} W_i^T(\Delta \hat{\eta}) \to \chi_{p-k-1}^2 \tag{3-141}$$

η 是阿蕾拉诺和邦德两步估计式的残差，也就是执行式 $(3-141)$ 所得到的残差。

3.4 本章小结

本章提出了研究中国工业绿色全要素生产率的方法体系。包括三个方面的内容：

第一，中国工业绿色全要素生产率测算方法。对经济增长核算理论中绿色全要素生产率方法的理论内涵、测度模型和修正方法进行阐述。研究从传统全要素生产率理论体系中应用最广泛的 Malmquist 生产率指数理论及其分解体系入手，在分析绿色全要素生产率中"绿色"的理论内涵后，采用数理方法准确定义了环境生产技术的经济内涵和技术特征。在传统全要素生产率理论中引入环境约束条件，构建了绿色全要素生产率理论体系核心公式——ML 生产率指数公式，从而将其扩展为绿色全要素生产率理论及其分解体系。在此基础上，借鉴托恩（Tone）的思想，参考福山和韦伯（Fukuyaman and Weber）和阿拉比（Arabi）、穆尼萨米和埃姆鲁兹内贾德（Munisamy and Emrouznejad）的估计方法，在目标函数中引入松弛变量，即非径向、非角度松弛方法来估计方向距离函数，最终得到 ML 生产率指数的估算结果。然而，传统计算方法在测度各观测单元绿色全要素生产率点估计值时，并没有考虑随机噪声对生产前沿面的影响，导致模型估计结果严重依赖于样本数据和样本中的极端值。为了避免这一缺陷，采用 Bootstrap 纠偏方法对 ML 生产率指数估算结果进行修正，有效改善传统方法在判断观测单元生产率是否有效时产生的严重偏误。最终完善了核算经济增长绿色全要素生产率的理论体系——MLB 生产率指数方法体系，构建了分析中国工业绿色转型的环境规制行为分析模型。为研究中国各地区工业绿色全要素生产率奠定了理论测算基础。

第二，中国工业绿色全要素生产率收敛性检验理论。在绿色全要素生产率理论基础上，借鉴传统检验经济收敛的绝对 β 收敛和相对 β 收敛方法，采用 Moran I、Geary C 和全局 G 等指数方法，提出中国工业绿色全要素生产率空间相关性检验方法，并构建了空间权重矩阵。在此基础上，构建了基于空间面板数据方法的中国工业绿色全要素生产率静态收敛性检验模型和动态收敛性检验模型，用于分析各地区工业经济增长是否均衡的理论问题，丰富了收敛性概念在研究多区域经济增长理论时的理论内涵，为准确评估中国地区工业绿色全要素生产率增长对中国经济转型的贡献奠定理论基础。

第三，中国工业绿色全要素生产率的影响机制分析。根据绿色全要素生产率方法的测算结果及分解指标，使用基于 LLC 单位根检验、IPS 单位根检验、LM 单位根检验、CIPS 单位根检验和横截面相依程度单位根 CD 检验等面板模型的单位根检验方法，以及基于鲍依和额面板协整检验、汉克面板协整检验和张和阮面板协整检验等面板模型的协整检验方法，构建了基于空间面板数据方法的绿色全要素生产率影响机制模型。为判断影响中国地区工业绿色转型的主要因素、提出加快各地区绿色转型的差异化政策奠定了理论基础。

第4章

中国的区域工业绿色全要素
生产率核算的方法

为了对中国工业绿色全要素生产率进行科学、合理的测度，有必要对全要素生产率、绿色全要素生产率的核算方法和估计方法进行梳理和分析，通过比较不同的核算方法，选择合适的核算方法准确地测度中国工业绿色全要素生产率。

4.1 全要素生产率的核算方法

关于全要素生产率的测算方法主要有 DFA 方法、SFA 方法和 TFA 方法，下面将详细介绍这些测算方法的理论过程。

4.1.1 数据包络方法

1. 数据包络方法概述

DEA 模型主要研究的是决策单元经营生产过程中的相对有效性，分别从技术和规模两个角度研究了决策单元的效率。技术有效是指在投入产出不变的情况下，企业可以达到最大的产出并且不增加投入量就不能增加产出量；而规模有效是当生产和管理水平一定，企业在规模最优时的生产能力。一般认为，以 DEA 为主的非参数方法主要有以下优点：不需要知道前沿生产函数的具体形式；不受投入产出的限制，不同的企业可以自如的选取所需要的变量。DEA 的发展主要有两个阶段，一个阶段是规模不变的 CRS 模型，另一个阶段是规模报酬可变的 VRS 模型。

2. 数据包络方法和模型

记 $x_j = (x_{1j}, \cdots, x_{mj})^T$，$y_j = (y_{1j}, \cdots, y_{2j})^T$，$j \in \{1, \cdots, n\}$。其中，$x_{ij}$ 为第 j 个决策单元对第 i 种类型产品的投入量；y_{sj} 为第 j 个决策单元对第 s 种类型产品的产出量，可用 (x_j, y_j) 表示第 j 个决策单元 DMU_j。对应于权系数向量 $v = (v_1, \cdots, v_m)^T$ 和 $u = (u_1, \cdots, u_r)^T$，每个决策单元都有相应的效率评价指标 h_j，$j \in \{1, \cdots, n\}$。第 $k \in \{1, \cdots, n\}$ 个决策单元记为 DMU_k，通过采用效率评价，每个决策单元的效率值都小于 1，即 $h_j \leq 1$ 的条件下，通过计算权系数向量 u 及 v，使 h_k 最大，所以构建如式（4 – 1）优化方程。

$$\overline{P} \begin{cases} \max h_k = \dfrac{u^T y^T}{V^T x^T} \\ s.t. \ \dfrac{u^T y_j}{V^T x_j} \leq 1, x_j \geq 0, y_j \geq 0, \forall j \in \{1, \cdots, n\} \\ u \geq 0, v \geq 0 \end{cases} \tag{4 – 1}$$

式（4 – 1）中，$x_j \geq 0$，$y_j \geq 0$ 为整个样本中的投入要素和产出要素，并且都大于等于 0；u 为需要求解的产出要素权系数，v 为需要求解的投入要素权系数，也都大于等于 0；h_k 为优化结果。

利用 1962 年查恩斯（Charnes）和库珀（Cooper）提出的分式规划查恩斯 – 库珀（Charnes – Cooper）变换，可得式（4 – 2）。

$$t = \frac{1}{v^T x_k} > 0, \ \omega = tv, \ \mu = tu \tag{4 – 2}$$

通过将分式规划（$\overline{P}$）转变为线性优化模型，再根据对偶理论，可将上面模型转变为式（4 – 3）：

$$(D) \begin{cases} \min \theta \\ s.t. \ \displaystyle\sum_{j=1}^{n} x_j \lambda_j + s^- = \theta x_k \\ \displaystyle\sum_{j=1}^{n} y_i \lambda_j - s^+ = y_k \\ \lambda_j \geq 0; \ j = 1, 2, \cdots, n; \ s^+ \geq 0; \ s^- \geq 0 \end{cases} \tag{4 – 3}$$

其中，s^+ 及 s^- 均为 t 维列向量，代表由不等式约束化为等式约束而加入的松弛变量，分别对应为需要求解的投入要素和产出要素调整量，λ_j 为待求比例因子。

定义　如果规划问题（D）的最优值 $\theta = 1$，则决策单元 DMU_k 为弱有效。

3. 权有附加约束的 DEA 模型

式（4-3）代表的是由著名的查恩斯和库珀等于 1978 年构建的数据包络模型（DEA），又称 C^2R 模型。

数据包络方法能够客观地评价决策单元的有效性，通过加入决策者的偏好，可以给投入和产出要素的权重附加约束条件，转变为如下的有权重附加约束的 DEA 模型。

在前面的 C^2R 模型基础上，权向量 u 和 v 有如式（4-4）t 个约束条件。

$$(v_1 \cdots v_m)\begin{bmatrix} b_{11} \cdots b_{1t} \\ \vdots \quad \vdots \\ b_{m1} \cdots b_{mt} \end{bmatrix} + (u_1 \cdots u_r)\begin{bmatrix} c_{11} \cdots c_{1r} \\ \vdots \quad \vdots \\ c_{r1} \cdots c_{rt} \end{bmatrix} \geq (a_1 \cdots a_t) \quad (4-4)$$

式（4-4）可以简记为式（4-5）：

$$v^T B_1 + u^T B_2 \geq a^T \quad (4-5)$$

其中，B_1 为投入要素约束关系值矩阵，B_2 为产出要素约束关系值矩阵，a 为约束条件值矩阵。式（4-3）所示 C^2R 模型，在式（4-5）所示约束条件下，得出了有权重附加约束数据包络模型的推导，得到权有附加约束的 C^2R 模型如式（4-6）所示。

$$(D)\begin{cases} \min(\theta - a^T w) \\ s.t. \sum_{j=1}^n x_j \lambda_j + B_1 w + s^- = \theta x_k \\ \sum_{j=1}^n y_j \lambda_j - B_2 w - s^+ = y_k \\ \lambda_j \geq 0; j = 1,2,\cdots,n; s^+ \geq 0; w \geq 0, s^- \geq 0 \end{cases} \quad (4-6)$$

其中，w 为非负 t 维列向量，其结果反映了优化后关系约束值的调整比例，由线性规划算法计算得到，其他符号定义同前述。

4. DEA 模型的经济含义

在实际应用中各投入和产出都带有一定量纲，而最优解 θ 与投入和产出的量纲无关。并且，在数学上已有推导证实了 DEA 有效与经济学的帕累托有效性等价，并得出比生产函数更加完美的性能，DEA 构建的线性规划模型是相对有效的解。这个相对有效解比绝对有效更有实际意义：由于大多数的管理运筹学的实践结果表明，所有的生产效率都不可能同时达到最优，现实中的生产过程中只能达到适合该生产过程的"满意"效率。数据包络方法则得到了这种"满意"解，根据式（4－7）、式（4－8）调整投入生产要素，对现有生产过程进行改善。

$$\hat{x}_k = \theta x_k - s^- \qquad (4-7)$$

$$\hat{y}_k = y_k + s^+ \qquad (4-8)$$

其中，$\hat{x}_k$，$\hat{y}_k$ 是使 DMU_k 达到相对有效，调整后生产系统的投入和产出。

依据式（4－7）和式（4－8），可以得出如下具体的经济含义。

第一，当 $\theta = 1$ 且 $s^+ = s^- = 0$ 时，则称决策单元 DMU_k 为 DEA 有效，即在这 n 个决策单元组成的体系中在原投入 x_k 基础上所得的产出 y_k 达到最优。

第二，当 $\theta = 1$ 时，且 $s^+ \neq 0$ 或 $s^- \neq 0$ 时，则称决策单元 DMU_k 为 DEA 有效，即在这 n 个决策单元组成的体系中，在保持原有产出 y_k 不变的前提下可将投入 x_k 降低 s^-，或在投入 x_k 不变的前提下将产出 y_k 增加 s^+。

第三，当 $\theta < 1$ 时，则称 DMU_k 为 DEA 无效，即在 n 个决策单元组成的体系中，可将投入减少到原投入 x_k 的 θ 倍数，还能保证原产出 y_k 不降低。

4.1.2　消除趋势波动分析方法

施密特和西克尔斯（Schmidt and Sickles，1984）首次提出自由分布方法（即 DFA 方法），而伯杰（Berger，1993）对此方法进行了改进，后来经过不同学者的改善。该方法的前提是要有充足的面板数据，能够放弃对无效率项分布的假设。求出无效最小的技术效率最大值，然后其他企业与此效率的差异就是这些企业的效率，首先使用了时间序列数据（$t = 1,2,\cdots,T$）和截面数据（$i = 1,2,\cdots,N$），然后假设成本函数为式（4－9）。

$$\ln c_{i,t} = \ln f(Y_{i,t},P_{i,t},Z_{i,t}) + \ln u + \ln v_{i,t} \qquad (4-9)$$

其中，C 为总成本，f 为成本函数，Y 为产出向量，P 投入价格的向量，Z 为固定要素，u 表示非效率性，$v_{i,t}$ 为随机误差项。$\ln u$ 和 $\ln v_{i,t}$ 两者组成模型中的误差项，令 $\ln \varepsilon_{i,t} = \ln u + \ln v_{i,t}$，因为非效率项在一段时间为定值，但是随机误差项的均值为 0，于是每个企业在考察期内的 $\ln \varepsilon_{i,t}$ 的平均值应该等于非效率项

$\ln u$，另企业 i 的 DFA 估计量为式（4 - 10）。

$$\mathrm{d}fe_i(T) = \frac{1}{T}\sum_{t=1}^{T}\ln\varepsilon_{i,t} = \ln u \qquad (4-10)$$

其中，T 为样本中的年份宽度，则企业的成本效率就为式（4 - 11）。

$$c - EFF_i(T) = \exp\left[\,\mathrm{d}fe_{\min}(T) - \mathrm{d}fe_i(T)\,\right] \qquad (4-11)$$

DFA 对随机误差项不做假定，此外 DFA 使用面板数据。但是 DFA 法衡量的是企业在一段时间内的平均效率，而非各个时间点上的效率。

4.1.3 随机前沿分析法

艾格纳（Aigner，1977）首先提出了随机前沿方法（即 SFA 方法）。随后，随机前沿方法假定在模型中引入随机误差项和无效率项，它们共同影响了效率的偏离。该方法利用截断分布和半正态分布定义无效率分布的有效性，具体如式（4 - 12）、式（4 - 13）和式（4 - 14）所示。

$$Y_{it} = X_{it}\beta + (V_{it} - U_{it}),\ i = 1,2,\cdots,N,\ t = 1,2,\cdots,T \qquad (4-12)$$

$$T_{E_{it}} = \exp(-u_{it}) \qquad (4-13)$$

$$\gamma = \frac{\sigma_u^2}{\sigma_v^2 + \sigma_u^2} \qquad (4-14)$$

其中，X_{it} 为第 i 个企业第 t 期的投入，Y_{it} 为第 i 个企业第 t 期的产出，V_{it} 表示随机误差项，服从 $N(0,\sigma_v^2)$ 分布，U_{it} 为无效率项，服从 $N(u,\sigma_v^2)$ 半正态分布，$T_{E_{it}}$ 表示第 i 个企业第 t 期的技术效率水平。该模型指出生产者由于 V_{it} 和 U_{it} 两个因素，使其不能达到生产函数前言。如果 $U_{it} = 0$，则 $T_{E_{it}} = 1$，处于技术完全有效状态。当 $U_{it} > 0$ 时，则 $0 < T_{E_{it}} < 1$，处于技术非效率状态。根据式（4 - 12）~式（4 - 14），可得 $0 < \gamma < 1$，当 $\gamma = 0$ 时，$\sigma_u^2 \to 0$，则生产者只受随机误差的影响，说明企业均处于效率的前言面上，除此之外，企业处于非效率水平。

4.2 绿色全要素生产率的核算方法

目前对于绿色全要素生产率的核算方法主要有 SBM 模型、EBM 模型和 ML 模型，由于 ML 模型得到的效率估计值会因为样本方差的存在而具有随机误差。因此，为了更精确地测度技术效率及其变化，本节介绍了 MLB 模型，即利用 Bootstrap 方法对 ML 模型进行纠偏。在此基础上，本节介绍了绿色全要素生产率的分解：技术效率、技术进步、规模效率。

4.2.1 基于松弛变量测度模型

由于原始的 DEA 模型没有充分考虑投入和产出的松弛问题，因而评价效率的结果是有偏差的。托恩对其进行了优化，模型分式规划形式如式（4－15）所示。

$$Min\delta = \frac{1 - \frac{1}{m}\sum_{i=1}^{m} S_i^{-}/x_{i0}}{1 + \frac{1}{S}\sum_{r=1}^{s} S_r^{+}/y_{r0}}$$

$$s.t. \quad x_{i0} = \sum_{j=1}^{n}\lambda_j x_{ij} + S_i^{-}; \; i=1,\cdots,m; \; y_{ro} = \sum_{j=1}^{n}\lambda_j y_{rj} + S_r^{+}; \; r=1,\cdots,S$$

$$\lambda_j \geqslant 0, j=1,\cdots,n; \; S_i^{-} \geqslant 0, i=1,\cdots,m; \; S_r^{+} \geqslant 0, r=1,\cdots,S$$

$$(4-15)$$

式（4－15）中，δ 为目标效率值，且满足 $1 \leq \delta$。向量 s 为松弛变量；λ 为权重向量。δ 关于 s 严格单调递减。若目标效率值不足 1，则说明被评价决策单元无效，要做相应的改进。

CCR 和 BCC 模型计算生产率时，是径向、有导向的数据包络模型，很难计算所有的松弛变量。在引入污染等非期望产出的同时，计算的生产率并不包含非期望产出的松弛，所以高估了整体生产率。而基于松弛变量测度模型（即 SBM 模型）很好地解决了这一问题，SBM 模型是非径向、非导向的方向距离函数模型，拥有两个优点：一是计算生产率的同时，是不受投入产出量纲影响的；二是效率值与投入产出的差额是单调递减的。假设有 n 个决策单元，M 种投入、$P+K$ 种产出，P 为期望产出，K 为非期望产出，则 SBM 模型可以表达为式（4－16）。

$$min\theta = \frac{1 - \frac{1}{M}\sum_{m=1}^{M}\frac{S_m^{-}}{x_{m_0}}}{1 + \frac{1}{P+K}\left(\sum_{p=1}^{P}\frac{S_p^{+}}{Y_{p_0}} + \sum_{k=1}^{K}\frac{S_k^{-}}{\mu_{k_0}}\right)}$$

$$s.t. \begin{cases} \sum_{j=1}^{n} X_{mj}\lambda_j + S_m^- = X_{m_0}; m = 1,2,\cdots,M \\[2mm] \sum_{j=1}^{n} Y_{pj}\lambda_j - S_p^+ = Y_{p_0}; p = 1,2,\cdots,P \\[2mm] \sum_{j=1}^{n} X_{kj}\lambda_j + S_k^- = X_{k_0}; k = 1,2,\cdots,K \\[2mm] \lambda_j \geqslant 0 (1 \leqslant j \leqslant n) \\[2mm] S_m^- \geqslant 0, S_p^+ \geqslant 0, S_k^- \geqslant 0, \end{cases} \quad (4-16)$$

S_m^- 表示投入过多，S_k^- 表示非期望产出过多，S_p^+ 表示期望产出过少。

通过 SBM 模型的计算式可以知道，松弛变量的大小与生产率关系紧密。使用 SBM，能够计算出标量在不同变动时的最优生产率，该种情况更加适用于长期变动中。

4.2.2 EBM 模型

EBM 模型是 DEA 模型中基于混合距离函数的方程，通常包含多种类型的距离函数。它是由托恩等（Tone et al.，2010）提出的，由于使用了 ε 值，称为 EBM 模型。

以投入要素为导向的 EBM 模型的线性规划可以表示为式（4-17）所示：

$$\min\theta - \varepsilon \frac{1}{\sum_{i=1}^{m} W_i^-} \sum_{i=1}^{m} \frac{W_i^- S_i^-}{x_k}$$

$$s.t. \ X\lambda - \theta x_k + S^- = 0 \quad (4-17)$$

$$Y\lambda \geqslant y_k$$

$$\lambda \geqslant 0, s^- \geqslant 0$$

评价函数 DMU 的生产率值为目标的最优解，即式（4-18）。

$$\theta^* - \varepsilon \sum_{i=1}^{m} \frac{W_i^- S_i^{-*}}{X_K} \quad (4-18)$$

模型中有 $m+1$ 个参数：ε 和 W_i^-（$i = 1,2,\cdots,m$）。W_i^- 表示各项投入要素的相对重要程度。ε 的取值为 $[0,1]$，代表在测算生产率中非径向部分的重要程度。ε 取 0 时相当于径向模型，ε 取 1 时相当于 SBM 模型。

两项指标之间相关性决定 ε 取值。当两者呈现高度相关时，需要以相对固定比例进行投入，ε 取值偏向于 0；当两者呈现不相关时，不需要以固定比例进行投入，则 ε 取值偏向于 1。具体测算如下：

第一，应用 VRS – SBM 模型获得投入或产出在生产可能性边界上的投影值，见式（4 – 19）。

$$\overline{X_{i0}} = X_{i0} - S^{-*}, \overline{y_{i0}} = y_{i0} + S^{+*} \tag{4-19}$$

据此可以得到 n 个 VRS 有效的决策主体值为式（4 – 20）。

$$\left[\frac{\overline{X}}{\overline{Y}} \right] = \begin{bmatrix} \overline{X_{11}} \cdots \overline{X_{1n}} \\ \cdots\cdots\cdots \\ \overline{X_{m1}} \cdots \overline{X_{mn}} \\ \overline{Y_{11}} \cdots \overline{Y_{1n}} \\ \cdots\cdots\cdots \\ \overline{Y_{m1}} \cdots \overline{Y_{mn}} \end{bmatrix} = \begin{bmatrix} \overline{X_1} \\ \cdots \\ \overline{X_m} \\ \overline{Y_1} \\ \cdots \\ \overline{Y_m} \end{bmatrix} \tag{4-20}$$

第二，对投入导向的 EBM 模型来说，假设 $\overline{x_i}$ 和 $\overline{x_j}$ 是 n 维正向量，分别代表 n 维主体的两种投入值，将 $D(\overline{x_i}, \overline{x_j})$ 和 $S(\overline{x_i}, \overline{x_j})$ 分别定义为 $\overline{x_i}$ 和 $\overline{x_j}$ 两个向量之间的多样化指数和相关性指数，如式（4 – 21）所示。

$$S(\overline{x_i}, \overline{x_j}) = 1 - 2D(\overline{x_i}, \overline{x_j}) \tag{4-21}$$

$D(\overline{x_i}, \overline{x_j})$ 表征偏离程度，即式（4 – 22）。

$$\begin{cases} D(\overline{x_i}, \overline{x_j}) = \dfrac{\sum_{S=1}^{n} |c_{ij} - \overline{c_{ij}}|}{n(c_{max} - c_{min})}, if\ c_{max} - c_{min} \\ D(\overline{x_i}, \overline{x_j}) = 0, if\ c_{max} = c_{min} \end{cases} \tag{4-22}$$

第三，S 矩阵有 m 组特征值和特征向量。S 矩阵有最大特征值 ρ_x 以及相应的非负特征向量 ω_x，而 ε_x 和 ω^- 可据此计算出来，如式（4 – 23）所示。

$$\begin{cases} \varepsilon_x = \dfrac{m - \rho_x}{m - 1}, if\ m > 1 \\ \varepsilon_x = 0, if\ m = 1 \\ \omega^- = \dfrac{\omega_x}{\sum_{i=1}^{m} W_{xi}} \end{cases} \tag{4-23}$$

其中，ε_x 和 ω^- 满足 $0 \leqslant \varepsilon_x \leqslant 1$，$ew^- = 1$。

将方程（4-23）中的约束条件 $\sum \lambda = 1$ 剔除后，规模报酬可变 EBM 模型就转换为规模报酬不变的 EBM 模型。

4.2.3 MLB 模型

1. 环境技术函数

环境计数函数第一次由法勒等（Fare et al.，2007）提出，假定一个国家（地区）的要素投入 x 包含 N 个种类且 $x = (x_1, x_2, \cdots, x_N) \in R_N^+$，同时产出方面包含两类：一类是期望产出 y，即好的产出，它包含 M 个种类，且 $y = (y_1, y_2, \cdots, y_M) \in R_M^+$；另一类是非期望产出 b，即坏的产出，它包含 I 个种类且 $b = (b_1, b_2, \cdots, b_I) \in R_I^+$。最后环境技术函数的生产可能性集用 $P(x)$ 来表示，则有式（4-24）。

$$P(x) = \{(y,b) : x \rightarrow (y,b)\}, x \in R_N^+ \quad (4-24)$$

另外，生产可能性集是封闭且有界的，要素投入 x 和产出 y 具有自由可处置性，因此对生产可能性集加上两个公理性的约束条件：第一，若有 $(y,b) \in P(x)$，并且 $b = 0$，则有 $y = 0$，它表明如果没有非期望产出，则不可能有期望产出，即期望产出是伴随着非期望产出的产生而产生的；第二，若有 $(y,b) \in P(x)$，则有 $(\theta y, \theta b) \in P(x)$，其中，$0 \leqslant \theta \leqslant 1$，该条件表示在减少非期望产出的同时也会减少期望产出。

假定在 $t(t = 1,2,\cdots T)$ 时期，第 $k(k = 1,2,\cdots K)$ 个国家（地区）的要素投入和相关产出的组合为 $(x^{k,t}, y^{k,t}, b^{k,t})$，使用两个公理性约束条件可以将生产函数进行模型化如式（4-25）所示。

$$P^t(x^t) = \{(y^t, b^t) : \sum_{k=1}^{K} z_k^t y_{km}^t \geqslant y_{km}^t, m = 1,2,\cdots,M;$$
$$\sum_{k=1}^{K} z_k^t b_{ki}^t \leqslant b_{ki}^t, i = 1,2,\cdots,I; \sum_{k=1}^{K} z_k^t x_{kn}^t \leqslant x_{kn}^t, n = 1,2,\cdots,N\} \quad (4-25)$$

其中，z_k^t 是大于 0 的，给每个截面给予一定的权重，代表生产技术的规模报酬是不变的。并且，本书对 DEA 模型有以下两点需要说明。

第一，$\sum_{k=1}^{K} b_{ki}^t > 0, i = 1,2,\cdots,I$ 代表不同的非期望产出至少有一个国家或地区会进行生产；

第二，$\sum_{i=1}^{I} b_{ki}^{t} > 0, k = 1, 2, \cdots, K$ 代表着不同的国家或地区至少会生产一种非期望产出。

2. 方向性距离函数

沿用前文的假设，将每个决策单元的生产可能性集合表示为 (x, y, b)，方向性距离函数不仅符合生产可能性集合的相关性质，而且还反映整个生产过程中产出所表现出的方向性质，可以表述为如式（4 - 26）所示。

$$\vec{D}_0(x, y, b; g) = \sup\{\beta : (y, b) + \beta g \in P(x)\} \qquad (4-26)$$

其中，$g = (g_y, g_b)$ 为方向向量，用来表示产出扩张方向。根据数据包络分析法（DEA）对方向性距离函数进行求解，可以得到如式（4 - 27）的线性规划方程式。

$$\vec{D}_0(x^{t,k}, y^{t,k}, b^{t,k}; y^{t,k}, -b^{t,k}) = Max\beta$$

$$s.\,t.\ \sum_{k=1}^{K} z_k^t y_{km}^t \geqslant (1 + \beta) y_{km}^t, m = 1, 2 \cdots, M$$

$$\sum_{k=1}^{K} z_k^t b_{ki}^t = (1 - \beta) b_{ki}^t, i = 1, 2 \cdots, I \qquad (4-27)$$

$$\sum_{k=1}^{K} z_k^t x_{kn}^t \leqslant x_{kn}^t, n = 1, 2, \cdots, N$$

其中，z_k^t 是第 t 期的权重，$k = 1, 2, \cdots, K$。

3. ML 生产率指数

ML 生产率指数由钟等（Chung et al., 1997）首次提出。第 t 期到第 $t+1$ 期 ML 生产率指数表示为式（4 - 28）。

$$ML_t^{t+1} = \left[\frac{1 + \vec{D}_0^t(x^t, y^t, b^t; g^{t+1})(1 + \vec{D}_0^{t+1}(x^t, y^t, b^t; g^t))}{(1 + \vec{D}_0^t(x^{t+1}, y^{t+1}, b^{t+1}; g^{t+1}))(1 + \vec{D}_0^{t+1}(x^{t+1}, y^{t+1}, b^{t+1}; g^{t+1}))} \right]^{\frac{1}{2}}$$

$$(4-28)$$

可以将 ML 全要素生产率增长进一步分解为技术进步（TECH）、技术效率变化（EFFCH）两种，即 $ML = TECH \times EFFCH$。

其中，技术进步的表述为式（4 - 29）。

$$TECH_t^{t+1} = \left[\frac{(1 + \vec{D}_0^{t+1}(x^t,y^t,b^t;g^t))(1 + \vec{D}_0^{t+1}(x^{t+1},y^{t+1},b^{t+1};g^{t+1}))}{(1 + \vec{D}_0^t(x^t,y^t,b^t;g^{t+1}))(1 + \vec{D}_0^t(x^{t+1},y^{t+1},b^{t+1};g^{t+1}))} \right]^{\frac{1}{2}}$$

$$(4-29)$$

效率变化指数 EFFCH 的表达式为式（4-30）。

$$EFFCH_t^{t+1} = \frac{1 + \vec{D}_0(x^t,y^t,b^t;g^t)}{1 + \vec{D}_0(x^{t+1},y^{t+1},b^{t+1};g^{t+1})}$$

$$(4-30)$$

若上述 ML、TECH、EFFCH 指数大于 1，则说明全要素生产率增长了并且效率得到改善以及技术进步了；反之，全要素生产率降低了。

4. Bootstrap 方法

典型的 ML 方法只能给出固定的点估计并不能获得估计量的不确定性，而由度量效率涉及对随机生产前沿面的估计，ML 模型得到的效率估计值会因为样本方差的存在而具有随机误差。为了更精确地测度技术效率及其变化，需要运用 Bootstrap 方法进行纠偏。

Bootstrap 方法可以简述为：每一次从总体中抽取固定数目的样本，通过模拟得到样本分布，并将抽取的样本放回总体，通过迭代一定的次数得到总体的特征，并进行分析和推断。假设真实的数据生成过程（Data Generating Process, DGP）为 φ，通过重复抽样得到的 DGP 的一个合理估计 $\hat{\varphi}$，那么纠偏过程将产生原始估计量的样本分布。假设某一投入产出向量 (x_k,y_k) 所对应的效率值为 θ_k，那么有式（4-31）：

$$(\hat{\theta}_k^* - \hat{\theta}_k) \mid \hat{\varphi} \sim (\hat{\theta}_k - \theta_k) \mid \varphi$$

$$(4-31)$$

其中，θ_k 是真实 Farrel 效率值，$\hat{\theta}_k$ 是 DGP_φ 下的效率值，$\hat{\theta}_k^*$ 是 $DGP_{\hat{\varphi}}$ 下的效率值。据此，可以估计 $\hat{\theta}_k$ 的偏差如式（4-32）所示。

$$bias_{\varphi,k} = E_\varphi(\hat{\theta}_k^*) - \hat{\theta}_k$$

$$(4-32)$$

采用蒙特卡洛（Monte Carlo）模拟方法来估计式（4-33）。

$$\hat{bias}_k = \frac{1}{B}\sum_{b=1}^{B}\hat{\theta}_{k,b}^* - \hat{\theta}_k = \bar{\hat{\theta}}_k^* - \hat{\theta}_k$$

$$(4-33)$$

这里 B 是重复抽样得到的样本个数。于是，得到经过 Bootstrap 法的 $\hat{\theta}_k$ 估计量式（4-34）所示。

$$\bar{\theta}_k = \hat{\theta}_k - \hat{bias}_k = 2\hat{\theta}_k - \bar{\theta}_k^*$$

$$(4-34)$$

$\hat{\theta}_k$ 的标准误差是式（4-35）。

$$s\hat{e} = \left\{ \frac{1}{B-1} \sum_{b=1}^{B} \left(\hat{\theta}_{k,b}^* - \hat{\theta}_k \right)^2 \right\}^{1/2} \tag{4-35}$$

对于将 $b = 1,2,\cdots,B$，将 $(\hat{\theta}_{k,b}^* - \hat{\theta}_k)$ 的值按照升序排列，在数列的两端分别按照整体数列的 $(a/2) \times 100\%$ 截取数据，假定其两侧的断点分别为 $-\hat{b}_a^*$ 和 $-\hat{a}_a^*$，从而可以得出每个决策单元的效率得分的 $(1-a)\%$ 的置信区间为式（4-36）。

$$\hat{\theta}_i + \hat{a}_a^* \leq \theta_i \leq \hat{\theta}_i + \hat{b}_a^* \tag{4-36}$$

采用相同的步骤和方法便可以得到 ML 生产率指数的置信区间。

4.2.4　绿色全要素生产率的分解

已有研究文献对绿色全要素生产率的分解存在差异，有的研究将其分为两种：技术效率、规模效率。有的将其分为三种：技术效率、技术进步、规模效率。有的将其分为四种：纯技术进步效率、纯效率改进、规模效率和技术规模效率。本书将介绍绿色全要素生产率分解为三类的方法：技术效率、技术进步、规模效率。

通过上述可以将全要素生产率变化分解为生产技术进步变化（Techch）和技术效率变化（Effch）的两种，而技术效率变化又可以分解为纯技术效率变化（Pech）和规模效率变化（Sech）。假定 (X_t, Y_t) 和 (X_{t+1}, Y_{t+1}) 分别为 t 期和 $t+1$ 期的投入产出，全要素生产率的改变就是从 (X_t, Y_t) 到 (X_{t+1}, Y_{t+1}) 的变化。$D_c^t(x^t, y^t)$、$D_c^{t+1}(x^{t+1}, y^{t+1})$ 为距离函数。以 t 期和 $t+1$ 期为参照技术条件的 Malmquist 指数分别表示为式（4-37）。

$$M_c^t(x^t, y^t, x^{t+1}, y^{t+1}) = \frac{D_c^t(x^{t+1}, y^{t+1})}{D_c^t(x^t, y^t)}$$
$$M_c^{t+1}(x^t, y^t, x^{t+1}, y^{t+1}) = \frac{D_c^{t+1}(x^{t+1}, y^{t+1})}{D_c^{t+1}(x^t, y^t)} \tag{4-37}$$

使用几何平均值来表示从 t 时期到 $t+1$ 时期全要素生产率的变化为式（4-38）。

$$M_c(x^t, y^t, x^{t+1}, y^{t+1}) = \left[\frac{D_c^t(x^{t+1}, y^{t+1})}{D_c^t(x^t, y^t)} \cdot \frac{D_c^{t+1}(x^{t+1}, y^{t+1})}{D_c^{t+1}(x^t, y^t)} \right]^{1/2} \tag{4-38}$$

当 $M_c(x^t, y^t, x^{t+1}, y^{t+1}) > 1$ 时，表示从 t 时期到 $t+1$ 时期全要素生产率增

加，反之则表示全要素生产率降低或保持不变。

有学者将全要素生产率增长率分解为技术效率变化指数和技术变动指数，技术效率变化指数又可以进一步分解为纯技术效率变化指数和规模效率变化指数。

$$M_{t+1}(x^t,y^t,x^{t+1},y^{t+1}) = \frac{D_v^{t+1}(x^{t+1},y^{t+1})}{D_v^t(x^t,y^t)}\left[\frac{D_v^t(x^t,y^t)}{D_v^{t+1}(x^t,y^t)}\cdot\frac{D_v^{t+1}(x^{t+1},y^{t+1})}{D_v^{t+1}(x^{t+1},y^{t+1})}\right]^{1/2} \times$$

$$\left[\frac{D_c^t(x^{t+1},y^{t+1})/D_v^t(x^{t+1},y^{t+1})}{D_c^t(x^t,y^t)/D_v^t(x^t,y^t)}\cdot\frac{D_c^{t+1}(x^{t+1},y^{t+1})/D_v^{t+1}(x^{t+1},y^{t+1})}{D_c^{t+1}(x^t,y^t)/D_v^{t+1}(x^t,y^t)}\right]$$

$$= Pech \times Techch \times Sech$$

$$(4-39)$$

当 $Techch > 1$ 时，代表了技术进步或创新。当 $Sech > 1$ 时，代表生产规模正在向最优生产规模靠拢。而纯技术效率变化是指规模报酬可变的技术效率变化。

4.2.5 本书采用的方法

本书采用 MLB 生产率指数方法及分解体系来测算中国地区工业绿色全要素生产率。对于绿色全要素生产率的研究，ML 方法应用最最广泛，但传统的 ML 方法只能给出恒定的点估计，并不测算和讨论所得估计量的不确定性，通过 ML 模型计算得到的全要素生产率估计值会因为样本方差的存在而存在随机误差。另外，使用 Bootstrap 方法估计得到典型的 Malmquist 全要素生产率及其分解理论测算出生产率得分区间，完善生产率测算，可以防止典型的 Malmquist 全要素生产率及其分解理论中的测算方法仅给出各决策单元效率值未考虑随机噪声影响的点估计。

4.3 空间面板估计方法

空间面板估计方法包括静态空间面板估计和动态空间面板估计，这两种模型下又可以继续分为静态空间面板固定效应和随机效应模型、动态空间面板固定效应和随机效应模型。

4.3.1 静态空间面板数据模型

1. 静态空间面板模型

一般的线性面板回归模型：

$$y_{it} = X_{it}\beta + \mu_i + \varepsilon_{it} \qquad (4-40)$$

其中，$i = 1,2,\cdots,N$ 指 N 个不同的空间个体，$t = 1,2,\cdots,T$ 指时间，y_{it} 是因变量，X_{it} 是 K 维自变量行向量，β 是 K 维系数列向量，μ_i 是空间单元个体效应，ε_{it} 是均值为 0，方差为 σ^2，独立同分布的随机误差项。

空间面板滞后模型假定被解释变量受到自身滞后期的影响，可以得到式 $(4-41)$。

$$y_{it} = \delta \sum_{j=1}^{N} w_{ij}y_{jt} + X_{it}\beta + \mu_i + \varepsilon_{it} \qquad (4-41)$$

δ 为空间自回归系数，w_{ij} 是空间权重矩阵 W 中的元素。空间面板误差模型假设因变量依赖于观测个体自身特征，误差项存在空间上的相关性为式 $(4-42)$ 和式 $(4-43)$。

$$y_{it} = X_{it}\beta + \mu_i + \phi_{it} \qquad (4-42)$$

$$\phi_{it} = \rho \sum_{j=1}^{N} w_{ij}\phi_{jt} + \varepsilon_{it} \qquad (4-43)$$

其中，ϕ_{it} 指空间自相关误差项，ρ 是空间自相关系数。安瑟兰等（Anselin et al.，2006）认为，空间误差自相关不需要空间相互作用或社会相互作用的理论模型设定，只是非球形误差的特例。

不管是空间面板滞后模型还是空间面板误差模型，平稳性要求 $1/\omega_{max} < \delta < 1/\omega_{min}$，$1/\omega_{max} < \rho < 1/\omega_{min}$，$\omega_{max}$ 和 ω_{min} 分别是空间权重矩阵 W 的最大和最小特征根，文献中经常将 ω 限制在区间 $(-1，1)$ 上。

通常使用极大似然估计（ML）和广义矩估计（GMM）两种方法对空间模型进行估计，并且这两种方法都假定误差项独立同分布。GMM 估计的优点在于不需要误差项的正态性假定，并且可以解决内生性问题，但缺点是有可能出现 δ，ρ 的估计值不在参数空间 $(1/\omega_{max}，1/\omega_{min})$ 之内。

2. 静态空间面板估计方法

（1）固定效应空间滞后模型。

$\sum_j w_{ij}y_{jt}$ 可能会造成内生性问题，安瑟兰（Anselin et al.，2006）用估计固

定效应空间滞后面板模型，式（4-41）对应的对数似然函数为式（4-44）。

$$\ln L = -\frac{NT}{2}\ln(2\pi\sigma^2) + T\ln|I_N - \delta W| - \frac{1}{2\sigma^2}\sum_{i=1}^{N}\sum_{t=1}^{T}(y_{it} - \delta\sum_{j=1}^{N}w_{ij}y_{jt} + X_{it}\beta + \mu_i)^2$$

$$(4-44)$$

对数似然函数对求 μ_i 偏导数为式（4-45）和式（4-46）。

$$\frac{\partial\ln L}{\partial\mu_i} = \frac{1}{\sigma^2}\sum_{t=1}^{T}(y_{it} - \delta\sum_{j=1}^{N}w_{ij}y_{jt} + X_{it}\beta + \mu_i) = 0 \qquad (4-45)$$

$$\mu_i = \frac{1}{T}\sum_{t=1}^{T}(y_{it} - \delta\sum_{j=1}^{N}w_{ij}y_{jt} + X_{it}\beta) \qquad (4-46)$$

将式（4-46）代入对数似然函数中，整理得到关于 β，δ 和 σ^2 的紧凑型似然函数式（4-47）。

$$\ln L = -\frac{NT}{2}\ln(2\pi\sigma^2) + T\ln|I_N - \delta W| - \frac{1}{2\sigma^2}\sum_{i=1}^{N}\sum_{t=1}^{T}(y_{it}{}^* - \sigma\left(\sum_{j=1}^{N}w_{ij}y_{jt}\right)^* + X_{it}{}^*\beta)^2$$

$$(4-47)$$

其中，星号表示相应变量的离差。

安瑟兰和赫达克（Anselin and Hudak，1992）得出了用 ML 估计法得到的参数 β，δ 和 σ^2 的步骤：第一，将观测值的离差形式先按时间顺序再按个体顺序排序，得到 NT 维列向量 y^*，$(I_T \otimes W)y^*$ 以及 $NT \times k$ 阶外生变量矩阵 X^*；第二，让 y^* 分别对 $(I_T \otimes W)y^*$，X^* 进行 OLS 回归，b_0，b_1 是对应回归的参数估计值向量，e_0，e_1 是对应回归的残差向量，于是估计 δ 的紧凑型似然函数为式（4-48）。

$$\ln L = C - \frac{NT}{2}\ln[(e_0{}^* - \delta e_1{}^*)] + T\ln|I_N - \delta W| \qquad (4-48)$$

根据上述得到的 δ 的数值解，就算出 β，σ^2 的估计值式（4-49）和式（4-50）。

$$\beta = b_0 - \delta b_1 = (X^{*'}X^*)^{-1}X^{*'}[y^* - \delta(I_T \otimes W)y^*] \qquad (4-49)$$

$$\sigma^2 = \frac{1}{NT}(e_0{}^* - \delta e_1{}^*)'(e_0{}^* - \delta e_1{}^*) \qquad (4-50)$$

埃尔霍斯特和弗雷特（Elhorst and Freret，2009）推导出了 β，δ 和 σ^2 的方差协方差矩阵如式（4-51）所示。

$$AsyVar(\beta,\delta,\sigma^2) =$$

$$
\begin{pmatrix}
\dfrac{1}{\sigma^2}X^{*\prime}X^* & \dfrac{1}{\sigma^2}(I_T\otimes\hat{W})X^*\beta & 0 \\[3mm]
\dfrac{1}{\sigma^2}(I_T\otimes\hat{W})X^*\beta & Ttr(\hat{W}\hat{W}+\hat{W}'\hat{W})X^*\beta(I_T\otimes\hat{W}'\hat{W})X^*\beta & \dfrac{T}{\sigma^2}tr(\hat{W}) \\[3mm]
0 & \dfrac{T}{\sigma^2}tr(\hat{W}) & \dfrac{NT}{\sigma^4}
\end{pmatrix}^{-1}
$$

$$(4-51)$$

其中，$\hat{W} = W(I_N - \delta W)^{-1}$。

（2）固定效应空间误差模型。

固定效应空间误差模型式（4-42）和式（4-43）对应的对数似然函数为式（4-52）。

$$
\ln L = -\frac{NT}{2}\ln(2\pi\sigma^2) + T\ln|I_N - \delta W|
$$
$$
-\frac{1}{2\sigma^2}\sum_{i=1}^{N}\sum_{t=1}^{T}\{y_{it}{}^* - \rho[\sum_{j=1}^{N}w_{ij}y_{jt}]^* - X_{it}{}^*\rho[\sum_{j=1}^{N}w_{ij}X_{jt}]\beta\}^2
$$

$$(4-52)$$

如果 ρ 已知，可以从上式最大化的一阶条件得到 β，σ^2 的估计值为式（4-53）和式（4-54）。

$$
\beta = \{[X^* - \rho(I_T\otimes\hat{W})X^*]'[X^* - \rho(I_T\otimes\hat{W})X^*]\}^{-1}
$$
$$
[X^* - \rho(I_T\otimes\hat{W})X^*]'[y^* - \rho(I_T\otimes\hat{W})y^*]
$$

$$(4-53)$$

$$
\sigma^2 = \frac{e(\rho)'e(\rho)}{NT}
$$

$$(4-54)$$

其中，$e(\rho) = y^* - \rho(I_T\otimes\hat{W})y^* - X^* - \rho(I_T\otimes W)X^*\beta$，关于 ρ 的紧凑型似然函数为式（4-55）。

$$
\ln L = -\frac{NT}{2}\ln[e(\rho)'e(\rho)] + T\ln|I_N - \rho W|
$$

$$(4-55)$$

如果 β，σ^2 的值已知，最大最小化函数将得到 ρ 极大似然估计值。通过迭代程序直到收敛出现，可以依次得到 β，σ^2 和 ρ 的估计值，它们的渐进方差协方差矩阵为式（4-56）。

$$AsyVar(\beta,\delta,\sigma^2) = \begin{pmatrix} \dfrac{1}{\sigma^2}X^{*'}X^* & 0 & 0 \\[3mm] 0 & Ttr(\hat{\hat{W}}\hat{\hat{W}} + +\hat{\hat{W}}'\hat{\hat{W}}) & \dfrac{T}{\sigma^2}tr(\hat{\hat{W}}) \\[3mm] 0 & \dfrac{T}{\sigma^2}tr(\hat{\hat{W}}) & \dfrac{NT}{2\sigma^4} \end{pmatrix}^{-1}$$

$$(4-56)$$

其中，$\hat{\hat{W}} = W(I_N - \rho W)^{-1}$，空间个体固定效应最终也估计出来为式（4－57）。

$$\mu_i = \frac{1}{T}\sum_{t=1}^{T}(y_{it} - X_{it}\beta) \qquad (4-57)$$

（3）随机效应空间滞后模型。

如果空间个体效应是随机的，那么空间面板滞后模型式（4－41）的对数似然函数就变为式（4－58）。

$$\ln L = -\frac{NT}{2}\ln(2\pi\sigma^2) + T\ln|I_N - \delta W| - \frac{1}{2\sigma^2}\sum_{i=1}^{N}\sum_{t=1}^{T}\left[y_{it}^{*} - \delta\left(\sum_{j=1}^{N}w_{ij}y_{jt}\right)^{*} - X_{it}^{*}\beta\right]^2$$

$$(4-58)$$

其中，$y_{it}^{*} = y_{it} - (1-\theta)\dfrac{1}{T}\sum_{t=1}^{T}y_{it}$，$X_{it}^{*} = X_{it} - (1-\theta)\dfrac{1}{T}\sum_{t=1}^{T}X_{it}$，$\theta$是和横截面单元有关的权重参数。

如果参数 θ 已知，关于 β，δ 和 σ^2 的紧凑型似然函数就和式（4－47）相同，表示可以用上述方法来测算 β，δ 和 σ^2，只需要把符号"$*$"换成"$\cdot$"，而关于的 θ 紧凑型似然函数为式（4－59）和式（4－60）。

$$\ln L = -\frac{NT}{2}\ln[e(\theta)'e(\theta)] + \frac{N}{2}\ln\theta^2 \qquad (4-59)$$

$$e(\theta) = y_{it} - (1-\theta)\frac{1}{T}\sum_{t=1}^{T}y_{it} - \delta\left[\sum_{j=1}^{N}w_{ij}y_{it} - (1-\theta)\frac{1}{T}\sum_{j=1}^{N}w_{ij}y_{it}\right]$$

$$- \left[X_{it} - (1-\theta)\frac{1}{T}\sum_{t=1}^{T}X_{it}\right]\beta \qquad (4-60)$$

通过最大最小化式（4－60）能够得出 β，δ 和 σ^2。

根据迭代的方法可以将原估计的方法降到很小，即出现收敛，则可以得到 β，δ 和 σ^2 的估计值，该方法是固定效应空间滞后模型参数估计程序和非空间随机效应模型参数估计程序的混合，参数的方差协方差矩阵为式（4－61）。

$AsyVar(\beta,\delta,\sigma^2) =$

$$\begin{pmatrix} \dfrac{1}{\sigma^2}X^{*\prime}X^* & \dfrac{1}{\sigma^2}X^{*\prime}X^*(I_T\otimes\hat{W})X^*\beta & 0 & 0 \\[3mm] \dfrac{1}{\sigma^2}X^{*\prime}X^*(I_T\otimes\hat{W})X^*\beta & Ttr(\hat{W}\hat{W}+\hat{W}'\hat{W})+\dfrac{1}{\sigma^2}\beta'X^{*\prime}(I_T\otimes\hat{W}'\hat{W})X^*\beta & -\dfrac{1}{\sigma^2}tr(\hat{W}) & \dfrac{T}{\sigma^2}tr(\hat{W}) \\[3mm] 0 & -\dfrac{1}{\sigma^2}tr(\hat{W}) & N\Big(1+\dfrac{1}{\theta^2}\Big) & -\dfrac{N}{\sigma^2} \\[3mm] 0 & -\dfrac{T}{\sigma^2}tr(\hat{W}) & -\dfrac{N}{\sigma^2} & \dfrac{NT}{2\sigma^2} \end{pmatrix}^{-1}$$

$$(4-61)$$

（4）随机效应空间误差模型。

巴尔塔吉（Baltagi，2005）提到如果空间个体效应是随机的，那么空间面板滞后模型（4-42）和（4-43）的对数似然函数转换为式（4-62）。

$$\ln L = -\frac{NT}{2}\ln(2\pi\theta^2) - \frac{1}{2}\ln|V| + (T-1)\sum_{i=1}^{N}\ln|B|$$
$$-\frac{1}{2\sigma^2}e'\Big(\frac{1}{T}l_Tl_T'\otimes V^{-1}\Big)e - \frac{1}{2\sigma^2}e'\Big(I_T - \frac{1}{T}l_Tl_T'\Big)\otimes(B'B)e$$

$$(4-62)$$

其中，$V = T\varphi I_N + (B'B)^{-1}$，$\varphi = \dfrac{\sigma_\mu^2}{\sigma^2}$，$B = I_N - \rho W$，$e = y - X\beta$，矩阵 V 使模型的估计相当麻烦，首先佩斯和巴里（Pace and Barry，1997）用来克服 $\ln|B| = \ln|I_N-\rho W|$ 计算困难的程序不能用于计算 $\ln|V| = \ln|T\varphi I_N + (B'B)^{-1}|$；其次，矩阵 V 的逆矩阵没有简单的数学表达式。巴尔塔吉（2006）通过考虑将权重矩阵简化为等权重矩阵来解决问题，即空间权重矩阵 W 的非对角线元素均等于 $1/(N-1)$，在此假定下，V 的逆矩阵以及 β 的 GLS 估计量都有了数学表达式。

埃尔霍斯特（Elhorst，2003）建议将 $\ln|V|$ 表示成 W 的特征根函数的形式，如式（4-63）所示。

$$\ln|V| = \ln|T\varphi I_N + (B'B)^{-1}| = \sum_{i=1}^{N}\ln\Big[T\varphi + \frac{1}{(1-\rho\omega_i^2)}\Big] \quad (4-63)$$

并做如式（4-64）变换。

$$y_{it}^0 = y_{it} - \rho\sum_{j=1}^{N}w_{ij}y_{jt} + \sum_{j=1}^{N}\Big\{[p_{ij}-(1-\rho w_{ij})]\frac{1}{T}\sum_{t*1}^{T}y_{jt}\Big\} \quad (4-64)$$

X_{it} 也做类似的变换，p_{ij} 是 N 阶方阵 P 中的元素，$P'P = V^{-1}$，$P = \wedge^{-1/2}R$，R 是一 N 阶方阵，它的第 i 列是 V 的特征向量 r_i，$R = (r_1, r_2, \cdots, r_N)$，$\wedge$ 是 N 阶对角方阵第 i 个对角元素对应的特征根 $c_i = T\varphi + (1-\rho\omega_i)^{-2}$。

在式（4-63）、式（4-64）的基础上，对数似然函数简化为式（4-65）。

$$\ln L = -\frac{NT}{2}\ln(2\pi\sigma^2) - \frac{1}{2}\sum_{i=1}^{N}\ln[1 + T\phi(1-\rho\omega_i)^2] + T\sum_{i=1}^{N}\ln(1-\rho\omega_i) - \frac{1}{2\sigma^2}e^{0\prime}e^0$$

$$(4-65)$$

其中，$e^0 = y^0 - X^0\beta$，通过最大最小化的一阶条件可得 $\beta = (X^{0\prime}X^0)^{-1}X^{0\prime}y^0$。

$\sigma^2 = (y^0 - X^0\beta)'(y^0 - X^0\beta)/NT$，通过 β，σ^2，可以得到关于 ρ，φ 的紧凑型似然函数式（4-66）。

$$\ln L = C - \frac{NT}{2}\ln[e(\rho,\varphi)'e(\rho,\varphi)] - \frac{1}{2}\sum_{i=1}^{N}\ln[1 + T\phi(1-\rho\omega_i^2)] + T\sum_{i=1}^{N}\ln(1-\rho\omega_i)$$

$$(4-66)$$

其中，C 是不依赖于 ρ，φ 的常项。

$$e(\rho,\varphi)_{it} = y_{it} - \rho\sum_{j=1}^{N}w_{ij}y_{jt} + \sum_{j=1}^{N}\{[p(\rho,\varphi)_{it} - (1-\rho w_{ij})]\frac{1}{T}\sum_{t=1}^{T}y_{jt}\}$$

$$- \{X_{it} - \rho\sum_{j=1}^{N}w_{ij}X_{jt} + \sum_{j=1}^{N}\{[p(\rho,\varphi)_{ij} - (1-\rho w_{ij})]\frac{1}{T}\sum_{t=1}^{T}X_{jt}\}\}\beta$$

$$(4-67)$$

$p(\rho,\varphi)_{ij}$ 表明矩阵 p 的元素依赖于参数 ρ 和 φ。通过一边对 β 和 σ^2 进行迭代，同时对 ρ 和 φ 也进行迭代，直到收敛为止。在 ρ 和 φ 已知的情况下，β 和 σ^2 可以通过 y^0 对 X^0 进行 OLS 回归得到其估计值；但是，在 β 和 σ^2 已知的情况下，ρ 和 φ 只能通过数值方法得到其估计值。

巴尔塔吉（2007）并没有推导关于 ρ、φ、β 和 σ^2 的渐进方差协方差矩阵，而是得到了关于 β、ρ、σ_μ^2 和 σ^2 的渐进方差协方差矩阵式（4-68）。

$AsyVar(\beta,\delta,\theta,\sigma^2) =$

$$\begin{pmatrix} \frac{1}{\sigma^2}X^{0\prime}X^0 & 0 & 0 & 0 \\ 0 & \frac{T-1}{2}tr(\Gamma)2 + \frac{1}{2}tr(\Sigma\Gamma)^2 & \frac{T}{2\sigma^2}tr(\Sigma\Gamma V^{-1}) & \frac{T-1}{2\sigma^2}tr(\Gamma) + \frac{1}{2\sigma^2}tr(\Sigma\Gamma\Sigma) \\ 0 & \frac{T}{2\sigma^2}tr(\Sigma\Gamma V^{-1}) & \frac{T^2}{2\sigma^4}tr(V^{-1})^2 & \frac{T^2}{2\sigma^4}tr(\Sigma V^{-1}) \\ 0 & \frac{T-1}{2\sigma^2}tr(\Gamma) + \frac{1}{2\sigma^2}tr(\Sigma\Gamma\Sigma) & \frac{T^2}{2\sigma^4}tr(\Sigma V^{-1}) & \frac{1}{2\sigma^4}[(T-1)N]tr(\Sigma)^2 \end{pmatrix}^{-1}$$

$$(4-68)$$

其中，$\Gamma = (W'B + B'W)(B'B)^{-1}$，$\Sigma = V^{-1}(B'B)^{-1}$。因为 $\varphi = \dfrac{\sigma_\mu^2}{\sigma^2}$，所以 φ 的渐进方差由式（4-69）得出：

$$\operatorname{var}(\varphi) = \varphi^2\left[\frac{\operatorname{var}(\sigma_\mu^2)}{(\varphi\sigma^2)^2} + \frac{\operatorname{var}(\sigma^2)}{(\sigma^2)^2} - 2\frac{\operatorname{var}(\sigma_\mu^2,\sigma^2)}{(\varphi\sigma^2)\sigma^2}\right] \qquad (4-69)$$

4.3.2 空间动态面板数据模型

一般的 SDPD 模型设定为式（4-70）。

$$Y_{nt} = \lambda_0 W_n Y_{nt} + \gamma_0 Y_{n,t-1} + \rho_0 W_n Y_{n,t-1} + X_{nt}\beta_0 + c_{n0} + V_{nt}, \quad t = 1,\cdots,T$$

$$(4-70)$$

γ_0 度量纯的动态效应，ρ_0 捕捉时空效应。由于缺乏个体效应和时期效应，其不包括任何时不变或个体不变回归元。

1. 平稳性和空间协整

为了记号上的方便，定义 $\tilde{y}_{nt} = Y_{nt} - \overline{Y}_{nt}$，$\tilde{y}_{n,t-1} = Y_{n,t-1} - \overline{Y}_{nT,-1}$，$t = 1$，$2,\cdots,T$，其中 $\overline{Y}_{nT} = \dfrac{1}{T}\sum_{t=1}^{T} Y_{nt}$，$\overline{Y}_{nT,-1} = \dfrac{1}{T}\sum_{t=1}^{T} Y_{n,t-1}$，为了讨论平稳性和空间协整，下面的模型不含时期效应。

让 $\theta = (\delta',\lambda,\sigma^2)$，$\xi = (\delta',\lambda,c'_n)'$，其中 $\delta = (\gamma,\rho,\beta')'$，对应的真实值分别是 $\theta = (\delta_0',\lambda_0,\sigma_0^2)$，$\xi = (\delta_0',\lambda_0,c'_{n0})'$，$\delta = (\gamma_0,\rho_0,\beta'_0)'$，令 $Z_{nt} = (Y_{n,t-1}, W_n Y_{n,t-1}, X_{nt})$，方程（4-70）的似然函数就写成式（4-71）。

$$\ln L_{n,T}(\theta,c_n) = -\frac{nT}{2}\ln 2\pi - \frac{1}{2}\ln\sigma^2 + T\ln|S_n(\lambda)| - \frac{1}{2\sigma^2}\sum_{t=1}^{T} V'_{nt}(\zeta)V_{nt}(\zeta)$$

$$(4-71)$$

其中，$V_{nt}(\zeta) = S_n(\lambda)Y_{nt} - Z_{nt}\delta - c_n$，QMLE 估计量 $\hat{\theta}_{nT}$，$\hat{c}_{nT}$ 为最大化最小化式（4-71）得到的极值估计量，当 $T \to \infty$ 时，$\hat{c}_{nT}$ 具有一致性。

使用 c_n 的一阶条件，得到紧凑型似然函数如式（4-72）所示。

$$\ln L_{n,T}(\theta) = -\frac{nT}{2}\ln 2\pi - \frac{nT}{2}\ln\sigma^2 + T\ln|S_n(\lambda)| - \frac{1}{2\sigma^2}\sum_{t=1}^{T} \tilde{V}'_{nt}(\zeta)\tilde{V}_{nt}(\zeta)$$

$$(4-72)$$

其中，$\tilde{V}_{nt}(\zeta) = S_n(\lambda)\tilde{y}_{nt} - \tilde{Z}_{nt}\delta$，通过最大化紧凑似然函数（4-72），得到

QMLE 估计量 $\hat{\theta}_{nT}$。

$$\sqrt{nT}(\hat{\theta}_{nT} - \theta_0) + \sqrt{\frac{n}{T}}\varphi_{\theta_0,nT} + O_p(\max(\sqrt{\frac{n}{T^3}}, \sqrt{\frac{1}{T}}))$$

$$\xrightarrow{d} N(0, \lim_{T \to \infty} \sum\nolimits_{\theta_0,nT}^{-1}(\sum\nolimits_{\theta_0,nT} + \Omega_{\theta_0,nT})\sum\nolimits_{\theta_0,nT}^{-1})$$

(4 – 73)

其中，$\varphi_{\theta_0,nT}$ 是阶数为 $O(1)$ 的领先偏误项，$\sum_{\theta_0,nT}$ 是信息矩阵，$\Omega_{\theta_0,nT}$ 衡量误差项的非正态特征，对于领先偏误项 $\varphi_{\theta_0,nT}\sum_{\theta_0,nT}^{-1}\varphi_1$，有式（4 – 74）和式（4 – 75）。

$$\varphi_1 = \begin{pmatrix} \dfrac{1}{n}tr((\sum_{h=0}^{\infty}A_h^{\ h})S_n^{-1}) \\[2ex] \dfrac{1}{n}tr(W_n(\sum_{h=0}^{\infty}A_h^{\ h})S_n^{-1}) \\[2ex] 0_{k\times 1} \\[2ex] \dfrac{1}{n}\gamma_0 tr(G_n(\sum_{h=0}^{\infty}A_h^{\ h})S_n^{-1}) + \dfrac{1}{n}\rho_0 tr(G_n W_n(\sum_{h=0}^{\infty}A_h^{\ h})S_n^{-1}) + \dfrac{1}{n}tr G_n \\[2ex] \dfrac{1}{2\sigma^2} \end{pmatrix}$$

(4 – 74)

$$\sum\nolimits_{\theta_0,nT} = \frac{1}{\sigma^2}\begin{pmatrix} EH_{nT} & * \\ 0_{1\times(k+3)} & 0 \end{pmatrix} = \begin{pmatrix} 0_{(k+2)\times(k+3)} & * & * \\[1ex] 0_{1\times(k+2)} & \dfrac{1}{n}[tr(G_n'G_n) + tr(G_n^2)] & * \\[2ex] 0_{1\times(k+2)} & \dfrac{1}{\sigma_0^2 n}tr(G_n) & \dfrac{1}{2\sigma_0^4} \end{pmatrix} + O\left(\frac{1}{T}\right)$$

(4 – 75)

其中，$G_n \equiv W_n S_n^{-1}$，$H_{nT} = \dfrac{1}{nT}\sum_{t=1}^{T}(\tilde{Z}_{nt}, G_n\tilde{Z}_{nt}\sigma_0)'(\tilde{Z}_{nt}, G_n\tilde{Z}_{nt}\sigma_0)$。空间协调关系模型的对数似然函数和平稳性是一样的，但是，估计量的性质不一样。

$$\sqrt{nT}(\tilde{\theta}_{nT} - \theta_0) + \left(\sqrt{\frac{n}{T}}\varphi_{\theta_0 nT} + O_p\left(\max\left(\sqrt{\frac{n}{T^3}}, \sqrt{\frac{1}{T}}\right)\right)\right)$$

(4 – 76)

$$\xrightarrow{d} N(0, \lim_{T \to \infty} \sum\nolimits_{\theta_0,nT}^{-1}(\sum\nolimits_{\theta_0,nT} + \Omega_{\theta_0,nT})\sum\nolimits_{\theta_0,nT}^{-1})$$

其中，$\varphi_{\theta_0,nT} \equiv \sum_{\theta_0,nT}^{-1} \cdot \varphi_2$ 是阶数为 $O(1)$ 的领先偏误项，则式（4-77）。

$$\varphi_2 = a_{\theta_0,n}^S + \frac{m_n}{n}a_{\theta_0,T}^\mu \tag{4-77}$$

$a_{\theta_0,T}^\mu$，$a_{\theta_0,n}^S$ 的含义如式（4-78）和式（4-79）所示。

$$a_{\theta_0,T}^\mu = T \times \frac{1}{2(1-\lambda_0)} \times (1,1,0_{1\times k},1,0)' \tag{4-78}$$

$$a_{\theta_0,n}^S = \begin{pmatrix} \dfrac{1}{n}tr((\sum_{h=0}^{\infty}B_h^h)S_n^{-1}) \\[2ex] \dfrac{1}{n}tr(W_n(\sum_{h=0}^{\infty}B_h^h)S_n^{-1}) \\[2ex] \dfrac{1}{n}\gamma_0 tr(G_n(\sum_{h=0}^{\infty}B_h^h)S_n^{-1}) + \dfrac{1}{n}\rho_0 tr(G_nW_n(\sum_{h=0}^{\infty}B_h^h)S_n^{-1}) + \dfrac{1}{n}trG_n \\[2ex] \dfrac{1}{2\sigma^2} \end{pmatrix} \tag{4-79}$$

空间协整情况下的特别之处是，$\lim_{T\to\infty}\sum_{\theta_0,nT}^{-1}$ 存在，但是是奇异的，这意味着一些线性组合可能有更快的收敛速度，即式（4-80）。

$$\sqrt{nT^3}(\hat{\lambda}_{nT} + \hat{\gamma}_{nT} - 1) + \sqrt{\frac{T}{n}}b\theta_{0,nT} + O_p\left(\max\left(\sqrt{\frac{n}{T^3}},\sqrt{\frac{1}{T}}\right) \right. \tag{4-80}$$

$$\xrightarrow{d} N(0,\lim_{T\to\infty}\sigma_{1,nT}^2)$$

$$\sigma_{1,nT}^2 = \lim_{T\to\infty}\omega_{nT}^{-1} + \lim_{T\to\infty}T^2(1,1,0_{1\times k},1,0)\left(\lim\sum_{\theta_0,nT}^{-1}\Omega_{\theta_0}\sum_{\theta_0,nT}^{-1}\right)(1,1,0_{1\times k},1,0)'$$

是正的标准量方差，$\omega_{nT} = \dfrac{1}{nT^3}\sum_{t=1}^T \tilde{y}_{n,t-1}^{\mu'}\tilde{y}_{n,t-1}^\mu$，$b_{\theta_0,nT} = T(1,1,0_{1\times k},1,0)$。$\varphi_{\theta_0,nT}$ 是 O_1。

空间协整模型和协整理论相关联，单位根来自时间和空间维度，协整矩阵是 $I_n - W_n$，它的秩等于 W_n 中绝对值小于1的特征值个数。和传统的时间序列协整理论相比，空间协整有空间协整权重矩阵决定，而在时间序列协整中，主要的目的在于统计推断，VAR 的维数固定且相对较小，而 SDPD 中的空间维数较大，这种情况下的空间协整特征如式（4-81）和式（4-82）所示。

令 $A_n = S_n^{-1}(\gamma_0 I_n + \rho_0 W_n)$，则有式（4-81）。

$$Y_{nt} = A_n Y_{n,t-1} + S_n^{-1}X_{nt}\beta_0 + S_n^{-1}c_{n0} + \alpha_{t0}S_n^{-1}l_n + S_n^{-1}V_{nt} \tag{4-81}$$

令 $\Delta Y_{nt} = Y_{nt} - Y_{n,t-1}$ ，则有式（4－82）。

$$\Delta Y_{nt} = (A_n - I_n) Y_{n,t-1} + S_n^{-1} (X_{nt}\beta_0 + c_{n0} + V_{nt}) \tag{4-82}$$

因为 $\gamma_0 + \rho_0 + \lambda_0 = 1$

$A_n - I_n = (I_n - \lambda_0 W_n)^{-1}(\gamma_0 I_n + \rho_0 W_n) - I_n = (1 - \gamma_0)(I_n - \lambda_0 W_n)^{-1}(W_n - I_n)$ 。这样可以得到误差修正模型（ECM）式（4－83）。

$$\Delta Y_{nt} = (1 - \gamma_0)(I_n - \lambda_0 W_n)^{-1}(W_n - I_n) Y_{n,t-1} + S_n^{-1}(X_{nt}\beta_0 + c_{n0} + V_{nt}) \tag{4-83}$$

因为 $W_n = \Gamma_n \overline{\omega}_n \Gamma_n^{-1}$ ， $M_n = \Gamma_n J_n \Gamma_n^{-1}$ ，于是 $(I_n - W_n) M_n = \Gamma_n (I_n - \overline{\omega}_n) J_n \Gamma_n^{-1} = 0$ ，所以 $(I_n - W_n) Y_{nt}^\mu = 0$ 且 $(I_n - W_n) Y_{nt} = (I_n - W_n) Y_{nt}^S$ ，只依赖于平稳成分。因此， Y_{nt} 是空间协整的，矩阵 $I_n - W_n = \Gamma_n (I_n - \overline{\omega}_n) \Gamma_n^{-1}$ 的秩等于 $n - m$ ，等于 W_n 的小于 1 的特征值个数减去协整的秩。

2. 含 SAR 扰动项的动态面板数据模型

埃尔霍斯特（Elhorst，2005），苏和杨（Su and Yang，2007）和于和李（Yu and Lee，2010）在动态面板数据模型中考察了空间扰动项式（4－84）。

$$Y_{nt} = \gamma_0 Y_{n,t-1} + X_{nt}\beta_0 + z_n \eta_0 + U_{nt} \quad t = 1, \cdots, T$$
$$U_{nt} = \mu_n + \varepsilon_{nt}, \varepsilon_{nt} = \lambda_0 W_n \varepsilon_{nt} + V_{nt} \tag{4-84}$$

$$Y_{nt} = \lambda_0 W_n Y_{nt} + \gamma_0 Y_{n,t-1} - \gamma_0 \lambda_0 W_n Y_{n,t-1} + X_{nt}\beta_0 - W_n X_{nt}\lambda_0\beta_0 + c_{n0} + V_{nt} \tag{4-85}$$

当 T 的大小适中，$|\gamma_0| < 1$ 时，模型可以用先前介绍的转换法估计，这对应着一个转换个体效应 SDPD 模型 $c_{n0} = (I_n - W_n)^{-1}\mu_n$ ，非线性约束 $\rho_0 = -\gamma_0\lambda_0 X$ ， $X_{nt}\beta_0 = X_{nt}\beta - W_n X_{nt}\lambda_0\beta_0$ ， $X_{nt} = [X_{nt}, W_n, X_{nt}]$ ， $\beta_0 = [\beta_0, -\lambda_0\beta_0]$ ， $\gamma_0 = 1$ 是含空间扰动项的纯单位根模型。埃尔霍斯特（2005）和苏和杨（2007）关注了短板模型的估计，即 n 大 T 固定的情形。埃尔霍斯特（2005）用一阶差分剔除 μ_n 的固定个体效应，苏和杨（2007）同时设定固定效应和随机效应，推导出极大似然估计的渐进性质。当 T 固定时，动态模型的初始值 Y_{n0} 设定显得很重要。当 Y_{n0} 被假定为外生的，不管是随机效应设定还是固定效应设定，似然函数都比较容易得到，可用一阶差分方程消除个体效应；当 Y_{n0} 被假定为内生时， Y_{n0} 需要来自一个平稳的过程的分布式来估计，利用相应的似然函数可以得到 QMLE。

在于和李（2010）提出的 SDPD 模型中，当 $\gamma_0 = 1$ 且 $\rho_0 + \lambda_0 = 0$ 时，根据

方程（4 - 82）有 $A_n = I_n$，因为所有特征值都为 1，所以 A_n 的特征值与 W_n 的特征值无关，将这种模型称为单位根 SDPD 模型。

对于随机效应设定下的方程（4 - 85）来说，苏和杨（2007）的研究表明，扰动项的协方差矩阵为 $\sigma_\nu{}^2 \Omega_{nT} = \sigma_\nu{}^2 [\phi_\mu (l_T l_T' \otimes I_n) + I_n \otimes (S_n' S_n)^{-1}]$，其中 $\phi_\mu = \dfrac{\sigma_\mu{}^2}{\sigma_\nu{}^2}$，这种设定存在两种情形。

情形 1：Y_{n0} 是外生的，令 $\theta = (\beta', \eta', \gamma)'$，$\delta = (\lambda, \phi_\mu)'$，$\zeta = (\theta', \sigma_\nu{}^2, \delta')'$，对数似然函数为式（4 - 86）。

$$\ln L(\zeta) = -\frac{nT}{2}\ln(2\pi) - \frac{nT}{2}\ln\sigma_\nu{}^2 - \frac{1}{2}\ln|\Omega_{nT}| - \frac{1}{2\sigma_\nu{}^2} u_{nT}'(\theta) \Omega_{nT}{}^{-1} u_{nT}(\theta)$$

$$(4 - 86)$$

其中，$u_{nT}(\theta) = Y_{nT} - \gamma Y_{n,T-1} - X_{nT}\beta - l_T \otimes z_n \eta$，$Y_{nT} = (Y_{n1}', \cdots, Y_{nT}')'$，误差项中的其他变量类似前述定义，进一步得到关于 δ 的紧凑型对数似然函数式（4 - 87）。

$$\ln L(\delta) = -\frac{nT}{2}(\ln(2\pi) + 1) - \frac{nT}{2}\ln[\hat{\sigma}_\nu{}^2(\delta)] - \frac{1}{2}\ln|\Omega_{nT}| \quad (4 - 87)$$

其中，$\hat{\sigma}_\nu{}^2(\delta) = \dfrac{1}{nT}\tilde{u}_{nT}'(\delta)\Omega_{nT}{}^{-1}\tilde{u}_{nT}(\delta)$，$\tilde{u}_{nT}(\delta) = Y_{nT} - z_{nT}\hat{\theta}(\delta)$，$z_{nT} = (X_{nT}, l_T \otimes z_n, Y_{n,T-1})$，$\hat{\theta} = [z'_{nT}\Omega_{nT}{}^{-1}z_{nT}]^{-1}z'_{nT}\Omega_{nT}{}^{-1}Y_{nT}$。

情形 2：Y_{n0} 是内生的，方程（4 - 74）意味着 $Y_{n0} = \hat{y}_{n0} + \xi_{n0}$，$\hat{y}_{n0}$ 是 Y_{n0} 的外生性部分，ξ_{n0} 是 Y_{n0} 的内生性部分，$\hat{y}_{n0} = \sum_{j=0}^{\infty}\gamma_0{}^j X_{n,t-j}\beta_0 + \dfrac{z_n \eta_0}{1 - \gamma_0}$，$\xi_{n0} = \dfrac{\mu_n}{1 - \gamma_0} + \sum_{j=0}^{\infty}\gamma_0{}^j S_n{}^{-1}V_{n,t-j}$，直接应用这个的困难是缺失 $t < 0$ 时 X_{nt} 的观测值。针对这种情况，苏和杨（2007）建议使用巴尔加瓦和萨尔甘（Bhargava and Sargan, 1983）近似逼近，初始值设为 $Y_{n0} = X_{nT}\pi + \varepsilon_n$，$X_{nT} = [l_n, X_{n,T+1}, z_n]$，$X_{n,T+1} = [X_{n0}, \cdots, X_{nT}]$，$\pi = [\pi_0, \pi_1', \pi_2]$ 或者 $X_{nT} = [l_n, \overline{X}_{n,T+1}, z_n]$，$\overline{X}_{n,T+1} = \dfrac{1}{T}\sum_{j=0}^{\infty}X_{nt}$，初始时期的扰动项设定为式（4 - 88）。

$$\varepsilon_n = \xi_n + \xi_{n0} = \xi_n + \frac{\mu_n}{1 - \gamma_0} + \sum_{j=0}^{\infty}\gamma_0{}^j S_n{}^{-1}V_{n,t-j} \quad (4 - 88)$$

$\xi_n \in (0, \sigma_\xi{}^2 I_n)$，$\varepsilon_n$ 均值为 0，方差矩阵为 $E(\varepsilon_n \varepsilon_n') = \sigma_\xi{}^2 I_n + \dfrac{\sigma_\mu{}^2}{(1 - \gamma_0)^2} +$

$\dfrac{\sigma_\nu^2}{1-\gamma_0^2}(S_n{}'S_n)^{-1}$，和 u_{nT} 的协方差为 $E(\varepsilon_n u'_{nT}) = \dfrac{\sigma_\mu^2}{1-\gamma}l_T{}'\otimes l_n$，目的在于用 $X_{nT}\pi + \xi_n$ 近似替代 Y_{n0}。因此，扰动项向量为 $u^*_{n,T+1} = (\varepsilon_n{}', u'_{nT})'$，$u_{nT}$ 来自情形 1，方差矩阵为 $\sigma_\nu^2\Omega^*_{n,T+1}$，维数为 $n(T+1)\times n(T+1)$，则有式（4-89）。

$$\sigma_\nu^2\Omega^*_{n,T+1} = \begin{pmatrix} \sigma_\xi^2 I_n + \dfrac{\sigma_\mu^2}{(1-\gamma_0)^2} + \dfrac{\sigma_\nu^2}{1-\gamma_0^2}(S_n{}'S_n)^{-1} & \dfrac{\sigma_\mu^2}{1-\gamma}l_T{}'\otimes l_n \\ \dfrac{\sigma_\mu^2}{1-\gamma}l_T{}'\otimes l_n & \sigma_\nu^2\Omega_{nT} \end{pmatrix}$$

(4-89)

令 $\theta = (\beta', \eta', \pi')'$，$\delta = (\gamma, \lambda, \phi_\mu, \sigma_\xi^2)'$，$\zeta = (\theta', \sigma_\nu^2, \delta')'$，则对数似然函数为式（4-90）。

$$\ln L(\zeta) = -\dfrac{n(T+1)}{2}\ln(2\pi) - \dfrac{n(T+1)}{2}\ln\sigma_\nu^2 - \dfrac{1}{2}\ln|\Omega^*_{n,T+1}|$$
$$-\dfrac{1}{2\sigma_\nu^2}u^{*'}_{n,T+1}(\theta)\Omega^{*-1}_{n,T+1}u^*_{n,T+1}(\theta)$$

(4-90)

埃尔霍斯特（2005）和苏和杨（2007）认为，可以用一阶差分来消除个体效应，于是有式（4-91）。

$$\Delta Y_{nt} = \gamma_0\Delta Y_{n,t-1} + \Delta X_{nt}\beta_0 + S_n^{-1}\Delta V_{nt}, t = 2,\cdots,T \quad (4-91)$$

最开始两时期的差分可以设定为 $\Delta Y_{n1} = \Delta X_{nT}\pi + e_n$，其中 $\Delta X_{n1} = [l_n, X_{n1} - X_{n0}, \cdots, X_{nT} - X_{n,T-1}]$ 或 $\Delta X_{nT} = [l_n, \dfrac{1}{T}\sum_{t=1}^T(X_{nt} - X_{n,t-1})]$，这里，$e_n$ 设定为 $(\xi_{n1} - E(\xi_{n1}\mid\Delta X_{nT})) + \sum_{j=1}^m(\gamma_0^j S_n^{-1}V_{n,t-j})$，其中 $\xi_{n1} - E(\xi_{n1}\mid\Delta X_{nT})$ 假定服从分布 $(0, \sigma_e^2 I_n)$，根据这个设定有 $E(e_n\mid\Delta X_{nT}) = 0$，$E(e_n e'_n) = \sigma_e^2 I_n + \sigma_\nu^2 c_m(S_n{}'S_n)^{-1}$，其中 σ_e^2，c_m 是需要估计的参数。对于 e_n 和 $\Delta u_{nt} = S_n^{-1}\Delta V_{nt}, t = 2,\cdots,T$ 的相关性，有 $E(e_n\Delta u'_{n2}) = -\sigma_\nu^2(S_n{}'S_n)^{-1}$，$E(e_n\Delta u'_{nt}) = 0(t\geq 3)$，因此，扰动项 $\Delta u_{nt} = (e_n{}', \Delta u'_{n2}\cdots\Delta u'_{nT})'$ 的方差矩阵为式（4-92）。

$$\text{var}(\Delta u_{nT}) = \sigma_\nu^2(I_T\otimes S_n{}'^{-1}) \equiv \sigma_\nu^2\Omega_{nT} \quad (4-92)$$

其中，如式（4-93）所示。

$$H_E = \begin{pmatrix} E_n & -I_n & 0 & \cdots & 0 \\ -I_n & 2I_n & -I_n & \cdots & 0 \\ 0 & \ddots & \ddots & \ddots & \vdots \\ \vdots & \ddots & \ddots & \ddots & -I_n \\ 0 & \cdots & 0 & -I_n & 2I_n \end{pmatrix} \qquad (4-93)$$

其中，$E_n = \dfrac{\sigma_e^2}{\sigma_\nu^2}(I_n + c_m\,(S_n{}'S_n)^{-1})$。

相应的对数似然函数为式（4-94）。

$$\ln L(\zeta) = -\frac{nT}{2}\ln(2\pi) - \frac{nT}{2}\ln\sigma_\nu^2 - \frac{1}{2}\ln|\Omega_{nT}| - \frac{1}{2\sigma_\nu^2}\Delta u'_{nT}(\theta)\Omega_{nT}^{-1}\Delta u_{nT}(\theta)$$

$$(4-94)$$

其中，$\Delta u_{nT}(\theta) = \begin{pmatrix} \Delta Y_{n1} & -\Delta X_{nT}\pi \\ \Delta Y_{n2} & -\rho\Delta Y_{n1} & -\Delta X_{n2}\beta \\ & \vdots & \\ \Delta Y_{nT} & -\rho\Delta Y_{nT} & -\Delta X_{nT}\beta \end{pmatrix}$。

4.3.3　本书采用的方法

由于固定效应模型假设个体效应在组内是固定不变的，个体间的差异反映在每个个体都有一个特定的截距项；随机效应模型则假设所有的个体具有相同的截距项，个体间的差异是随机的，这些差异主要反映在随机干扰项的设定上。因此本书选取了具有截面相关性的静态空间面板随机效应模型和动态空间面板随机效应模型来构建中国工业绿色全要素生产率的收敛性检验模型，分析各个地区工业经济增长是否均衡。

4.4
　本章小结

本章回顾了全要素生产率的核算方法，绿色全要素生产率的核算方法和空间面板估计方法。当前关于全要素生产率的核算方法包括 DEA 方法、DFA 方法、SFA 方法、TFA 方法。关于绿色全要素生产率的核算方法包括 SBM 模型、

EBM 模型、MLB 模型，书中同时介绍了绿色全要素生产率的分解：技术效率、技术进步、规模效率。本书采用 MLB 生产率指数方法核算绿色全要素生产率。空间面板估计方法包括了静态空间面板数据模型和动态空间面板数据模型，且两种模型下又包含了固定效应和随机效用模型。为了分析各个地区工业经济增长是否均衡，本书选取了静态空间面板随机效应模型和动态空间面板随机效应模型来构建中国工业绿色全要素生产率的收敛性检验模型。

第5章

中国的区域工业绿色全要素生产率的
影响因素分析

前面已经介绍了研究中国工业绿色全要素生产率的方法体系和本书选择的测算方法，为更准确地测算中国工业绿色全要素生产率，本章对中国地区工业绿色全要素生产率影响因素进行研究，从地区和行业两个层面进行分析。

5.1 中国的区域工业绿色全要素生产率变量选取

随着经济飞速发展，温室气体排放，能源紧缺，环境污染严重，学者们对能源与环境污染对经济增长的制约的关注度持续上升，在测算绿色全要素生产率时，学者们考虑了能源和环境这两个因素，将能源消耗量纳入投入要素，环境污染纳入"非期望产出"。因此，绿色全要素生产率是将非期望产出和期望产出纳入产出指标体系中，结合劳动、资本、能源等投入指标进行测度的。

5.1.1 投入因素

传统全要素生产率的测算的投入因素包括资本和人力投入，在此基础上，绿色全要素生产率的投入因素考虑了能源因素。

1. 资本投入

大量研究都用资本存量度量资本投入，但目前统计数据并无直接的资本存量值，资本存量的估算是一个比较复杂的过程，也存在较大误差。以往文献研究通常采用戈德史密斯（Goldsmith，1951）提出的永续盘存法（PIM）计算，永续盘存法通常利用资本折旧率、投资额和初始资本存量等数据进行估算，此类数据具有一定可获得性。永续盘存法的基本公式为式（5-1）。

$$K_i = K_{i-1}(1 - \delta_i)I_i \qquad\qquad (5-1)$$

其中，K代表资本存量的估计值，I是固定资产投资的实际值，δ为资本存量的折旧率。

2. 劳动投入

在经济增长中，劳动投入的增加具有重大的贡献，因此在全要素生产率的测算中，相对准确的劳动投入估计对于提高全要素生产率估算的精度十分重要。实现更加准确的劳动投入估计，在测算中就必须考虑劳动力数量、实际工作时间和工作效率等。以往学者在考虑全要素生产率的劳动投入要素时，涵盖了劳动的数量和质量，具体包括相关从业人员数量、工作时间。段文斌、余泳泽（2011）使用研发人员的数据作为劳动力投入要素，袁堂君（2009）研究企业的全要素生产率时使用工作小时数作为劳动力投入要素。全良、张敏研究工业的绿色全要素生产率时以各省规模以上工业企业的全部从业人员各年平均值作为劳动投入。辛文在研究长江地区绿色全要素生产率时选取年末从业人员数来代表经济增长中劳动的投入。

3. 能源投入

在工业生产过程中，能源投入一般作为中间投入，能源的使用对于环境有重要影响，因此往往被视为绿色全要素生产率测度时非期望产值的重要来源。全良、张敏在测算中国工业绿色全要素生产率时，利用主要能源品种消费量，通过折算系数换算为标准煤衡量各省能源投入。齐亚伟在测算中国工业绿色全要素生产率时，构造了"各行业能源消耗总量"指标，利用煤炭、焦炭、燃料油、汽油、煤油、柴油、天然气七种化石能源消耗量数据，折算为标准煤合计表示。石风光用工业单位 GDP 能耗来表示能源投入。

5.1.2 产出因素

经济活动中的产出按照生产部门的意愿可分为期望产出与非期望产出，两者是不可分割的两个部分。期望产出指的是通过资本、劳动力等要素的投入获得目标产物，而非期望产出则是与期望相悖的附属产品。

1. 期望产出

期望产出主要是工业总产值或者工业增加值和国民经济核算中的工业增加。近几年大多数文献在测算中国工业绿色全要素生产率时常以"工业总产值"作为行业的期望产出，而非工业增加值。选择工业总产值作为期望产出的代理指标，主要基于以下两个原因：一是工业生产投入中包含了能源这一中间性质的投入；二是碳排放来源于整个工业生产过程，既包括工业增加值部分的产品生产，又包括中间投入品的生产。

2. 非期望产出

改革开放以来，我国工业经济快速发展的同时，工业生产活动带来的环境污染问题，已经对经济的持续增长产生阻碍。工业对环境污染可以分为以下几类：首先是大气污染。常见的空气污染物包括固体颗粒物（PM2.5、PM10、重金属颗粒物）、硫化物（二氧化硫、三氧化硫）、氮氧化物（一氧化氮、二氧化氮）、碳氧化物（一氧化碳、二氧化碳）等。其次就是水资源污染，工业生产对水的污染主要是化学需氧量（Chemical Oxygen Demand，COD）。最后就是固体垃圾污染，包括一般工业废物（煤渣、粉煤灰、高炉渣、有色金属渣等）、工业有害固体废物（如有毒性的工业排放物）。工业对环境的污染都是非期望产出。

目前，相关文献关于非期望产出变量的主要有二氧化碳排放量、二氧化硫排放量、化学需氧量（Chemical Oxygen Demand，COD）排放量、工业"三废"、粉尘排放量等。齐亚伟在测算中国工业绿色全要素生产率时以"二氧化碳排放量"作为非期望产出的衡量标准，利用七种工业主要能源的消耗量数据，利用二氧化碳排放系数换出二氧化碳排放量。石风光用工业废水排放量、工业二氧化硫排放量和工业固体废物产生量等指标表示非期望产出。马晓明，张泽宜选取了工业废水、工业废气、工业烟（粉）尘、工业固体废物作为非期望产出。

5.2
中国的区域工业绿色全要素生产率的影响因素分析

在绿色全要素生产率的影响因素中，环境规制强度、外商直接投资、研发投资强度以及产业结构变量是影响中国地区工业绿色全要素生产率的重要因素。在已有研究的基础上，本书从产业角度出发，将中国地区工业绿色全要素生产率的影响因素分为地区层面和行业两个层面，如表5-1所示。

表5-1　　　中国地区工业绿色全要素生产率的影响因素

中国地区工业绿色全要素生产率的影响因素	
地区层面	环境规制
	是否沿海
	外商直接投资
	地区人均 GDP
	税收政策
行业层面	人力资本
	行业 R&D 投入水平
	产业集聚程度
	行业的劳动力结构
	产业内企业的所有制结构

5.2.1　地区层面

本书将中国工业绿色全要素生产率的地区层面影响因素概括为环境规制、是否沿海、外商直接投资和地区人均 GDP 和税收政策。

1. 环境规制

环境规制指的是旨在降低环境污染程度、保护环境，提高人民生活质量和生活水平，特别是居住环境需求的政府规制。环境规制主要体现在政府对组织和个人关于环境的有关行为的相关规定。环境规制对绿色全要素生产率的影响机制包含以下几个方面：

（1）影响企业环境成本进而改善绿色全要素生产率。所谓企业的环境成本，指的是企业在生产过程中为满足政府环境规制相关要求所必须投入的成本。环境规制主要通过3个途径对环境成本产生影响。其一，环境规制通过影响企业生产前环节的固定和变动成本。为满足环境规制相关要求，企业在固定资产投入环节必须考虑环境合规性，增加投入以购置满足要求的设备。此外，企业在原材料选取环节，也必须考虑环境规制，从而提高要素的价格水平。其二，在企业生产过程中，环境规制将会为企业带来大量的成本，主要有：企业缴纳的污染排放相关费用、排污许可证费用以及因为环保问题产生的罚款等成本；企业为了满足环境规制，改造加工方法的成本；企业在生产过程中满足环境规制而产生的机会成本。其三，环境规制使得企业在废弃物处理回收、环境修复与维护等方面产生环保支出成本。

从企业的角度，环境规制将对企业的环境成本带来明显的提升。企业的成本增加，利润空间减少，竞争力降低，不利于企业的生存和发展。从这一角度，环境规制对于改善绿色全要素生产率是不利的。

（2）影响技术创新对改善绿色全要素生产率。环境规制对技术创新的影响，存在正面和负面两种效应。正面影响主要包括以下三个方面：政府在制定财政政策、产业政策时，将会对符合其环境规制的相关产业进行倾斜，激励企业创新；环境规制将会给企业带来较高成本，迫使企业技术创新，改善其生产效率和绿色生产程度以满足环境规制；环境规制将会带来社会和公民环保意识的提高，消费者心理和模式更环保，企业为增强市场竞争力，选择技术创新。同时，环境规制也可能对企业的技术创新产生负面影响。例如，环境规制将会导致企业在环保方面投入更多的人财物，导致企业创新成本增加，造成企业的资源错配，不利于企业技术创新。环境规制将会导致企业的技术创新偏离其最优选择，形成恶性路径依赖，造成企业在长期内的资源浪费，不利于持续的技术创新。

因此，环境规制对于企业的技术创新有正面和负面两种影响，具体的哪种影响较大则必须考虑环境规制的类型和强度，结合企业的行业特点和自身特色分析，不可一概而论。

2. 是否沿海

由于沿海地区与内陆地区的工业化进度不同，导致不同地区的工业生产率存在差距。庞瑞芝等研究认为，我国新型工业化增长效率存在显著的区域差异，沿海地区与内陆地区工业化进程已经拉开差距，呈现出两极分化格局。

3. 外商直接投资

随着全球化进程的不断加深，外商直接投资成为衡量一个国家综合实力的重要指标。外商直接投资在提供一国资本积累同时引入了外商的先进技术，产生了技术进步的外溢效应。

改革开放以来，我国外商直接投资实现快速增长，但 FDI 在各个地区分布很不均衡，呈现"东高西低"的分布格局，这也直接影响了不同地区产业生产率。

外商直接投资可以通过以下几个途径影响全要素生产率：跨国公司通过在东道国设立分支机构或者开办合资企业，将其技术转移到东道国国内；东道国国内企业模仿国内外资企业，学习跨国公司的先进技术，从而实现自身技术水平的进步；外资企业将会为东道国培养出一批通晓先进技术与生产经营管理人才，国内企业可以引入该类人才，提高公司本身技术水平与管理能力；外资企业进入带来市场竞争迫使本土企业加强技术创新以保证其市场竞争力；外商直接投资将会产生关联效应，促进其上下游产业技术的引入及提升。

孙雅智在分析我国对外直接投资对全要素生产率的影响研究中，实证表明对外直接投资对技术进步有显著的正向影响，对纯技术效率和规模效率有显著的负向影响，东部、中部、西部地区存在着差异。

4. 人均 GDP

地区的经济发展直接影响该地区产业发展，人均 GDP 衡量了地区的经济发展水平。张菡对中国环境规制绿色技术创新效应的研究发现，人均 GDP 差异对绿色技术创新的影响显著。

5. 税收政策

税收是影响消费者和投资者决策的重要因素，税收通过影响商品和生产要素的实际价格，对市场均衡产生影响，改变企业和消费者的福利水平。如果某个地区的税收收入占国民生产总值的比例越低，代表政府对该地区的干预程度越小，市场自由程度越高，市场进行创新的意愿和效率也越来越高，从而带动技术进步，提高全要素生产率。

刘溶沧、马拴友（2002）在研究税收结构与经济增长的关系时发现，税收通过影响投资、劳动供给对经济增长产生影响，并且税收同样对全要素生产率有一定影响。娄贺统和徐恬静（2008）研究显示，提高创新收益预期、降低投入风险，合理的税收激励手段有助于提升企业的创新能动性；而税收带来的资金供给增加和对创新人员的需求释放，则可以提高企业创新能力。创新能动性和创新能力的双重提升，将使得企业在生产经营中加大创新力度，从而达到税收的创新激励作用，助力企业实现技术进步。陈金保、何枫、赵晓（2011）以中国服务业为对象研究发现，实行税收激励措施能够显著改善全要素生产率，提升技术效率。

5.2.2 行业层面

在以往研究的基础上，本书将行业层面的因素分为人力资本、R&D 投入水平、产业集聚程度。

1. 人力资本

绿色全要素生产率的投入要素包含人力资本投入，但在大多数实证研究中，其主要体现的是劳动数量，劳动人员的知识、素质也是影响绿色全要素生产率的重要因素。人力资本包含劳动者身上的知识、技能、素质等的因素，人力资本直接反映劳动者的文化程度，同时也决定着行业的技术创新能力。

很多学者通过结合理论与实证分析人力资本对全要素生产率的作用。如赖明勇等（2005）研究结果显示，人力资本主要从提高劳动力素质和技术水平两个角度改善企业生产率。燕萍（2016）研究发现，技术模仿是人力资本改善全要素生产率从而实现经济增长的主要途径。对于人力资本因素，目前研究考虑的有受教育程度、受教育年限。如杜秀平在分析全要素生产率的影响因素时，将人均受教育年限来表示人力资本水平。徐杰选择人力资本投入时，选择了从业人员受教育程度。

2. 行业 R&D 投入水平

研发投入不仅有利于积累知识资本，还可以为经济增长注入新的活力。根据全要素生产率的定义，全要素生产率增长主要来源于技术进步。根据内生增长理论，增加 R&D 投入有利于促进技术进步。R&D 投入有利于知识的创造、扩散和更新，能够带来技术进步和效率提升，是改善全要素生产率的重要途径。科恩和莱文塔尔（Cohen and Levinthal，1989）认为，企业层面的 R&D 投入有助于企业提升其技术水平，从而衍生出新技术，改善产品品质，并且具有一定的外溢效应。

现有研究成果中，由于研究方法和使用数据的差异，研发投入对全要素生产率的影响并不显著，但大多数学者认为，研发投入有助于实现创新和技术进步，对改善全要素生产率具有一定作用。

3. 产业集聚程度

产业集聚通过技术进步对经济增长及其质量产生重要影响。一般来说，在行业集中度较高的行业中，往往是少数大型企业进行集中生产。行业集中度较高不仅能够发挥规模经济效应，还有利于降低群众监督和政府监管难度。当行业生产主要集中与少数明星企业时，更容易引起社会公众与监管当局的关注，降低监管与监督的难度。同时，政府政策也更易于支持其绿色生产技术的发展。

产业集聚程度的度量，一般有绝对指标和相对指标两种方法。绝对指标方面，陈良文和杨开忠（2008）使用本行业产出水平作为专业化经济的指标，范剑勇和石灵云（2009）则以4位数行业的劳动力使用和厂商数量表示。相对指标方面，李金滟和宋德勇（2008）使用行业就业人数占总就业的比重作为度量指标。贺灿飞和潘峰华（2009）使用某地区某一行业以外的其他行业就业人数集中率与全国层面该指数的差取绝对值后累加再取其倒数作为相对指标度量。

4. 劳动力的结构

目前我国正处于持续老龄化进程中，已经步入老龄化社会，老龄化对社会经济发展有着深远的影响。人口老龄化导致劳动力年龄结构老化，可能严重影响我国全要素生产率的提高。全要素生产率改善的主要来源包括技术进步、效率提升和规模效率提升。而不同年龄段的劳动力知识结构和技能结构和新知识学习能力都有一定的差异，对于全要素生产率的改善会产生一定的影响。

劳动力年龄结构对全要素生产率的直接影响主要表现在以下3个方面：首先，年龄偏大的老年劳动力相对于中青年劳动力其工作效率整体可能较低。其次，在认知和学习能力方面，老年劳动力也有一定的劣势。最后，知识结构陈旧、新知识接受度降低以及创新能力的下降，会导致其劳动生产率降低。相对于中青年，老年劳动力的生存压力和自我实现期望普遍较低，工作积极性和能动性更为缺乏。

老年劳动者的存在对全要素生产率也有一定的促进作用。老年劳动力在工作中积累的丰富经验，有助于技术发明和创新，很可能会促进劳动生产率的提高。老年劳动力的存在有利于促进年轻劳动力的"干中学"速度，提高了年轻劳动者的劳动生产率，存在外溢效应。

5. 产业内企业的所有制结构

所有制结构包括两层含义：一是所有制的外部结构，即不同主体的所有制在整个经济体系中占有的比例，如公有制和非公有制的差异；二是所有制的内部结构，即在某一种所有制中，该种所有制的具体形式，如公有制中国有资本的不同体现形式。

我国的所有制结构经历了由国有及国有控股企业为主到多元化、健全的所有制结构。多元化的所有制结构对工业要素生产率的正向影响有两方面：一是有利于提高工业发展的市场化程度。非公有制企业的出现促进了市场竞争，通过不断的创新求生存谋发展，提高了资源配置效率；二是有利于提高工业经济的外向化程度。随着国内市场竞争日趋激烈，各类企业为了寻求更好的发展选择走向国际市场，使得资源配置效率提高，工业全要素生产率提高。

虽然非公有制企业的发展会促进全要素生产率的提升，但非公有制经济的发展同样可能造成资源浪费和对环境的污染破坏。特别是相对于公有制企业，非公有制企业中中小企业占了大部分，其技术能力和污染防范处理能力较低。而外资企业也主要集中在产业链下游的低附加值制造业，甚至许多属于高污染高能耗行业。

5.3 本章小结

本章选取了测算中国地区绿色工业全要素生产率的投入产出变量并对其主要的影响因素进行了分析。绿色工业全要素生产率的变量包括投入因素和产出因素。其中以往研究中涉及的投入因素包括资本投入、劳动投入和能源投入三种。对于绿色工业全要素生产率的投入要素的衡量，本书选取了资本存量作为资本投入，工业从业人数作为劳动投入。产出要素包含期望产出与非期望产出，其中期望产出指的是通过资本、劳动力等要素的投入获得目标产物，在工业上一般以工业总产值表示。而非期望产出则是与期望相悖的附属产品，目前相关文献关于工业方面的非期望产出变量包含了二氧化碳排放量、二氧化硫排放量、碳排放量，即工业"三废"，以及粉尘排放量等。对于产出要素的衡量，本书使用工业总产值作为期望产出变量，采用了工业废水中的化学需氧量和工业废气中污染较严重、比重较大的二氧化硫排放量作为非期望产出。

本书将中国地区工业全要素生产率的影响因素分为地区层面和行业层面两个层面，其中地区层面的影响因素包括是否沿海、外商直接投资、地区人均GDP、税收政策；行业层面的影响因素包括人力资本、产业集聚程度、行业的劳动力结构。

中国的区域工业绿色全要素
生产率测算分析

前面建立和完善了核算经济增长的绿色全要素生产率理论体系——MLB生产率指数方法及其分解体系，对基于方向性距离函数和 Bootstrap 纠偏方法的环境规制行为分析模型进行了完整的阐述分析。本章中将利用上述方法，测算中国地区工业绿色生产效率和绿色全要素生产率及其分解指标的水平值并分析各指标所具有的演化特征。在此基础上，对比分析描述不同投入产出工业生产过程的 3 种理论模型，研究了中国地区工业绿色转型的现状。

6.1 数据来源及处理

首先对中国地区工业绿色生产效率和绿色生产率测算所选择的各种投入产出指标的选择及来源进行说明。关于地区的选择，本书以中国 29 个省份作为研究单元，考虑中国工业统计口径的变化情况，特将研究样本期定为 1998 ~ 2017 年。

6.1.1 指标选择及平减处理

为了反映工业经济增长过程中的投入情况，本书选择了资本存量（K）和工业从业人数（L）作为地区工业绿色生产效率和绿色生产率测算的投入指标。1998～2017 年省际工业从业人数数据来源于相关年份的《中国统计年鉴》。资本存量使用永续盘存法计算，其具体公式如式（6-1）所示。

$$K_{it} = K_{it-1}(1 - \delta_{it}) + I_{it} \qquad (6-1)$$

其中，i 为地区；t 为年份；K_{it} 为当年资本存量；I_{it} 为当年新增投资，用固定资本形成总额来表示；δ_{it} 为当年的经济折旧率。

为了将 I_{it} 折算为不变价格，采用《中国统计年鉴》中各省份历年的固定资产投资价格指数；本书借鉴张军（2004）的做法，用基期的固定资本形成总额乘以 10 来计算基期的资本存量，用 9.6% 来计算资本存量的折旧率。随后，依照式（6-1）的计算公式，估算了 1998～2017 年中国各省份的工业资本存量。

为反映工业经济增长过程中的投入情况，本书选择了工业总产出（Y）作为合意产出变量；将工业经济增长中所产生的工业废水中化学需氧量和工业二氧化硫排放量作为非合意产出变量。也有学者如格罗斯曼和克鲁格（Grossman and Krueger，1991）在一些研究中利用中国工业增长过程的二氧化碳排放量作为非合意产出变量，但由于没有中国工业增长中二氧化碳排放量的准确数据，而地区二氧化碳排放量估算方法又存在较大争议，所以本书并没有将中国工业二氧化碳排放作为非合意产出。虽然相关研究选择将工业增加值作为表征工业经济产出的指标，但本书考虑工业增加值指标数据的完整性，选择利用工业总产出作为反映工业经济增长中的合意产出变量。1998～2017 年各省份工业总产出数据来源于对应年份的《中国统计年鉴》。1998～2017 年各省份工业废水中化学需氧量和工业二氧化硫排放量数据来源于对应年份的《中国环境年鉴》。

6.1.2 描述性统计分析

本书按照中国区域经济研究的惯例将各省份划分为东、中、西部三个地区，行政划分结果如表 6-1 所示。

表 6-1   中国区域经济行政划分

地区	省份
东部地区	海南、广东、山东、福建、浙江、江苏、上海、辽宁、河北、天津和北京
中部地区	湖南、湖北、河南、江西、黑龙江、安徽、吉林、山西
西部地区	内蒙古、陕西、新疆、广西、云南、青海、宁夏、甘肃、贵州、四川①

———————————

① 东部地区未包括港澳台数据；西部地区未包含重庆和西藏数据。

三大地区前述 5 个指标的描述性统计分析结果如表 6 - 2 所示。从表 6 - 2 中三大地区指标的描述性统计分析结果可以看到，东部、中部、西部三大地区呈现出合意产出越高其非合意产出越高的趋势。

表 6 – 2　　　　　中国东中西部地区各变量描述性统计分析

变量	东部地区				中部地区				西部地区			
	均值	标准差	最大值	最小值	均值	标准差	最大值	最小值	均值	标准差	最大值	最小值
Y	17691	34735	67852	13492	10688	5281	20696	4510	8343	4183	16240	3472
L	30158	4690	47866	23545	24281	4994	36618	20676	21692	4638	33004	18138
K	78158	420194	156074	27315	27830	17126	8617	59192	21621	13158	45532	6318
二氧化硫	904	206	1358	716	627	197	1013	403	839	275	1366	474
化学需氧量	547	154	837	355	430	133	677	227	391	112	611	217

描述性统计结果进一步揭示东部、中部、西部三大区域工业经济发展过程中，投入产出的动态演变趋势。分别计算东部、中部、西部地区所包含各个地区的前述 5 个投入产出指标的增长率均值。

从表 6 - 3 的计算结果可见，1998 ~ 2017 年东部地区非合意产出中，工业废水化学需氧量（COD）增长最快的 3 个地区分别是福建、广东、辽宁，平均增长率分别为 11.70%、7.54%、6.93%；而工业废水中化学需氧量增长最慢的 3 个地区分别是北京、江苏、山东，平均增长率分别为 1.47%、3.32%、3.39%。另一种非合意产出工业二氧化硫排放量（SO_2）增长最快的 3 个地区分别是北京、上海、广东，平均增长率分别为 41.67%、23.26%、20.55%；工业二氧化硫排放量增长最慢的 3 个地区分别是山东、河北、浙江，平均增长率分别为 3.28%、3.42%、6.01%。同时可以看到东部地区在工业增长过程中工业二氧化硫排放量的增速远高于工业废水中化学需氧量。对于合意产出工业总产值指标来看，1998 ~ 2017 年东部地区工业增加值增长最快的 3 个地区分别是北京、广东、浙江，平均增长率分别为 7.84%、5.95%、5.58%；而工业增加值增长最慢的 3 个地区分别是河北、山东、辽宁，平均增长率分别为 3.84%、4.27%、4.30%。

表 6 – 3　　　　　　　　东部地区变量增长率均值计算结果　　　　　　单位:%

变量	北京	天津	河北	辽宁	上海	江苏	浙江	福建	山东	广东	海南
Y	7.84	4.51	3.84	4.30	5.31	4.61	5.58	5.02	4.27	5.95	5.03
L	9.70	12.27	12.94	13.68	10.07	13.73	13.36	13.55	13.77	12.76	10.45
K	10.90	12.44	10.71	10.95	10.97	11.84	11.61	11.15	11.84	11.53	10.25
二氧化硫	41.67	10.74	3.42	9.01	23.26	17.41	6.01	13.07	3.28	20.55	15.61
化学需氧量	1.47	5.50	4.22	6.93	5.08	3.32	4.71	11.70	3.39	7.54	4.13

　　从表 6 – 4 的计算结果可见,1998 ~ 2017 年中部地区非合意产出中,工业废水化学需氧量增长最快的 3 个地区分别是江西、黑龙江、河南,平均增长率分别为 10.21%、9.64%、8.24%;而工业废水化学需氧量增长最慢的 3 个地区分别是山西、湖北、湖南,平均增长率分别为 4.98%、5.59%、5.68%。另外非合意产出工业二氧化硫排放量增长最快的 3 个地区分别是江西、黑龙江、安徽,平均增长率分别为 28.40%、15.09%、12.40%;工业二氧化硫排放量增长最慢的 3 个地区分别是河南、山西、吉林,平均增长率分别为 5.64%、7.40%、10.56%。可以看到中部地区在工业增长过程中也存在着工业二氧化硫排放量的增长速度远高于工业废水中化学需氧量的排放特征。对于合意产出工业总产值指标来看,中部地区中工业增加值增长最快的 3 个地区分别是河南、江西、山西,平均增长率分别为 4.38%、4.14%、4.02%;而工业增加值增长最慢的 3 个地区分别是黑龙江、吉林、安徽,平均增长率分别为 3.13%、3.46%、3.88%。

表 6 – 4　　　　　　　　中部地区变量增长率均值计算结果　　　　　　单位:%

变量	山西	吉林	黑龙江	安徽	江西	河南	湖北	湖南
Y	4.02	3.46	3.13	3.88	4.14	4.38	3.98	3.90
L	13.49	15.38	10.84	13.74	15.28	14.42	12.71	12.47
K	10.53	11.17	10.31	10.42	10.79	11.05	10.64	10.53
二氧化硫	7.40	10.56	15.09	12.40	28.40	5.64	11.27	11.83
化学需氧量	4.98	7.95	9.64	6.12	10.21	8.24	5.59	5.68

　　从表 6 – 5 的计算结果可见,1998 ~ 2017 年西部地区非合意产出中,工业

废水中化学需氧量增长最快的 3 个地区分别是青海、贵州、宁夏，平均增长率分别为 58.61%、19.92%、14.46%；而工业废水中化学需氧量增长最慢的 3 个地区分别是云南、广西、四川，平均增长率分别为 4.82%、7.82%、8.54%。另外非合意产出工业二氧化硫排放量增长最快的 3 个地区分别是青海、新疆、内蒙古，平均增长率分别为 19.56%、12.19%、11.68%；工业二氧化硫排放量增长最慢的 3 个地区分别是陕西、广西、甘肃，平均增长率分别为 6.69%、6.76%、6.92%。但不同于东部、中部地区，西部地区在工业增长过程中并不存在工业二氧化硫排放量增速高于工业废水中化学需氧量排放的特征。对合意产出工业总产值，1998～2017 年中部地区工业增加值增长最快的 3 个地区分别是内蒙古、陕西、青海，平均增长率分别为 13.63%、11.04%、11.03%；而工业增加值增长最慢的 3 个地区分别是云南、新疆、甘肃，平均增长率分别为 9.56%、9.90%、10.16%。

表 6-5　　　　　　　　西部地区变量增长率均值计算结果　　　　　　单位: %

变量	四川	贵州	云南	陕西	甘肃	青海	宁夏	新疆	广西	内蒙古
Y	10.63	10.23	9.56	11.04	10.16	11.03	10.69	9.90	10.69	13.63
L	3.90	4.46	4.45	3.86	4.46	4.57	4.40	4.56	4.19	3.94
K	11.94	13.23	12.40	13.99	13.57	14.08	14.03	11.81	12.02	19.19
二氧化硫	7.73	9.29	7.16	6.69	6.92	19.56	8.22	12.19	6.76	11.68
化学需氧量	8.54	19.92	4.82	9.86	12.27	58.61	14.46	10.12	7.82	10.87

6.2 中国的区域工业绿色生产效率的特征分析

基于中国工业增长过程中的合意产出、非合意产出以及投入指标，利用考虑非合意产出的距离函数法及 Bootstrap 方法测算全国省级单位绿色生产效率和绿色生产规模效率，并对其特征进行分析。

6.2.1　全国工业绿色生产效率的总体特征分析

研究采用 onfront 2.0 软件以及 Simar 教授开发的 DEA Bootstrap 的 R 软件包，计算得到 1998～2017 年全国各省份测算其绿色生产效率和绿色生产规模效率。

由表 6-6 的计算结果可见，全国各省份绿色生产效率均值在 1999~2005 年呈现一个比较稳定的趋势，由 1999 年的 0.4653 变化为 2005 年 0.4517。在此期间，各省份绿色生产效率的标准差也同样变化幅度不明显。但自 2005 年以来，全国工业绿色生产效率呈现出一个显著增长趋势，从 2006 年的 0.5493 增加为 2017 年的 0.6991，同时标准差也呈现出一个显著的增长趋势，说明随着工业绿色生产效率增加，地区间绿色生产效率的差距也在不断扩大。从表 6-6 还可见，1998~2017 年全国各省份绿色生产规模效率的均值呈现出了一个"先增加后减小"的变化趋势。1998~2007 年全国工业绿色生产规模效率由 0.4757 增加为 0.6207；而自 2008 年开始全国工业绿色生产规模效率从 0.6043 下降为 2017 年的 0.4531。但 1998~2017 年全国工业绿色生产规模效率的标准差却呈现出不断增加的趋势，说明 1998~2007 年各省份之间工业绿色生产规模效率地区差异不断扩大。

表 6-6   1998~2017 年全国工业绿色生产效率和绿色生产规模效率

年份	工业绿色生产效率		工业绿色生产规模效率	
	均值	标准差	均值	标准差
1998	0.4693	0.2549	0.4757	0.1031
1999	0.4653	0.2579	0.4717	0.1349
2000	0.4667	0.2618	0.4777	0.1531
2001	0.4647	0.2637	0.5037	0.1685
2002	0.4573	0.2671	0.5183	0.1668
2003	0.4550	0.2680	0.5643	0.1673
2004	0.4573	0.2661	0.5803	0.1604
2005	0.4517	0.3672	0.6043	0.1717
2006	0.5493	0.3673	0.6117	0.1737
2007	0.5487	0.3660	0.6207	0.1765
2008	0.5537	0.3834	0.6043	0.1767
2009	0.5837	0.4014	0.5843	0.1801
2010	0.6977	0.4029	0.5960	0.1914
2011	0.6537	0.4134	0.5543	0.2067
2012	0.6637	0.4234	0.5327	0.2132

年份	工业绿色生产效率		工业绿色生产规模效率	
	均值	标准差	均值	标准差
2013	0.6837	0.4311	0.5075	0.2256
2014	0.6847	0.4358	0.4921	0.2331
2015	0.6924	0.4411	0.4875	0.2421
2016	0.6971	0.4518	0.4692	0.2432
2017	0.6991	0.4527	0.4531	0.2451

6.2.2 三大地域工业绿色生产效率的特征分析

为了进一步揭示中国工业绿色生产效率演变情况，将全国各省份划分为东、中、西部地区进行进一步分析。

由表6-7的计算结果可见，1998~2017年东部地区工业绿色生产效率总体上呈现出了"先增加后减小"的趋势。1998~2006年东部地区工业绿色生产效率由0.5055增加至0.6882，同时东部地区工业绿色生产效率的标准差不断增大，在此期间东部地区绿色生产效率提升的同时，其内部工业绿色生产效率的差距也在不断增加。但自2007年开始，东部地区工业绿色生产效率开始不断下降，由2007年的0.5845下降为2017年的0.5031，同时东部地区工业绿色生产效率的标准差也呈现出了基本稳定的趋势。说明，虽2007年东部地区工业绿色生产效率呈现整体下滑特征，但其区域内部工业绿色生产效率的差距保持基本稳定。

表6-7　1998~2017年东部地区工业绿色生产效率和绿色生产规模效率

年份	工业绿色生产效率		工业绿色生产规模效率	
	均值	标准差	均值	标准差
1998	0.5055	0.2099	0.4527	0.1206
1999	0.6005	0.2120	0.4638	0.1421
2000	0.6082	0.2162	0.4618	0.1611
2001	0.6100	0.2383	0.4664	0.1784
2002	0.6155	0.2322	0.4725	0.2048
2003	0.6227	0.2631	0.4892	0.2161

年份	工业绿色生产效率		工业绿色生产规模效率	
	均值	标准差	均值	标准差
2004	0.6300	0.2646	0.4977	0.2213
2005	0.6727	0.2692	0.5021	0.2221
2006	0.6882	0.2723	0.5177	0.2259
2007	0.5845	0.2033	0.5300	0.2315
2008	0.5673	0.2716	0.5364	0.2347
2009	0.5542	0.2716	0.5009	0.2177
2010	0.5437	0.2690	0.5200	0.2032
2011	0.5333	0.2716	0.4210	0.2041
2012	0.5210	0.2716	0.4870	0.2066
2013	0.5157	0.2716	0.4364	0.2001
2014	0.5134	0.2716	0.4352	0.2002
2015	0.5064	0.2716	0.4218	0.2001
2016	0.5051	0.2697	0.4118	0.2013
2017	0.5031	0.2664	0.4108	0.2003

同时,可以看到东部地区工业绿色生产规模效率也呈现出与工业绿色生产效率类似的变动特征。总体而言,1998~2017年东部地区工业绿色生产规模效率总体上呈现出了"先增加后减小"的趋势。1998~2008年东部地区工业绿色生产规模效率由0.4527增加至0.5364,同时其标准差在不断增大。说明,在此期间东部地区提升绿色生产规模效率的同时,其内部差距也在不断扩大。自2008年起,东部地区工业绿色生产规模效率开始不断下降,由2008年的0.5364下降为2017年的0.4108,同时东部地区工业绿色生产规模效率的标准差也呈现出了不断下降。说明自2008年东部地区工业绿色生产规模效率下降的同时,区域内部工业绿色生产规模效率的差距也逐步缩小,这说明2008年以后东部地区整体出现了工业绿色生产规模效率的下滑特征。

由表6-8的计算结果见,1998~2017年东部11省(区、市)工业绿色生产效率均值最高的3个省份是天津、上海、辽宁,分别为0.8194、0.8071、0.8030;其均值最低的3个省份是海南、广东、河北,分别为0.3119、0.3688、0.4238。从工业绿色生产效率的标准差看,1998~2017年工业绿色生产效率波动幅度最大的 3 个省份是上海、北京、浙江；而其波动幅度最低的 3 个省份是山东、河北、海南。1998～2017 年工业绿色生产规模效率均值最高的 3 个省份是河北、北京、辽宁，分别为 0.8900、0.8844、0.8100；其均值最低的 3 个省份是山东、江苏、海南，分别是 0.4375、0.4988、0.5675。1998～2017 年工业绿色生产规模效率波幅最大的 3 个省份是广东、辽宁、海南；而其波幅最低的 3 个省份是山东、福建、河北。

表 6 - 8 　　　　东部地区省份工业绿色生产效率和绿色生产规模效率

省份	工业绿色生产效率		工业绿色生产规模效率	
	均值	标准差	均值	标准差
北京	0.5394	0.0387	0.8844	0.0126
天津	0.8194	0.0226	0.7894	0.0226
河北	0.4238	0.0050	0.8900	0.0073
辽宁	0.8030	0.0120	0.8100	0.0540
上海	0.8071	0.0500	0.7700	0.0350
江苏	0.4981	0.0187	0.4988	0.0196
浙江	0.4744	0.0258	0.7881	0.0105
福建	0.5131	0.0154	0.7638	0.0062
山东	0.4375	0.0045	0.4375	0.0045
广东	0.3688	0.0213	0.7963	0.0895
海南	0.3119	0.0098	0.5675	0.0397

由表 6 - 9 的计算结果可见：1998～2017 年中部地区工业绿色生产效率总体上呈现出了"先增加后减小"的趋势。1998～2006 年中部地区工业绿色生产效率由 0.3138 增加至 0.4874，同时中部地区工业绿色生产效率的标准差在不断增大，说明，在此期间中部地区绿色生产效率提升的同时，地区内工业绿色生产效率的差距在不断增加。但自 2007 年开始中部地区工业绿色生产效率开始不断下降，由 2007 年的 0.4113 下降为 2017 年的 0.3281，同时中部地区工业绿色生产效率的标准差在不断下降。说明自 2007 年中部工业绿色生产效率整体下滑的同时，区内工业绿色生产效率的差距也逐渐缩小。中部地区工业绿色生产规模效率与工业绿色生产效率呈现出相似的变动趋势。由此可见，1998～2017 年中部地区工业

绿色生产规模效率总体上表现出了"先增加后减小"的趋势,其中,中部地区 1998~2007 年的工业绿色生产规模效率由 0.3488 增加至 0.4416,同时其标准差不断增大,说明在此期间中部地区绿色生产规模效率有所提升,而其内部差距也在不断增加。自 2008 年开始中部地区工业绿色生产规模效率开始不断下降,由 2008 年的 0.4188 下降为 2017 年的 0.3591,同时中部地区工业绿色生产规模效率的标准差也不断下降。说明自 2008 年以来,中部地区工业绿色生产规模效率呈下滑走势,区域内部工业绿色生产规模效率的差距也逐渐缩小。

表 6 - 9   1998~2017 年中部地区工业绿色生产效率和绿色生产规模效率

年份	工业绿色生产效率		工业绿色生产规模效率	
	均值	标准差	均值	标准差
1998	0.3138	0.0421	0.3488	0.0247
1999	0.3088	0.0537	0.3650	0.0267
2000	0.3300	0.0807	0.3738	0.0272
2001	0.3650	0.0971	0.3963	0.0311
2002	0.3890	0.0930	0.3938	0.0342
2003	0.3975	0.0977	0.4175	0.0388
2004	0.4106	0.0997	0.4208	0.0389
2005	0.4221	0.1058	0.4237	0.0410
2006	0.4874	0.1118	0.4350	0.0407
2007	0.4113	0.0916	0.4416	0.0354
2008	0.4003	0.0894	0.4188	0.0348
2009	0.3923	0.0803	0.4099	0.0276
2010	0.3850	0.0860	0.3905	0.0266
2011	0.3773	0.0894	0.3877	0.0254
2012	0.3627	0.0834	0.3804	0.0241
2013	0.3551	0.0822	0.3751	0.0227
2014	0.3532	0.0819	0.3742	0.0213
2015	0.3492	0.0811	0.3659	0.0208
2016	0.3471	0.0809	0.3632	0.0201
2017	0.3281	0.0801	0.3591	0.0201

由表 6 - 10 可见，1998~2017 年中部 8 省份工业绿色生产效率均值最高的 3 个省份为吉林、湖南、湖北，分别是 0.7563、0.7450、0.7413；其均值最低的 3 个省份为安徽、山西、黑龙江，分别是 0.5169、0.5469、0.5863。从 1998~2017 年工业绿色生产效率的标准差看，1998~2017 年工业绿色生产效率波动幅度最大的 3 个省份为湖南、黑龙江、江西；而其波动幅度最小的 3 个省份为河南、安徽、湖北。1998~2017 年工业绿色生产规模效率均值最高的 3 个省份为河南、黑龙江、吉林，分别是 0.7756、0.7256、0.7213；其均值最低的 3 个省份为湖北、安徽、湖南，分别是 0.6575、0.6775、0.6950。1998~2017 年工业绿色生产规模效率波动幅度最大的 3 个省份为安徽、湖南、山西；而其波动幅度最小的 3 个省份为河南、湖北、江西。

表 6 - 10　　　　　中部地区省份工业绿色生产效率和绿色生产规模效率

省份	工业绿色生产效率		工业绿色生产规模效率	
	均值	标准差	均值	标准差
山西	0.5469	0.0114	0.7000	0.0167
吉林	0.7563	0.0096	0.7213	0.0136
黑龙江	0.5863	0.0178	0.7256	0.0163
安徽	0.5169	0.0060	0.6775	0.0181
江西	0.6031	0.0135	0.7188	0.0081
河南	0.6981	0.0054	0.7756	0.0051
湖北	0.7413	0.0072	0.6575	0.0077
湖南	0.7450	0.0225	0.6950	0.0179

从表 6 - 11 的计算结果可见，1998~2017 年西部地区的工业绿色生产效率总体上呈现出了不断增加的趋势。1998~2006 年西部地区工业绿色生产效率缓慢增加，由 0.4640 增加至 0.4490，同时西部地区工业绿色生产效率的标准差在不断增大。在此期间西部地区提升绿色生产效率的同时，其内部的工业绿色生产效率的差距也是在不断扩大。自 2007 年来西部地区工业绿色生产效率更为显著的增加，由 0.5101 增加为 0.7099，增加幅度非常显著，同时其标准差也呈现出不断下降。说明自 2007 年西部地区工业绿色生

产效率提升的同时，其内部工业绿色生产效率的差距也呈现出逐渐缩小的趋势。西部的地区工业绿色生产规模效率也同时呈现出与工业绿色生产效率类似的变动趋势。

表 6 – 11　　　　1998 ~ 2017 年西部地区绿色生产效率和绿色生产规模效率

年份	工业绿色生产效率		工业绿色生产规模效率	
	均值	标准差	均值	标准差
1998	0.4640	0.3535	0.4580	0.1321
1999	0.4770	0.3663	0.4510	0.1358
2000	0.4780	0.3798	0.4621	0.1645
2001	0.4810	0.3816	0.4447	0.1733
2002	0.4340	0.3980	0.4330	0.1879
2003	0.4376	0.3988	0.4280	0.2013
2004	0.4800	0.4069	0.4410	0.2240
2005	0.4933	0.4279	0.4766	0.2340
2006	0.4990	0.4384	0.4792	0.2446
2007	0.5101	0.4066	0.5250	0.2159
2008	0.5268	0.3913	0.5399	0.1928
2009	0.5690	0.3682	0.5673	0.1904
2010	0.5933	0.3554	0.5893	0.1852
2011	0.6047	0.3490	0.6211	0.1803
2012	0.6486	0.3013	0.6365	0.1774
2013	0.7099	0.2887	0.6974	0.1665
2014	0.7099	0.2887	0.6974	0.1665
2015	0.7112	0.2896	0.7121	0.1623
2016	0.7123	0.2723	0.7321	0.1546
2017	0.7073	0.2892	0.7291	0.1532

由表 6 – 12 的计算结果可见：1998 ~ 2017 年西部 10 省份工业绿色生产效率均值最高的 3 个省份为云南、陕西、广西，分别是 0.8594、0.8402、0.7138；其均值最低的 3 个省份为贵州、四川、内蒙古，分别是 0.4663、0.4725、0.5363。从 1998 ~ 2017 年工业绿色生产效率的标准差看，1998 ~ 2017

年工业绿色生产效率波动幅度最大的 3 个省份为新疆、广西、宁夏；而其波动幅度最小的 3 个省份为四川、陕西、内蒙古。1998 ~ 2017 年工业绿色生产规模效率均值最高的 3 个省份为云南、陕西、甘肃，分别是 0.8444、0.8027、0.7869；其均值最低的 3 个省份为内蒙古、广西、新疆，分别是 0.5369、0.6019、0.6225。1998 ~ 2017 年工业绿色生产规模效率波动幅度最大的 3 个省份为新疆、广西、甘肃；而其波动幅度最小的 3 个省份为陕西、贵州、青海。

表 6 – 12　　　　西部地区省份工业绿色生产效率和绿色生产规模效率

省份	工业绿色生产效率		工业绿色生产规模效率	
	均值	标准差	均值	标准差
四川	0.4725	0.0077	0.7344	0.0312
贵州	0.4663	0.0383	0.7769	0.0140
云南	0.8594	0.0129	0.8444	0.0371
陕西	0.8402	0.0000	0.8027	0.0100
甘肃	0.6869	0.0525	0.7869	0.0525
青海	0.6631	0.0166	0.7144	0.0179
宁夏	0.6881	0.0546	0.7738	0.0361
新疆	0.6969	0.1697	0.6225	0.1436
广西	0.7138	0.0612	0.6019	0.0692
内蒙古	0.5363	0.0305	0.5369	0.0334

6.2.3　中国的区域工业绿色生产效率的差异化检验

东、中、西三大区域间工业绿色生产效率和工业绿色生产规模效率使用的成对数据差异的检验方法，来检验其是否呈现典型的地区差异。目前常用的成对数据差异检验方法有参数方法——t - 检验方法和非参数方法——莱曼（Lehanman）检验方法。本节选择典型年份 1998 年、2005 年、2012 年和 2017 年分别进行成对数据的差异检验。

1. 参数检验方法——t - 检验

不同地区工业绿色生产效率差异和绿色生产规模效率差异的 t 检验结果如表 6 – 13 所示。

表 6-13   不同区域工业绿色生产效率差异和绿色生产规模效率差异的 t 检验

地区	绿色生产效率差异				绿色生产规模效率差异			
	1998 年	2005 年	2012 年	2017 年	1998 年	2005 年	2012 年	2017 年
西部与中部地区	0.9212	0.9498	11.2670 ***	12.1284 ***	0.6570	5.9920 **	11.7910 ***	5.9960 **
西部与东部地区	10.3060 ***	6.9885 **	4.2182 **	9.6836 ***	4.2610 **	8.2380 **	6.8310 **	11.7830 ***
中部与东部地区	2.6948 *	8.8100 ***	9.9026 ***	4.2366 **	9.5080 ***	6.5760 **	3.4610 *	3.4950 *

注：*，**，*** 分别表示在显著性水平 10%，5%，1% 上显著。

由表 6-13 的参数 t – 检验结果可见 1998 年和 2005 年，东部与中部、东部与西部工业绿色生产效率之间均存在显著差异，但中部和西部工业绿色生产效率之间的差异并不显著。2012 年和 2017 年，东、中、西部地区工业绿色生产效率之间均存在显著差异。1998 年，东部与中部、东部与西部工业绿色生产规模效率均存在显著差异，但中部和西部工业绿色生产效率之间差异并不显著。2005 年、2012 年和 2017 年，东、中、西部地区的工业绿色生产规模效率均存在显著差异。

2. 非参数检验方法——莱曼检验

地区间工业绿色生产效率和绿色生产规模效率差异的莱曼检验结果如表 6-14 所示。

表 6-14   不同区域工业绿色生产效率差异和绿色生产规模效率差异的莱曼检验

比较地区	绿色生产效率差异				绿色生产规模效率差异			
	1998 年	2005 年	2012 年	2017 年	1998 年	2005 年	2012 年	2017 年
西部与中部地区	0.4013	0.8256	7.8566 ***	2.9835 *	0.1810	12.3710 ***	5.5840 **	3.2550 *
西部与东部地区	2.5228 *	9.1822 ***	4.7149 **	3.5311 **	11.5970 ***	9.3890 ***	6.7890 **	10.9810 ***
中部与东部地区	4.2582 **	2.5544 *	11.0143 ***	3.6365 **	10.2980 **	8.9230 ***	3.3970 *	4.7800 **

注：*，**，*** 分别表示在显著性水平 10%，5%，1% 上显著。

由表 6 – 14 非参数莱曼检验结果可见，1998 年和 2005 年东部与中部、东部与西部工业绿色生产效率间均存在显著差异，但中部和西部工业绿色生产效率间差异并不显著。2012 年和 2017 年东、中、西部地区的工业绿色生产效率之间均存在显著差异。1998 年东部与中部、东部与西部工业绿色生产规模效率均存在显著差异，但中部和西部工业绿色生产效率之间的差异并不显著。2005 年、2012 年和 2017 年，东、中、西部地区工业绿色生产规模效率均存在显著差异。

从全国来看，1998～2017 年，全国各省份工业绿色生产效率的均值和标准差都呈现出"先稳定、后增长"的特征，表明各省份工业绿色生产效率在不断提高，而不同省份间的工业绿色生产效率差异在不断扩大。同时，全国各省份工业绿色生产规模效率均值呈现出了一个"先增加后减小"的变化趋势，而其标准差却呈现出不断增加的趋势，表明各省份工业绿色生产规模效率呈现出"先升后降"的特征，而且不同省份间工业绿色生产规模效率差异在不断扩大。

从三大地区来看：（1）1998～2017 年，东部地区工业绿色生产效率均值总体上呈现出了"先增后减"的趋势，其标准差总体上呈现出"先增加后稳定"的趋势；表明东部地区工业绿色生产效率呈现出"先提高、后下降"的特征并且其内部省份间工业绿色生产效率的差距不断增加，保持扩大趋势。东部地区的工业绿色生产规模效率也呈现出与工业绿色生产效率类似的变动趋势，其均值和标准差都呈现出了"先增加、后减小"的变化。表明东部地区工业绿色生产规模效率"先提高、后下降"的过程中，其区域内省份间工业绿色生产规模效率的差距呈"先扩大、后收敛"的特征。（2）1998～2017 年，中部地区工业绿色生产效率的均值和标准差总体上呈现出了"先增加、后减小"的趋势，其内部省份工业绿色生产效率的差距呈"先扩大、后收敛"的特征。进一步分析，可见中部地区间工业绿色生产规模效率也呈现出与工业绿色生产效率类似的变动趋势，即中部地区工业绿色生产规模效率"先提高、后下降"的过程中，其区域内部省份间工业绿色生产规模效率的差距呈"先扩大、后收敛"的特征。（3）1998～2017 年，西部地区工业绿色生产效率的均值总体上呈现出不断增加的趋势，而标准差呈现出了"先增加、后减小"的趋势。说明西部地区工业绿色生产效率不断提高的同时，其区域内部省份间工业绿色生产效率的差距呈"先扩大、后收敛"的特征。而其工业绿色生产规模效率也呈现出与工业绿色生产效率类似的变动趋势，即在西部地区工业绿色生产规模效率不断提高的同时，其区域内部省份间工业绿色生产规模效率的差距呈"先扩大、后收敛"的特征。

参数和非参数检验发现，随着时间的推移，三大地区间工业绿色生产效率和工业绿色生产规模效率之间的差距逐步增加，这说明区域工业绿色发展表现出显著的静态不均衡特征。

6.3 中国的区域工业绿色全要素生产率的特征分析

6.3.1 全国工业绿色全要素生产率及其分解趋势分析

本节运用非合意产出的距离函数法及 Bootstrap 方法，借助 onfront 2.0 软件以及 Simar 开发的 DEA Bootstrap 中 R 软件包，对 1998～2017 年各省份工业绿色全要素生产率及其分解出的绿色技术进步率指标和绿色技术效率变动指标进行分析，表 6 - 15 是 1998～2017 年全国绿色全要素生产率均值。

表 6 - 15 　　　　　　　1998～2017 年全国工业绿色全要素生产率

年度	工业绿色全要素生产率		年度	工业绿色全要素生产率	
	均值	标准差		均值	标准差
1998～1999	1.0387	0.0452	2008～2009	0.9913	0.0289
1999～2000	1.0457	0.0441	2009～2010	0.9353	0.2085
2000～2001	0.9910	0.1658	2010～2011	1.2377	1.1842
2001～2002	1.0407	0.0408	2011～2012	0.9007	0.0529
2002～2003	1.0410	0.0458	2012～2013	0.9913	0.0281
2003～2004	1.0347	0.0790	2013～2014	1.0013	0.1251
2004～2005	1.0190	0.0873	2014～2015	1.0027	0.2798
2005～2006	1.0357	0.0470	2015～2016	1.0013	0.0281
2006～2007	1.0373	0.0523	2016～2017	1.0783	0.1235
2007～2008	1.0127	0.0526			

由表 6 - 15 可见，在 1998～2000 年、2001～2008 年、2010～2011 年、2013～2017 年等时段，全国工业绿色全要素生产率指数均大于 1，说明全国工业绿色全要素生产率均在提高。而在 2000～2001 年、2008～2010 年、2011～2013 年这些时段，全国绿色生产率指数均小于 1，说明在此期间全国工业绿色全要素生产率均呈下降趋势。中国工业绿色全要素生产率的演化规律在整体上以 2008 年为分界点，出现了由递增至递减的结构性转变。

1998～2017 年全国各省份绿色技术进步率和绿色技术效率变动情况如表 6-16所示。

表 6 - 16　　　　1998～2017 年全国工业绿色技术进步率和绿色技术效率变动

年度	工业绿色技术进步率		工业绿色技术效率变动	
	均值	标准差	均值	标准差
1998～1999	1.0563	0.0375	0.9820	0.0206
1999～2000	1.0470	0.0294	0.9977	0.0309
2000～2001	0.9923	0.1476	0.9943	0.0502
2001～2002	1.0610	0.0320	0.9807	0.0285
2002～2003	1.0493	0.0404	0.9903	0.0163
2003～2004	1.0283	0.0836	1.0063	0.0312
2004～2005	1.0320	0.0868	0.9887	0.0369
2005～2006	1.0383	0.0539	0.9980	0.0214
2006～2007	1.0377	0.0668	1.0017	0.0388
2007～2008	0.9963	0.0580	1.0160	0.0302
2008～2009	0.9913	0.0289	1.0000	0.0000
2009～2010	0.8630	0.2439	1.1467	0.4100
2010～2011	1.3543	1.0164	0.9267	0.1715
2011～2012	0.8923	0.0087	1.0000	0.0520
2012～2013	0.9913	0.0254	1.0000	0.0740
2013～2014	1.0745	0.1328	1.0002	0.1230
2014～2015	1.0019	0.0278	1.0014	0.0528
2015～2016	1.1313	0.0279	1.0023	0.0327
2016～2017	1.2312	0.0639	1.0000	0.1273

注：按照第 3 章中全要素生产率指数分解方法，可将绿色全要素生产率分解为绿色技术进步率和绿色纯技术效率。

由表6-16可见，全国工业绿色技术进步率在2000~2001年、2007~2010年、2011~2013年这些时间段均小于1，表明在这些时段全国工业绿色技术进步水平处于一个显著下降的趋势。与此同时，2007年之前大部分年份的全国工业绿色技术效率变动都小于1，但是在2007年之后的大部分年份则均大于或等于1，这说明2007年是全国工业绿色技术效率由递增转为递减的时间拐点。上述发现说明全国工业绿色技术进步率和工业绿色技术效率变动在2007~2008年前后发生了两种截然相反的结构性变化：前者以2008年为拐点从递增变为递减，而后者以2007年为拐点从递减变为递增。

6.3.2 三大区域工业绿色全要素生产率及其分解趋势分析

本书计算了东、中、西地区工业绿色全要素生产率，以得出中国各地区工业绿色全要素生产率的演化特征。具体结果见表6-17。由表6-17可见：（1）1998~2008年、2013~2017年，东部地区工业绿色全要素生产率指数均大于1，在此期间，东部地区的工业绿色全要素生产率不断提高。所以东部地区工业绿色全要素生产率呈现出"先增、后降、再增"的趋势。（2）中部地区工业绿色全要素生产率指数在1998~2009年、2011~2017年均大于1，在此期间中部地区工业绿色生产率在不断提高。（3）西部地区工业绿色全要素生产率的变化趋势出现较大波动。在2000~2001年、2003~2005年、2008~2010年、2011~2013年等时间段西部地区的工业绿色全要素生产率指数均小于1，说明在这些时间段西部地区工业绿色全要素生产率呈下降趋势；而在其他时间段，西部地区工业绿色全要素生产率指数均大于1，说明其工业绿色全要素生产率在提高。

表6-17　　1998~2017年东、中、西部地区工业绿色全要素生产率

年度	东部地区		中部地区		西部地区	
	均值	标准差	均值	标准差	均值	标准差
1998~1999	1.0555	0.0113	1.0400	0.0407	1.0270	0.0631
1999~2000	1.0618	0.0147	1.0500	0.0441	1.0320	0.0577
2000~2001	1.0400	0.0377	1.0525	0.0392	0.8890	0.2607

年度	东部地区		中部地区		西部地区	
	均值	标准差	均值	标准差	均值	标准差
2001～2002	1.0536	0.0383	1.0525	0.0345	1.0210	0.0433
2002～2003	1.0555	0.0250	1.0625	0.0403	1.0140	0.0540
2003～2004	1.0573	0.0310	1.0588	0.0387	0.9960	0.1214
2004～2005	1.0473	0.0215	1.0563	0.0381	0.9640	0.1303
2005～2006	1.0527	0.0228	1.0513	0.0372	1.0130	0.0593
2006～2007	1.0591	0.0284	1.0388	0.0685	1.0220	0.0487
2007～2008	1.0282	0.0271	1.0088	0.0627	1.0080	0.0614
2008～2009	0.9973	0.0090	1.0000	0.0000	0.9770	0.0474
2009～2010	0.9300	0.1518	0.9950	0.0151	0.8760	0.3221
2010～2011	1.0782	0.2147	0.9925	0.0175	1.6440	2.0459
2011～2012	0.9233	0.0111	1.0000	0.0269	0.9342	0.0852
2012～2013	0.9601	0.0342	1.0000	0.0114	0.9770	0.0387
2013～2014	1.0231	0.0231	1.0012	0.0232	1.0003	0.0437
2014～2015	1.0371	0.0215	1.0015	0.0267	0.9770	0.0279
2015～2016	1.0029	0.0342	1.0011	0.0214	1.0012	0.0327
2016～2017	1.0961	0.0212	1.0321	0.0114	1.0223	0.0217

由表6-18可见，在2008～2010年、2011～2013年等时间段，东部地区工业绿色技术进步率全小于1，表明在这些时间段东部地区工业绿色技术进步水平呈现一个显著下降趋势。而在1999～2001年、2007～2010年、2011～2017年等时间段，东部地区工业绿色技术效率变动全都大于或等于1，表明在这些时段东部地区工业绿色技术效率变动水平呈现出一个平稳上升的走势。由此可见，东部地区和全国整体的工业绿色技术进步率和工业绿色技术效率变动都以2008年为拐点，呈现出截然相反的结构性变化。

表6-18   1998~2017年东部地区工业绿色技术进步率和绿色技术效率变动

年度	工业绿色技术进步率		工业绿色技术效率变动	
	均值	标准差	均值	标准差
1998~1999	1.0618	0.0154	0.9945	0.0104
1999~2000	1.0600	0.0118	1.0009	0.0094
2000~2001	1.0327	0.0467	1.0064	0.0175
2001~2002	1.0636	0.0229	0.9551	0.0240
2002~2003	1.0627	0.0142	0.9918	0.0147
2003~2004	1.0618	0.0303	0.9945	0.0121
2004~2005	1.0627	0.0205	0.9864	0.0180
2005~2006	1.0627	0.0185	0.9909	0.0114
2006~2007	1.0709	0.0291	0.9891	0.0170
2007~2008	1.0209	0.0266	1.0073	0.0174
2008~2009	0.9973	0.0090	1.0000	0.0633
2009~2010	0.9136	0.1613	1.0209	0.0511
2010~2011	1.1018	0.2351	0.9809	0.0453
2011~2012	0.7735	0.0112	1.0000	0.0643
2012~2013	0.9621	0.0897	1.0000	0.0144
2013~2014	1.0123	0.0127	1.0039	0.0123
2014~2015	1.0311	0.0297	1.0021	0.0112
2015~2016	1.0021	0.1227	1.0007	0.0124
2016~2017	1.0779	0.2117	1.0019	0.0121

由表6-19可见，2008~2013年，中部地区工业绿色技术进步率小于或等于1，表明中部地区工业绿色技术进步水平在该阶段呈现出"下降或不变"的趋势；而在2008年前中部地区工业绿色技术进步率都大于1，表明中部地区工业绿色技术进步水平在这些时期呈现出一个显著上升的趋势。对于中部地区工业绿色技术效率变动来说，在整个样本期间（1998~2013年）均在1左右波动，无明显规律。

表6-19　　1998~2017年中部地区工业绿色技术进步率和绿色技术效率变动

年度	工业绿色技术进步率		工业绿色技术效率变动	
	均值	标准差	均值	标准差
1998~1999	1.0600	0.0342	0.9800	0.0233
1999~2000	1.0538	0.0272	0.9963	0.0256
2000~2001	1.0463	0.0272	1.0075	0.0183
2001~2002	1.0663	0.0250	0.9863	0.0177
2002~2003	1.0650	0.0302	0.9975	0.0175
2003~2004	1.0538	0.0350	1.0063	0.0283
2004~2005	1.0538	0.0469	1.0025	0.0198
2005~2006	1.0513	0.0479	0.9988	0.0217
2006~2007	1.0413	0.0718	0.9988	0.0422
2007~2008	1.0050	0.0697	1.0013	0.0314
2008~2009	1.0000	0.0000	1.0000	0.0000
2009~2010	0.9625	0.0413	1.0350	0.0487
2010~2011	1.0263	0.0354	0.9675	0.0443
2011~2012	1.0000	0.0114	0.892	0.0334
2012~2013	1.0000	0.0214	0.9831	0.0632
2013~2014	1.0023	0.0121	1.0009	0.0133
2014~2015	1.0021	0.0227	1.0017	0.0137
2015~2016	1.0012	0.1127	1.0016	0.0124
2016~2017	1.0237	0.0117	1.0018	0.1221

由表6-20可见，在2000~2001年、2003~2005年、2007~2010年、2011~2013年等时间段，西部地区工业绿色技术进步率均小于1，表明在这些时间段西部工业绿色技术进步水平呈现出一个显著下降的趋势。而在1998~2003年、2004~2005年、2010~2013年等时间段，西部地区绿色技术效率变动均小于1，表明在这些时间段西部地区工业绿色技术效率变动水平呈现出显

著下降的趋势。

表 6 – 20　　　1998 ~ 2017 年西部地区工业绿色技术进步率和绿色技术效率变动

年度	工业绿色技术进步率		工业绿色技术效率变动	
	均值	标准差	均值	标准差
1998 ~ 1999	1.0520	0.0551	0.9730	0.0206
1999 ~ 2000	1.0310	0.0370	0.9990	0.0479
2000 ~ 2001	0.9040	0.2323	0.9720	0.0813
2001 ~ 2002	1.0590	0.0436	0.9630	0.0347
2002 ~ 2003	1.0270	0.0554	0.9840	0.0165
2003 ~ 2004	0.9760	0.1238	1.0200	0.0445
2004 ~ 2005	0.9880	0.1335	0.9790	0.0586
2005 ~ 2006	1.0090	0.0684	1.0060	0.0288
2006 ~ 2007	1.0110	0.0740	1.0140	0.0510
2007 ~ 2008	0.9730	0.0600	1.0360	0.0331
2008 ~ 2009	0.9770	0.0474	1.0000	0.0331
2009 ~ 2010	0.7210	0.3557	1.3700	0.0671
2010 ~ 2011	1.9240	1.6500	0.8430	0.0277
2011 ~ 2012	0.8201	0.0474	0.9281	0.0643
2012 ~ 2013	0.8802	0.0474	0.8631	0.0042
2013 ~ 2014	1.0003	0.0121	1.0009	0.0133
2014 ~ 2015	0.9891	0.0221	0.8917	0.0221
2015 ~ 2016	1.0011	0.1127	1.0007	0.0158
2016 ~ 2017	1.0237	0.0227	1.0018	0.1221

6.3.3　中国工业绿色全要素生产率的差异化检验

通过使用成对数据差异的检验方法，对东、中、西部地区间的工业绿色全要素生产率是否呈现典型的地区差异进行检验。本节选择 1998 ~ 1999 年、

2005～2006 年、2012～2013 年、2016～2017 年等典型年份分别进行成对数据的差异化检验。不同地区工业绿色全要素生产率差异的参数和非参数检验结果如表 6 – 21 所示。

1. 参数检验方法——t - 检验

由表 6 – 21 的参数 t - 检验结果可见，1998～1999 年、2005～2006 年、2012～2013 年和 2016～2017 年，东、中、西部三大地区工业绿色生产效率之间均存在显著的差异。

表 6 – 21　　不同区域工业绿色全要素生产率差异的 t 检验和莱曼检验

比较地区	t 检验				莱曼检验			
	1998～1999 年	2005～2006 年	2012～2013 年	2016～2017 年	1998～1999 年	2005～2006 年	2012～2013 年	2016～2017 年
西部与中部	3.0115 *	8.7826 ***	3.2859 *	4.1935 **	6.0021 **	6.9736 **	11.7449 ***	11.3269 ***
西部与东部	3.6933 *	5.0906 **	11.3183 ***	12.4559 ***	8.2040 ***	9.1066 ***	5.2195 **	4.5868 *
中部与东部	3.3928 *	9.0150 ***	7.0085 **	8.5155 **	3.1887 *	3.8809 *	11.9717 ***	9.4556 ***

注：*，**，*** 分别表示在显著性水平 10%，5%，1% 上显著。

2. 非参数检验方法——莱曼检验

由表 6 – 21 的非参数莱曼检验结果可见，1998～1999 年、2005～2006 年、2012～2013 年和 2016～2017 年，东、中、西部三大地区的工业绿色全要素生产率均存在显著的差异。

全国及三大地区的工业绿色全要素生产率的演化规律呈现出相似的演化特征：其以 2008 年为拐点，呈现出显著的结构性转变，由结构转变点之前的递增转变为递减。（1）1998～2008 年、2013～2017 年（除 2000～2001 年之外）全国工业绿色全要素生产率指数均大于 1，而在 2008～2013 年（除 2010～2011 年之外）全国绿色生产率指数均小于 1。（2）在 2008 年前和 2013 年后东部地区的工业绿色全要素生产率指数均大于 1，而在其后年份（除 2010～2011 年之外）均小于 1，表明其整体上呈现出"先增、后降、再增"的走势。（3）中部地区工业绿色全要素生产率指数在 2009 年之前和 2011 年之后均大于 1 而在

2009～2011 年小于或等于 1，说明在此期间中部地区工业绿色全要素生产率出现"先增、后降、再增"的趋势。（4）西部地区工业绿色全要素生产率呈现较大的波动趋势。在 2000～2001 年、2003～2005 年、2008～2010 年、2011～2013 年等时段西部地区工业绿色全要素生产率指数均小于 1，而在其他时段西部地区工业绿色全要素生产率指数均大于 1。全国及三大地区工业绿色全要素生产率呈现出相似的演化特征。2008 年以前和 2013 年之后，全国及三大地区的工业绿色全要素生产率都以增长为主；而 2008～2013 年，全国及三大地区工业绿色全要素生产率都以下降或不变为主。

从全国工业绿色全要素生产率分解指标看：2007 年之后大部分年份（除 2010～2011 年）全国工业绿色技术进步率均小于 1，说明在这些时段全国工业绿色技术进步水平呈现出显著下降的趋势。与此同时，在 2007 年之前大部分年份中，全国工业绿色技术效率变动均小于 1，其后年份的大部分时间里大于或等于 1，说明全国工业绿色技术效率以 2007 年为拐点，由递减变为递增或不变。由此可见，在 2007～2008 年前后，全国工业绿色技术进步率和工业绿色技术效率变动发生了完全相反的结构性转变，即前者以 2008 年为拐点由递增变为递减，而后者以 2007 年为拐点由递减变为递增。

将东、中、西部工业绿色全要素生产率进行分解可以看出，各自具有不同的变化特征：（1）在 2008～2013 年，东部地区工业绿色技术进步率均小于 1，表明在这时段东部地区工业绿色技术进步水平处于一个显著下降的趋势特征。而在 2007 年之后的大部分年份，东部地区工业绿色技术效率变动均大于或等于 1，表明在这时段东部地区工业绿色技术效率变动水平处于一个稳定上升的趋势。由此可见，东部地区与全国的工业绿色技术进步率和工业绿色技术效率变动有着相似的演化特征，都以 2008 年为分界点呈现出截然相反的结构性变化。（2）2008～2013 年，中部地区工业绿色技术进步率小于或等于 1，表明中部地区工业绿色技术进步水平在该时期处于显著下降的趋势；而在 2008 年之前中部地区工业绿色技术进步率均大于 1，表明中部地区工业绿色技术进步水平在这时期处于显著上升的趋势。而对中部地区工业绿色技术效率变动而言，在 1998～2013 年的整个样本期间均在 1 左右波动，无明显规律。（3）在 2000～2001 年、2003～2005 年、2007～2010 年、2011～2013 年，西部地区工业绿色技术进步率均小于 1，表明在这时段西部工业绿色技术进步水平处于显著下降的趋势。而在 1998～2003 年、2004～2005 年、2010～2013 年，西部地区的绿色技术效率变动均小于1，表明在这些时间段西部地区的工业绿色技术效率变动水平处于显著下降的趋势。在2008年特别是2011年之后，西部地区工业绿色技术进步率和工业绿色技术效率变动均处于下降趋势。

经参数和非参数检验可知，随着时间的推移，东、中、西部工业绿色全要素生产率及其分解的指标之间呈现出不断扩大的差异，也就是区域工业绿色发展表现出显著的动态不均衡特征。

6.4 中国的区域工业绿色全要素生产率的现状分析：三种模型的对比

为了进一步分析考虑能源投入、污染排放后不同地区生产率对经济增长作用的差异，考虑三种情形：（1）"不考虑能源投入、污染排放"的工业投入产出过程；（2）"考虑能源投入、不考虑污染排放"的工业投入产出过程；（3）"既考虑能源投入，也考虑污染排放"的工业投入产出过程，分别测算其生产率并进行对比分析。需要指出的是由于各个省际地区工业生产过程中能源投入的类别并不一致，如果直接进行比较，缺乏比较的同一性。所以，本书将各个地区的四种主要一次性能源工业投入量，也就是煤炭、石油、天然气、水电，转换为统一的投入单位，用吨标准煤作为地区工业能源投入量进行相关生产率的测算。表6-22~表6-24分别是东、中、西三大地区在3种情况下的生产率计算结果。

表6-22　　　　1998~2017年东部地区3种情况下的生产率测算结果

年度	不考虑能源投入、污染排放	考虑能源投入、不考虑污染排放	考虑能源投入、污染排放
1998~1999	1.7607	1.3410	1.0076
1999~2000	1.6684	1.2289	0.9529
2000~2001	1.8310	0.7479	0.8667
2001~2002	1.9303	0.8170	0.8805
2002~2003	1.9256	0.7526	1.0958
2003~2004	1.9498	0.7574	1.0089

年度	不考虑能源投入、污染排放	考虑能源投入、不考虑污染排放	考虑能源投入、污染排放
2004～2005	1.6402	0.7520	0.8805
2005～2006	1.7690	1.0340	1.0610
2006～2007	1.9185	0.7883	1.0079
2007～2008	1.6809	1.2752	0.8994
2008～2009	1.7158	1.0351	0.8206
2009～2010	1.6503	1.2554	0.8086
2010～2011	1.6460	0.9000	0.8464
2011～2012	1.6892	0.9605	0.9105
2012～2013	1.7074	0.7195	0.9616
2013～2014	1.7532	0.8195	0.9743
2014～2015	1.8154	0.9132	0.9875
2015～2016	1.9234	0.9132	0.9875
2016～2017	1.9279	0.9131	1.1832
均值	1.7844	0.9434	0.9548

从表6-22的测算结果可以看到，东部地区在"不考虑能源投入、污染排放"下的工业投入产出过程中全要素生产率指数在1998～2017年均大于1。说明如果不考虑能源投入和环境污染的影响，东部地区生产率是在不断提高，对经济增长的影响也是不断增加。尤其是2000～2004年、2006～2007年、2014～2017年，生产率指数均超过了1.8，东部地区经济发展技术提高效果非常显著。但是如果在"考虑能源投入、不考虑污染排放"下，则东部地区生产率指数的提高就低于"不考虑能源投入、污染排放"下的工业投入产出过程中生产率指数。在"考虑能源投入、不考虑污染排放"下的工业投入产出过程中，东部地区在2000～2005年、2006～2007年、2010～2017年，生产率指数均小于1，说明考虑了工业生产过程中能源消耗，则东部地区技术是下降的。在此期间，东部地区技术提高对经济增长作用也是下降的。如果同时考虑工业生产过程中能源消耗、污染排放，则东部地区的生产率指数提高就更加有限。测算结果表明如果同时考虑工业生产过程中的能源消耗、污染排放，则东部地区的生产率指数仅在1998～1999年、2002～2004年、2005～2007年这些

时间段大于 1，在其他时间段中生产率指数均小于 1，说明绿色生产技术的提高并不明显。

从表 6 - 23 的测算结果可以看到，中部地区在"不考虑能源投入、污染排放"下的工业投入产出过程中全要素生产率指数除了 1999～2000 年、2009～2010 年，生产率指数均小于 1。如果不考虑工业经济增长中能源消耗、污染排放等因素，中部地区的工业经济发展技术提高也是非常显著的，技术提高对工业经济增长的作用也在不断增强。但是如同东部地区情形，一旦考虑了工业生产中能源消耗和污染排放，中部地区工业增长技术提高水平就低于"不考虑能源投入、污染排放"下的生产率指数。例如，在"考虑能源投入、不考虑污染排放"下的工业投入产出过程，中部地区仅在 1998～1999 年、2000～2001 年、2004～2006 年、2008～2010 年、2011～2017 年生产率指数是大于 1。而一旦考虑了能源投入和污染排放，则中部地区生产率提高更为有限，仅是在 2004～2006 年、2007～2008 年等时间段中生产率指数是大于 1，生产率是在提高的。

表 6 - 23　　　1998～2017 年中部地区 3 种情况下的生产率测算结果

年度	不考虑能源投入、污染排放	考虑能源投入、不考虑污染排放	考虑能源投入、污染排放
1998～1999	1.5929	1.0376	0.8483
1999～2000	0.9041	0.6449	0.6688
2000～2001	1.5720	1.0072	0.9012
2001～2002	1.4475	0.9398	0.8761
2002～2003	1.3452	0.8058	0.8211
2003～2004	1.0576	0.8740	0.8016
2004～2005	1.0939	1.0350	1.0796
2005～2006	1.1394	1.0466	1.0725
2006～2007	1.1682	0.9412	0.7866
2007～2008	1.1207	0.9190	1.0871
2008～2009	1.0099	1.0870	0.9814
2009～2010	0.9350	1.0408	0.8697
2010～2011	1.2599	0.9478	0.8255

续表

年度	不考虑能源投入、污染排放	考虑能源投入、不考虑污染排放	考虑能源投入、污染排放
2011 ~ 2012	1. 1027	1. 0071	0. 9892
2012 ~ 2013	1. 2939	1. 0953	0. 9699
2013 ~ 2014	1. 2532	1. 0193	0. 9743
2014 ~ 2015	1. 1154	1. 0133	0. 9875
2015 ~ 2016	1. 0234	1. 1202	0. 9879
2016 ~ 2017	1. 0232	1. 9132	1. 0012
均值	1. 1820	1. 0261	0. 9226

从表 6 - 24 的测算结果可以看到，西部地区在"不考虑能源投入、污染排放"下的工业投入产出过程中全要素生产率指数除了 2003 ~ 2004 年、2007 ~ 2008 年，生产率指数均大于 1，生产技术的提高非常明显，生产技术的提高对经济增长作用也在不断增加。但一旦考虑能源投入或者污染排放，西部地区生产率指数提高同样也不显著。一旦考虑了工业生产过程中集约型因素，西部地区生产技术提高就非常有限。

表 6 - 24 **1998 ~ 2017 年西部地区 3 种情况下的生产率测算结果**

年度	不考虑能源投入、污染排放	考虑能源投入、不考虑污染排放	考虑能源投入、污染排放
1998 ~ 1999	1. 2826	0. 9472	0. 8755
1999 ~ 2000	1. 0084	1. 0193	0. 9454
2000 ~ 2001	1. 2096	1. 0627	0. 8931
2001 ~ 2002	1. 0848	0. 8552	0. 9285
2002 ~ 2003	1. 3555	1. 0357	0. 9476
2003 ~ 2004	0. 9198	1. 0872	0. 9182
2004 ~ 2005	1. 2138	0. 9538	0. 8080
2005 ~ 2006	1. 0360	0. 9036	0. 7456
2006 ~ 2007	1. 2648	0. 7774	0. 9476
2007 ~ 2008	0. 8364	1. 0022	0. 9182

年度	不考虑能源投入、污染排放	考虑能源投入、不考虑污染排放	考虑能源投入、污染排放
2008～2009	1.0796	1.0708	0.7080
2009～2010	1.1635	0.8992	0.7456
2010～2011	1.0098	0.8688	0.8755
2011～2012	1.0662	1.0228	0.7454
2012～2013	1.0428	0.9433	0.7931
2013～2014	1.0321	0.9191	0.8742
2014～2015	1.0154	0.9134	0.8932
2015～2016	1.0235	0.9123	0.9120
2016～2017	1.0248	0.9282	1.0012
均值	1.0879	0.9538	0.8672

　　对上述的测算结果进行比较分析，可以看到1998～2017年，东、中和西部地区一旦考虑了能源消耗、污染排放之后，生产率指数的均值仅为0.9548、0.9226、0.8672，均小于1，测算结果说明各省工业绿色生产率在经济发展过程中没有明显升高，绿色生产效率较低。上述问题主要是由于现阶段较为缓慢的绿色工业技术进步导致的，在实际生产中主要表现为较低的工业环境治理和能源使用水平。我国各省工业绿色生产率并没有呈现出上升的趋势，也一定程度上说明了政府和企业对减排政策和碳排放约束没有给予高度的重视。而"十一五"和"十二五"期间的国内生产总值"政绩观"也在一定程度削弱了政府对上述问题的重视。政府应加强对工业经济绿色转型、地区经济可持续发展的政策支持。

　　三大地区在"考虑能源投入、不考虑污染排放"下的生产率指数均高于"既考虑能源投入，又考虑污染排放"的生产率指数。表明三大地区工业节能减排的成效较低，潜在的节能减排空间巨大，因此提高工业环境绩效应当成为各地区进行绿色转型的主要指导思想。而东部地区的工业经济在3种模型（指"不考虑能源投入、污染排放"的工业投入产出模型；"考虑能源投入、不考虑污染排放"的工业投入产出模型；"既考虑能源投入，又考虑污染排放"的工业投入产出模型）下测算出来的生产率指数均值均高于中部地区和西部地区，表明东部地区节能减排的效率、成效和绿色工业技术水平均高于中部和西部地区。实际上，工业企业的经营者更关注产出大小而非其生产活动对环境的负面影响。同时，政府在政绩考核的压力下更加重视重工业发展对整体经济的推动作用，从而忽略了经济可持续发展的重要性。在上述背景下，我国的生态建设和环境保护工作进展较为缓慢，不仅没能在"十五"计划期间完成期初规定的环境保护方面工作，而且"十一五"期间的环境质量在城镇化和工业化进程加速的背景下继续恶化，说明我国"粗放型"的经济增长方式还没有顺利转变，上述问题极大地威胁了我国的生态环境和经济可持续发展体系的构建。基于此，自"十一五"开始，我国经济发展与环境保护之间的关系从"环境换取增长"转变为"环境优化增长"。这种转变说明了环境保护在我国经济建设纲领中的地位已经提高为经济增长不可或缺的要素。在"十一五"期间，我国通过将环境保护工作量化为经济目标来确保上述转变的实施并将节能减排作为经济建设的重点。"十一五"期间对环境保护和节能减排的重视，积极促进了我国生态建设和环境保护工作的进程，我国环境治理投资也逐年上升，在实现经济增长的同时提前完成了 3 项基本约束性指标；各类工业污染物排放量显著下降；为了加大环境监管制度，地方政府推行了一系列与环保绩效挂钩的管理方案，以明确地方政府的环境保护职责并调动相关单位的积极性；同时企业也积极加入环境保护的队伍中，积极响应中央号召进行生产技术和工业管理制度的创新，推进技术前沿的改革，在实现工业节能减排目标的同时增加自身生产技术质量和效率。

但值得注意的是，在"十二五"期间，我国各地区的工业能耗强度没有明显的改善，该问题主要源自企业和居民的不支持和不配合。从企业的角度出发，尽管政府对应淘汰落后产能的高耗能和高污染企业给予了经济补贴和政策支持，但是这远不能弥补企业在经济效益上的损失，导致其遵纪守法的成本增加；从居民的角度出发，部分地区以限电等形式来实现节能减排的目标，这可能会对居民的工作和生活造成很大不便。上述问题引发了企业和居民对节能减排工作的消极态度，甚至还有一些抵制情绪，无形中阻碍了我国促进工业增长方式转变相关政策的实施。但随着绿色新发展理念的深入人心，上述情况在"十三五"有了较为明显的改善。

6.5 本章小结

　　利用方向距离函数的松弛变量估计方法测算了中国各省际地区 1998 ~ 2017 年的工业绿色生产效率和工业绿色全要素生产率及其分解指标。在测算结果基础上，总结归纳了中国工业绿色生产效率和工业绿色全要素生产率的演变特征，并利用参数方法和非参数方法检验了工业绿色生产效率和工业绿色全要素生产率的地区差异。

　　全国及三大地区工业绿色生产效率表现出相似的特征：各省份在 1998 ~ 2017 年间的工业绿色生产效率的均值和标准差都呈现出"先稳定、后增长"的特征，表明各省区工业绿色生产效率不断提高，而不同省区间的工业绿色生产效率差异也在不断扩大。同时，全国各省份工业绿色生产规模效率均值呈现出了一个"先增加、后减小"的变化，而其标准差却呈现出不断增加的趋势，说明各省区工业绿色生产规模效率表现出"先提高、后下降"的特征，而且不同省份间工业绿色生产规模效率差异也在不断扩大。全国及三大地区工业绿色全要素生产率也呈现出相似的演化特征：第一，存在显著的、相同的结构性转变特征；第二，存在明确的、相近的结构性转变时间。具体而言，在 2008 年前全国及三大地区工业绿色全要素生产率都以增长为主；而在 2008 年以后，全国及三大地区工业绿色全要素生产率都以下降或不变为主。之所以呈现出这样的演化特征与 2008 年的世界金融危机有很大关系，这次危机深刻影响了中国以出口和投资为主的经济发展模式，使得中国的国际贸易产生前所未有的危机，许多加工出口企业都陷入订单不足、成本高涨的困境中，使得中国经济发展的国际环境受到严重威胁，依靠增加要素投入、污染生存环境为代价的经济增长已经难以为继。

　　全国工业绿色全要素生产率分解指标说明，全国工业绿色技术进步率和工业绿色技术效率变动在相近拐点前后呈现出截然相反的结构性变化：全国工业绿色技术进步率的变化趋势以 2008 年为拐点由"递增转为递减"，相比之下，全国工业绿色技术效率变动趋势以 2007 年为拐点由"递减转为递增"。因此，2008 年的世界金融危机不仅严重影响了中国的经济发展模式，还进一步影响了中国经济发展的潜在能力。2008 年之前，随着中国国际贸易总量的不断攀升、外商直接投资的技术溢出效应不断显现，新技术的引进使得中国的工业绿色技术进步率在不断上升；而同一时期，由于中国工业生产能力的落后，对先进技术的消化、吸收、改造以至创新的过程缓慢，导致中国工业绿色技术效率的变化，相对于工业绿色技术进步率的上升，始终处于下降状态。但是这种状态在 2008 年之后发生了结构性转变。中国国际贸易总量持续下滑、外商直接投资总量也在不断下降，加上美国等西方国家发动"制造业回归"革命，使得中国新技术的引进不断遭受障碍，最终引起中国工业绿色技术进步率的下滑；而与此相对的是，中国工业绿色技术效率变动开始上升，表明中国注重练"内功"的政策已逐渐开始产生效果。但其总体成效还不显著，全国工业绿色全要素生产率因此出现明显的下滑趋势。而从东、中、西部地区的绿色全要素生产率分解指标计算结果来看，却各自具有不同的特征：（1）东部地区和全国的工业绿色技术进步率和工业绿色技术效率变动有着相似的演化趋势特征，即都以 2008 年为拐点，呈现出相反的结构性变化。（2）中部地区工业绿色技术进步率则出现了"先上升、后下降"的趋势；而中部地区工业绿色技术效率在整个样本期间均在 1 左右波动，无明显规律。（3）在 2008 年特别是 2011 年之后，西部地区工业绿色技术进步率和工业绿色技术效率变动都处于下降阶段。各地区工业绿色技术进步率和工业绿色技术效率变动的不同演化特征要求政府需针对不同地区制定差异化政策：东部地区应继续鼓励企业自身发展潜力的开发，积极引进和学习同领域先进技术，借此进一步提高工业绿色技术效率；中部地区则应该加大对企业进行技术创新的激励，有效促进中部地区工业绿色技术效率提高；而西部地区则应在降低成本、保护环境的原则下，积极引导东部和中部企业的产业转移，同时积极引导本地企业向中、西部地区的企业学习先进生产和管理经验，从而促进自身工业绿色技术效率的提升。

经参数和非参数检验可知，三大地区间工业绿色生产效率和工业绿色生产规模效率之间的差距也在不断扩大。在区域工业绿色发展中表现出显著的静态不均衡特征。同时，三大区域间工业绿色全要素生产率及其分解指标间产生不断扩大的差距，即区域工业绿色发展显示出动态不均衡特征。特别地，在考虑了能源消耗之后，东、中、西部地区的工业绿色生产率的均值均小于 1，表明各地区的工业绿色转型还没有取得显著成效。工业经济的能源产出水平相对较低，显示出较大的节能减排潜力。各地区要重视工业行业环境绩效提升对整个地区环境绩效水平的带动作用，积极达到环境绩效要求以实现工业绿色转型的目标。

第7章

中国的区域工业绿色全要素
生产率的收敛性分析

本章对前面测算的 1998～2017 年各省份工业绿色全要素生产率、工业绿色技术进步率、工业绿色技术效率进行空间相关性检验。由于 Moran I 指数、Geary C 指数和全局 G 指数检验均表明上述变量存在显著的空间相关性并且传统计量经济模型会忽略变量的空间效应影响，在传统 β 收敛性检验中，系数估计结果一定会存在偏误。因此，本书后续将在空间面板模型基础上对工业绿色全要素生产率、工业绿色技术进步率、工业绿色技术效率变动的测算值是否存在 β 收敛，分别进行静态和动态检验。

7.1 中国的区域工业绿色全要素生产率收敛性的静态检验

7.1.1 静态空间面板模型的设定与估计

1. 静态空间面板模型的设定

由于静态空间面板模型在应用中的广泛性，理论界提出了不同的设定形式，有安瑟兰、卡普等、巴尔塔吉等（Anselin, 1988; Kapooer et al., 2007; Baltagi et al., 2007; Anselin, 2010）。按照李和海（Lee and Hai, 2010）方法，采用模型（7 – 1）：

$$Y_{nt} = \lambda_{01} W_{n1} Y_{nt} + X_{nt}\beta_0 + \mu_n + U_{nt} \, , \, U_{nt} = \lambda_{02} W_{n2} U_{nt} + (I_n + \delta_{02} M_{n2}) V_{nt} \, , \, t = 1, \cdots, T$$

$$\mu_n = \lambda_{03} W_{n3}\mu_n + (I_n + \delta_{03} M_{n3}) c_{n0} \, , \, V_{nt} = \rho_0 V_{n,t-1} + e_{nt} \, , \, t = 2, \cdots, T$$

$$(7-1)$$

模型（7-1）由于包含了空间相关性、空间异质性和序列相关性，则称其为静态空间面板模型设定的一般形式。

空间面板模型设定的多样性决定了建模过程中选择合适的模型非常重要。对此问题，本书研究参考了安瑟兰（Anselin）和弗洛拉克斯（Florax）在 1995 年提出的判别准则：如果在空间相关性检验中，稳健的拉格朗日乘数滞后检验显著而稳健的拉格朗日乘数误差检验不显著，那么选择空间滞后模型（SLM）；反之，选择空间误差模型（SEM）。对于空间固定效应模型和空间随机效应模型的设定，常使用佩斯和勒萨热（Pace and LeSage，2008）提出的空间豪斯曼检验（Hausman）结果来选择。空间豪斯曼检验的基本思想如式（7-2）所示。

$$H_0 : d = 0 \, , \, h = d^T [Var(d)]^{-1} d \, , \, d = [\hat{\beta}, \hat{\delta}]_{FE}^T - [\hat{\beta}^T, \hat{\delta}]_{RE}^T \quad (7-2)$$

统计量 h 服从自由度为 $k+1$ 的 χ^2 分布。

2. 静态空间面板模型的估计

目前静态空间面板模型的估计方法主要有以下两大类：第一种为极大似然估计（Maximum Likelihood），以埃尔霍斯特（Elhorst，2004；2010）提出的无条件极大似然估计为代表。第二种就是科勒建（Kelejian，2010）等提出的广义矩估计（GMM）。

（1）面板空间模型的极大似然估计。

为了研究面板空间模型极大似然估计的基本原理，下面以随机效应空间自回归模型为例，对静态空间面板模型的极大似然估计原理进行简要说明，如式（7-3）所示。

$$Y_{nt} = \lambda_{01} W_{n1} Y_{nt} + X_{nt}\beta_0 + \mu_n + U_{nt} \, , \, t = 1, \cdots, T \quad (7-3)$$

采用 Breusch 的两步递归原理进行估计，以得到上述模型的极大似然估计结果。第一步先求出模型如式（7-4）的对数似然函数。

$$LogL = -\frac{NT}{2}\log(2\pi\sigma^2) + \frac{N}{2}\log\phi^2 - \frac{1}{2\sigma^2}\sum_{n=1}^{N}\sum_{t=1}^{T}(Y_{nt}^* - X_{nt}^*\beta_0)^2 \quad (7-4)$$

其中，ϕ 是面板截面方程组合权重因子且满足式（7-5）至式（7-7）限制条件。

$$0 \leq \phi^2 \leq \sigma^2/(T\sigma_\mu^2 + \sigma^2) \leq 1 \quad (7-5)$$

$$Y_{nt}^* = Y_{nt} - (1 - \phi) \frac{1}{T} \sum_{t=1}^{T} Y_{nt} \qquad (7-6)$$

$$X_{nt}^* = X_{nt} - (1 - \phi) \frac{1}{T} \sum_{t=1}^{T} X_{nt} \qquad (7-7)$$

在第一步估计中，首先利用无条件极大似然估计方法得到 β_0 和 σ^2 的如式（7-8）、式（7-9）估计。

$$\hat{\beta}_0 = (X^{*T} X^*)^{-1} X^{*T} Y^* \qquad (7-8)$$

$$\hat{\sigma} = (Y^* - X^* \hat{\beta}_0)^T (Y^* - X^* \hat{\beta}_0) / NT \qquad (7-9)$$

在第一估计获得 β_0 和 σ^2 估计的基础上对如下对数似然函数最大化，得到 ϕ 的估计式（7-10）。

$$LogL = -\frac{NT}{2} \log \left\{ \sum_{n=1}^{N} \sum_{t=1}^{T} (Y_{nt}^* - X_{nt}^* \hat{\beta}_0)^2 \right\} + \frac{N}{2} \log \phi^2 \qquad (7-10)$$

并将其代至对数似然函数式（7-4）中求解其最大值，得到系数的第二极大似然估计。

（2）面板空间模型的广义矩估计。

考虑如式（7-11）的面板回归模型

$$y_{it,N} = x_{it,N}^T \beta + u_{it,N}, \ i = 1, \cdots, N; t = 1, \cdots, T \qquad (7-11)$$

本书将每一个观测点进行横截面的累加，形成下述形式的模型（7-12），以便进行参数估计理论的推导：

$$y_N(t) = X_N(t)\beta + u_N(t), \ t = 1, \cdots, T \qquad (7-12)$$

式（7-12）中，$y_N(t) = [y_{1t,N}, \cdots, y_{Nt,N}]^T$，$X_N(t) = [X_{1t,N}, \cdots, X_{Nt,N}]^T$，$u_N(t) = [u_{1t,N}, \cdots, u_{Nt,N}]^T$。$u_N(t)$ 服从如式（7-13）的 1 阶空间自回归过程。

$$u_N(t) = \rho W_N u_N(t) + \varepsilon_N(t) \qquad (7-13)$$

其中，W_N 是 $N \times N$ 阶的空间权数矩阵，ρ 是空间自回归系数，$\varepsilon_N(t) = [\varepsilon_{1t,N}, \cdots, \varepsilon_{Nt,N}]^T$ 是 t 期 $N \times 1$ 维的信息向量。根据式（7-8）~式（7-10）上述空间面板误差模型可写成式（7-14）和式（7-15）。

$$y_N = X_N \beta + u_N \qquad (7-14)$$

$$u_N = \rho(I_T \otimes W_N) u_N + \varepsilon_N \qquad (7-15)$$

式（7-14）和式（7-15）中，$y_N = [y_N^T(1), \cdots, y_N^T(T)]^T$，$X_N = [X_N^T(1), \cdots, X_N^T(T)]^T$，$u_N = [u_N^T(1), \cdots, u_N^T(T)]^T$，$\varepsilon_N = [\varepsilon_N^T(1), \cdots, \varepsilon_N^T(T)]^T$。允许模型信息向量表现出跨时相关性的特征，所以 ε_N 具有如式（7-16）的误差组成结构。

$$\varepsilon_N = (e_T \otimes I_N)\mu_N + \nu_N \qquad (7-16)$$

定义 $\overline{u} = (I_T \otimes W)u$，$\overline{\overline{u}} = (I_T \otimes W)\overline{u}$ 及 $\overline{\varepsilon} = (I_T \otimes W)\varepsilon$，结合模型的假设，可以推导如式（7-17）~ 式（7-22）的正交条件：

$$E[\varepsilon_N^T Q_{0,N}\varepsilon_N / N(T-1)] = \sigma_\nu^2 \qquad (7-17)$$

$$E[\overline{\varepsilon}_N^T Q_{0,N}\overline{\varepsilon}_N / N(T-1)] = \sigma_\nu^2 tr(W_N^T W_N)/N \qquad (7-18)$$

$$E[\overline{\varepsilon}_N^T Q_{0,N}\varepsilon_N / N(T-1)] = 0 \qquad (7-19)$$

$$E(\varepsilon_N^T Q_{1,N}\varepsilon_N / N) = \sigma_1^2 \qquad (7-20)$$

$$E(\overline{\varepsilon}_N^T Q_{1,N}\overline{\varepsilon}_N / N) = \sigma_1^2 tr(W_N^T W_N)/N \qquad (7-21)$$

$$E(\overline{\varepsilon}_N^T Q_{1,N}\varepsilon_N / N) = 0 \qquad (7-22)$$

其中，$Q_{0,N} = \left(I_T - \dfrac{e_T}{T}\right) \otimes I_N$，$Q_{1,N} = \dfrac{e_T}{T} \otimes I_N$。基于上述 6 个正交条件可得到静态空间面板模型的 GMM 估计。

7.1.2 基于静态空间面板随机效应模型的绝对 β 收敛性检验

本书检验了 1998~2017 年各省份工业绿色全要素生产率、工业绿色技术进步率、工业绿色技术效率变动的空间相关性，各年的 Moran I 指数、Geary C 指数和全局 G 指数的计算结果如表 7-1 所示。在计算过程中以地理邻接空间权重的构造方法来构建空间权重矩阵。

表 7-1 1998~2017 年中国工业绿色全要素生产率及分解的空间相关性检验结果

年份	工业绿色全要素生产率			工业绿色技术进步率			工业绿色技术效率变动		
	I 指数	C 指数	G 指数	I 指数	C 指数	G 指数	I 指数	C 指数	G 指数
1998	0.456	0.608	0.554	0.683	0.473	0.542	0.315	0.340	0.258
1999	0.459	0.622	0.441	0.668	0.483	0.595	0.472	0.365	0.243
2000	0.460	0.665	0.417	0.630	0.444	0.594	0.401	0.399	0.294
2001	0.653	0.697	0.473	0.689	0.422	0.531	0.427	0.372	0.344
2002	0.421	0.613	0.360	0.626	0.497	0.457	0.410	0.317	0.326
2003	0.532	0.627	0.488	0.680	0.351	0.589	0.403	0.495	0.397
2004	0.654	0.602	0.478	0.677	0.400	0.654	0.383	0.455	0.361

年份	工业绿色全要素生产率			工业绿色技术进步率			工业绿色技术效率变动		
	I 指数	C 指数	G 指数	I 指数	C 指数	G 指数	I 指数	C 指数	G 指数
2005	0.569	0.617	0.461	0.745	0.456	0.671	0.315	0.413	0.395
2006	0.535	0.787	0.453	0.782	0.583	0.618	0.460	0.405	0.387
2007	0.500	0.785	0.500	0.724	0.533	0.685	0.547	0.484	0.483
2008	0.639	0.797	0.470	0.726	0.585	0.632	0.518	0.494	0.485
2009	0.620	0.743	0.427	0.778	0.575	0.678	0.504	0.432	0.578
2010	0.636	0.745	0.423	0.779	0.540	0.648	0.517	0.508	0.535
2011	0.651	0.719	0.552	0.759	0.626	0.611	0.622	0.586	0.574
2012	0.692	0.707	0.538	0.743	0.610	0.682	0.692	0.518	0.543
2013	0.679	0.708	0.515	0.794	0.687	0.699	0.675	0.588	0.584
2014	0.683	0.711	0.528	0.753	0.632	0.677	0.681	0.591	0.593
2015	0.691	0.723	0.512	0.749	0.646	0.683	0.619	0.603	0.613
2016	0.712	0.775	0.587	0.768	0.676	0.697	0.667	0.622	0.656
2017	0.702	0.789	0.593	0.776	0.689	0.699	0.686	0.655	0.678

由表 7-1 可见，1998~2017 年各省份工业绿色全要素生产率、工业绿色技术进步率、工业绿色技术效率变动的检验均表明，变量存在显著的空间相关性。因此，传统 β 检验由于忽略变量的空间效应而导致其估计结果存在偏误，所以本书将采用空间面板模型对中国地区工业绿色全要素生产率及其分解指标进行 β 收敛检验。为此，先进行模型设定检验，结果如表 7-2 所示。

表 7-2 空间面板模型设定性检验

检验	工业绿色全要素生产率	工业绿色技术进步率	工业绿色技术效率变动
滞后拉格朗日乘子 （Lagrange Multiplier lag）	5.983 ***	0.295	0.440
滞后稳健性 LM 检验 Robust LM（lag）	0.931	0.643	0.448
误差拉格朗日乘子 （Lagrange Multiplier error）	14.997 ***	3.814 *	4.910 *

续表

检验	工业绿色全要素生产率	工业绿色技术进步率	工业绿色技术效率变动
误差稳健性 LM 检验 Robust LM（error）	10.117 ***	3.672 *	9.000 ***
空间豪斯曼检验（Hausman）	0.389	0.385	0.411

注：*，**，*** 分别表示在 10%，5%，1% 的显著性水平上显著。

由表 7－2 的检验结果可知，误差拉格朗日乘子和误差稳健性 LM 检验显著，而误差稳健性 LM 检验不显著，所以选择空间误差模型。另外，空间豪斯曼检验表明模型应该选用空间面板随机效应模型的设定方式。

在空间模型设定检验的基础上，为了对工业绿色全要素生产率（以 Y' 表示）、工业绿色技术进步率（以 Y'' 表示）、工业绿色技术效率变动（以 Y''' 表示）进行绝对 β 收敛检验，分别建立如下的空间面板误差随机效应模型：

$$\ln(Y'_{it}/Y'_{i0}) = \alpha'_i + \beta_1 \ln Y'_{i0} + u'_{it}, \ u'_{it} = \rho_1 W u'_{it-1} + \varepsilon'_{it} \quad (7-23)$$

$$\ln(Y''_{it}/Y''_{i0}) = \alpha''_i + \beta_2 \ln Y''_{i0} + u''_{it}, \ u''_{it} = \rho_2 W u''_{it-1} + \varepsilon''_{it} \quad (7-24)$$

$$\ln(Y'''_{it}/Y'''_{i0}) = \alpha'''_i + \beta_3 \ln Y'''_{i0} + u'''_{it}, \ u'''_{it} = \rho_3 W u'''_{it-1} + \varepsilon'''_{it} \quad (7-25)$$

其中，W 是以地理临近关系构造的空间权重矩阵，ρ 是空间误差自回归系数，$i = 1,2,\cdots,29$，$t_0 = 1998$。按照 4.1.2 节中的地区分类，将全国各省际地区划分为东、中、西三大地区。1998～2017 年各省际地区的工业绿色全要素生产率（以 Y' 表示）、工业绿色技术进步率（以 Y'' 表示）、工业绿色技术效率变动（以 Y''' 表示）的绝对 β 收敛静态检验结果如表 7－3 所示。

表 7－3　中国工业绿色全要素生产率及其分解指标绝对 β 收敛静态检验结果

地区	工业绿色全要素生产率		工业绿色技术进步率		工业绿色技术效率变动	
	ρ_1	β_1	ρ_2	β_2	ρ_3	β_3
全国样本	0.3707 ***	0.3894	0.1706 *	-0.5290	0.8256 *	-0.7282
东部地区	0.1192 **	-0.0132 **	0.7223 **	-0.4267 ***	0.0715 **	-0.7096 **
中部地区	0.6102 *	-0.2680	0.4784 **	-0.051	-0.6118 *	-0.8038 *
西部地区	0.3423 **	0.0588	0.3209 *	-0.886	-0.8516 *	-0.7100

注：*，**，*** 分别表示在 10%，5%，1% 的显著性水平上显著。

表 7－3 的检验结果显示：第一，工业绿色全要素生产率在全国样本水平

上并没有存在显著的绝对 β 收敛趋势；分地区样本来看，中部和西部地区工业绿色全要素生产率不存在显著的绝对 β 收敛趋势，而东部地区工业绿色全要素生产率存在显著的绝对 β 收敛趋势。第二，从全国样本来看，工业绿色技术进步率并没有存在显著的绝对 β 收敛趋势；分地区样本来看，中部和西部地区工业绿色技术进步率不存在显著的绝对 β 收敛趋势，而东部地区工业绿色技术进步率则存在显著的绝对 β 收敛趋势。第三，从全国样本来看，工业绿色技术效率并没有存在显著的绝对 β 收敛趋势；分地区样本来看，西部地区工业绿色技术效率不存在显著的绝对 β 收敛特征，但东部和中部地区工业绿色技术效率存在显著的绝对 β 收敛趋势。

7.1.3　基于静态空间面板随机效应模型的条件 β 收敛性检验

在绝对 β 收敛的基础模型中加入表征中国工业经济结构特征的控制变量，可以分析条件 β 收敛的基础模型如式（7-26）所示。

$$Ln(Y_{it}/Y_{i0}) = \alpha_i + \beta \ln Y_{i0} + \gamma X_{it} + \varepsilon_{it} \qquad (7-26)$$

其中，X_{it} 是一系列代表 t 时期样本 i 工业经济结构特征的控制变量。

在构建条件 β 收敛模型时，控制变量考虑选择既能代表地区经济的结构性特征，又具有非随机性，而且在一定时期内这些结构性特征有明显的地区差异。模型中引入的控制变量包括人均固定资本存量（X'）、人均研发投入（X''）、外资水平（X'''）和环境规制强度（X''''）作为控制变量。人均研发投入变量反映了自主创新能力，外资水平反映了知识溢出水平。人力资本变量利用研发人员，环境规制强度利用工业污染治理投资总额占工业总产值比重。数据来源于对应年份的《中国统计年鉴》《中国科技统计年鉴》《中国能源统计年鉴》《中国工业经济统计年鉴》和《中国环境统计年鉴》等。

在空间模型设定检验的基础上，为了对工业绿色全要素生产率（以 Y' 表示）、工业绿色技术进步率（以 Y'' 表示）、工业绿色技术效率变动（以 Y''' 表示）进行条件 β 收敛检验，建立如式（7-27）~式（7-29）的面板空间误差随机效应模型。

$$\ln(Y'_{it}/Y'_{i0}) = \alpha'_i + \beta_1 \ln Y'_{i0} + \gamma X_{it} + u'_{it}, \ u'_{it} = \rho_1 W u'_{it-1} + \varepsilon'_{it}$$
$$(7-27)$$

$$\ln(Y''_{it}/Y''_{i0}) = \alpha''_i + \beta_2 \ln Y''_{i0} + \theta X_{it} + u''_{it}, \ u''_{it} = \rho_2 W u''_{it-1} + \varepsilon''_{it}$$
$$(7-28)$$

$$\ln(Y'''_{it}/Y'''_{i0}) = \alpha'''_i + \beta_3 \ln Y'''_{i0} + \phi X_{it} + u'''_{it}, \quad u'''_{it} = \rho_3 W u'''_{it-1} + \varepsilon'''_{it}$$

$$(7-29)$$

其中，W 是以地理临近关系构造的空间权重矩阵；ρ 是空间误差自回归系数；控制变量 X_{it} 是一个列向量，其值为 $X_{it} = (X'_{it}, X''_{it}, X'''_{it}, X''''_{it})'$；$\gamma = (\gamma_1, \gamma_2, \gamma_3, \gamma_4)$，$\theta = (\theta_1, \theta_2, \theta_3, \theta_4)$，$\phi = (\phi_1, \phi_2, \phi_3, \phi_4)$ 分别是三个模型中控制变量的系数向量；$i = 1, 2, \cdots, 29$，$t_0 = 1998$。条件 β 收敛检验结果如表 7-4 所示。

表 7-4　　中国工业绿色全要素生产率条件 β 收敛静态检验结果

名称	变量	全国样本	东部地区	中部地区	西部地区
工业绿色全要素生产率	ρ_1	-0.2755 **	-0.4727 *	-0.5704 *	-0.2671 ***
	β_1	0.5434	-0.5800 **	-0.0094	0.1819
	γ_1	0.6098 *	0.4390 **	0.9142 **	0.5519 *
	γ_2	0.4225 *	0.3602	0.8619 **	0.3281 *
	γ_3	0.3201 *	0.2465 **	0.7992 **	0.2386 *
	γ_4	0.5994	0.2808 *	0.6396 *	0.5091 **
工业绿色技术进步率	ρ_2	0.1110 *	0.1225 **	0.0669 *	0.1110 **
	β_2	0.0600	-0.0936 **	-0.0679	-0.0600
	θ_1	0.0146 *	0.0597 **	0.0467 *	0.0146 *
	θ_2	0.1251	0.0414 *	0.0425	0.1251
	θ_3	0.1282	0.0403 *	0.0485	0.1282
	θ_4	0.0745 *	0.1106 *	0.1034	0.0745 **
工业绿色技术效率变动	ρ_3	0.0082 **	0.0412 *	0.1194 *	0.0082 **
	β_3	0.0540	-0.1242 *	-0.0071	0.0540
	ϕ_1	0.0240 *	0.0761 **	0.0926	0.0240 *
	ϕ_2	0.0255 *	0.1066 *	0.1106 *	0.0255
	ϕ_3	0.0362	0.1113 **	0.0952 *	0.0362
	ϕ_4	0.0023	0.0957	0.0710 *	0.0023

注：*，**，*** 分别表示在 10%，5%，1% 的显著性水平上显著。

　　由表 7-4 可见：第一，从全国样本看，工业绿色全要素生产率并不存在显著的条件 β 收敛趋势；分地区看，东部地区工业绿色全要素生产率存在显著的条件 C 收敛趋势，中部和西部地区工业绿色全要素生产率不存在显著的条

件 β 收敛趋势。第二，从全国样本看，工业绿色技术进步率并不存在显著的条件 β 收敛趋势；分地区看，东部地区工业绿色技术进步率存在显著的条件 β 收敛趋势，中、西部地区工业绿色技术进步率不存在显著的条件 β 收敛趋势。第三，从全国样本看，工业绿色技术效率并不存在显著的条件 β 收敛趋势；分地区看，东部和中部地区工业绿色技术效率存在显著的条件 β 收敛趋势，而西部地区工业绿色技术效率不存在显著的条件 β 收敛特征。

7.2 中国的区域工业绿色全要素生产率收敛性的动态检验

7.2.1 动态空间面板模型的设定与估计

1. 动态空间面板模型的设定

动态空间面板模型设定的一般形式为式（7-30）~式（7-32）。

$$Y = \rho Y_{-1} + X\beta + Z\gamma + U \qquad (7-30)$$

$$U = (\tau_T \otimes I_n)\mu + (I_T \otimes B_n^{-1})\upsilon \qquad (7-31)$$

$$|\rho| < 1 \qquad (7-32)$$

其中，$i = 1,2,\cdots,n$；$t = 1,2,\cdots,T$；ρ 为自回归系数，刻画了模型中的动态效应；X 为 $p \times 1$ 维的时变外生变量向量；Z 为 $q \times 1$ 维时不变外生变量向量；U 为不可观测的个体效应及空间自相关结构；μ 为不可观测的个体效应，可以是固定效应或者随机效应；ε_t 为具有空间相关性特征的随机误差项。

2. 动态空间面板模型的拟极大似然估计

拟极大似然估计（Quasi Maximum likelihood Estimation，QML）是当前动态空间面板模型最为有效的估计方法。下面将分别对固定效应、随机效应假设下的动态空间面板模型的拟极大似然估计原理进行阐述。

（1）随机效应模型。

对于随机效应动态空间面板模型扰动向量 u 的协方差矩阵可记为 $E(uu^T) = \sigma_v^2 \Omega$。其中 Ω 的具体表达式为式（7-33）。

$$\Omega = \frac{\sigma_\mu^2}{\sigma_v^2}(J_T \otimes I_n) + I_T \otimes (B_n^T B_n)^{-1} = \varphi_\mu(J_T \otimes I_n) + I_T \otimes (B_n^T B_n)^{-1}$$

$$(7-33)$$

在动态面板数据模型的极大似然估计中，如果 $|\rho| \geq 1$ 或者 x_{it} 的数据生成过程，则假设 y_{it} 和前期观测具有同样的统计结构特征是没有意义的。基于这一考虑，可以分下述两种情形探讨包含初始观测 $\{y_{i0}\}$ 动态空间面板的拟极大似然估计。

① y_{i0} 外生。

如果将 $\{y_{i0}\}$ 看作是外生的，则 $\{y_{i0}\}$ 和 $y_t, t = 1, 2, \cdots, T$ 的数据生成机制并不相同，所以对于模型（7 - 31）基于条件 $\{y_{i0}\}$ 容易得出其似然函数。记 $\theta = (\beta^T, \gamma^T, \rho)^T$，$\delta = (\lambda, \varphi_\mu)^T$，$\zeta = (\theta^T, \sigma_v^2, \delta^T)^T$。模型（7 - 31）的对数似然函数为式（7 - 34）。

$$L(\zeta) = -\frac{nT}{2}\log(2\pi) - \frac{nT}{2}\log(\sigma_v^2) - \frac{1}{2}\log|\Omega| - \frac{1}{2\sigma_v^2}u^T\Omega^{-1}u \quad (7-34)$$

其中，$u = Y - \rho Y_{-1} - X\beta - Z\gamma$。将式（7 - 34）极大化，就可以得到基于高斯似然函数动态空间面板模型的 QML 估计。在具体计算过程中，往往是利用中心化过程将参数 θ 和 σ_v^2 去除之后得到的中心似然函数进行最大化处理。对于式（7 - 34），给定 δ，则 θ 的 QML 估计为式（7 - 35）。

$$\hat{\theta}(\delta) = [\tilde{x}^T\Omega^{-1}\tilde{x}]^{-1}\tilde{x}^T\Omega^{-1}Y \quad (7-35)$$

σ_v^2 的 QML 估计为式（7 - 36）。

$$\sigma_v^2(\delta) = \frac{1}{nT}\tilde{u}(\delta)^T\Omega^{-1}\tilde{u}(\delta) \quad (7-36)$$

其中，$\tilde{x} = (X, Z, Y_{-1})$，$\tilde{u}(\delta) = Y - \tilde{x}\hat{\theta}(\delta)$。将式（7 - 35）、式（7 - 36）代入式（7 - 34），可以得到式（7 - 37）关于 δ 的中心似然函数。

$$L_c(\zeta) = -\frac{nT}{2}(\log(2\pi) + 1) - \frac{nT}{2}\log[\hat{\sigma}_v^2(\delta)] - \frac{1}{2}\log|\Omega| \quad (7-37)$$

将中心似然函数（7 - 37）对 δ 进行最大化处理可以得到 δ 的拟极大似然估计为 $\hat{\delta} = (\hat{\lambda}, \hat{\varphi}_\mu)^T$。

② y_{i0} 内生。

如果将 y_{i0} 看作是内生的，则可利用多种方法处理初始观测值 y_{i0}。如可通过多次差分将 y_{it} 和 x_{it} 差分为平稳变量。在这种情形下，初始值可以用式（7 - 38）表达。

$$y_{i0} = \sum_{j=0}^{\infty}\rho^j x_{-j}\beta + \frac{z\gamma}{1-\rho} + \frac{\mu}{1-\rho} + \sum_{j=0}^{\infty}\rho^j B_n^{-1}v_{-j} \quad (7-38)$$

因为 x_{-j}，$j = 1, 2, \cdots$ 无法观测得到，所以在估计过程中无法利用 x_{-j}。但可假设初始观测值 y_{i0} 可以用式（7-39）逼近。

$$y_0 = \pi_0 \tau_n + x\pi_1 + z\pi_2 + \varepsilon = \tilde{x}\,\pi + \varepsilon \qquad (7-39)$$

其中，$x = (x_0, x_1, \cdots, x_T)$，$\tilde{x} = (\tau_n, x, z)$，$\pi = (\pi_0, \pi_1^T, \pi_2^T)^T$，$E(\varepsilon \mid x, z) = 0$，$\varepsilon$ 的协方差结构受空间权重矩阵 W 影响。注意如果 z 中包含常数项，则上述方程中不应该包含 τ_n。

在平稳性假设下，式（7-39）意味着 $y_0 = \tilde{y}_0 + \zeta_0$。$\tilde{y}_0$ 是 y_0 中的系统性成分或者说是外生性部分，而 ζ_0 是内生性部分。这样可将 y_0 进行如式（7-40）和式（7-41）分解。

$$\tilde{y}_0 = \sum_{j=0}^{\infty} \rho^j x_{-j}\beta + \frac{z\gamma}{1-\rho} \qquad (7-40)$$

$$\zeta_0 = \frac{\mu}{1-\rho} + \sum_{j=0}^{\infty} \rho^j B_n^{-1} \upsilon_{-j} \qquad (7-41)$$

基于可观测变量 x 和 z，在式（7-40）和式（7-41）的基础上，可得到 β 的最优预测值 $\tilde{y}_0 = \tilde{x}_0 + \zeta$，其中 ζ 是均值为零方差为 σ_ζ^2 的独立同分布过程，并且 ζ 与 $x_{it}, z_i, \mu_i, \varepsilon_{it}$ 相互独立。

在 x_{it} 和 z_i 严格外生性的假定下，式（7-42）和式（7-43）。

$$E(\varepsilon\varepsilon^T) = \sigma_\zeta^2 I_n + \frac{\sigma_\mu^2}{(1-\rho)^2} I_n + \frac{\sigma_v^2}{(1-\rho)^2}(B_n^T B_n)^{-1} \qquad (7-42)$$

$$E(\varepsilon u^T) = \frac{\sigma_\mu^2}{(1-\rho)^2} \tau_n^T \otimes I_n \qquad (7-43)$$

记 β，$\delta = (\rho, \lambda, \varphi_\mu, \varphi_\zeta)^T$，$\zeta = (\theta^T, \sigma_v^2, \delta^T)^T$。在式（7-42）、式（7-43）的基础上，使用高斯似然函数，则 ζ 的随机效应拟极大似然估计为对上述对数似然函数最大化，如式（7-44）所示。

$$L(\zeta) = -\frac{n(T+1)}{2}\log(2\pi) - \frac{n(T+1)}{2}\log(\sigma_v^2) - \frac{1}{2}\log|\Omega^*| - \frac{1}{2\sigma_v^2} u^{*T}\Omega^{*-1}u^*$$

$$(7-44)$$

其中，$u^* = (y_0^T - \pi^T \tilde{x}^T, u(\beta, \gamma, \rho)^T)^T$，$u(\beta, \gamma, \rho) = Y - \rho Y_{-1} - X\beta - Z\gamma$

对式（7-44）最大化就可得到参数基于高斯似然函数的拟极大似然估计。同样可以利用中心化过程去除参数 θ 和 σ_v^2。给定 $\delta = (\rho, \lambda, \varphi_\mu, \varphi_\zeta)^T$，$\theta$ 的拟极大似然估计为式（7-45）。

$$\hat{\theta}(\delta) = \left[\, \tilde{x}^{*T}\Omega^{*-1}\tilde{x}^* \,\right]^{-1} \tilde{x}^{*T}\Omega^{*-1}Y^* \qquad (7-45)$$

同理，也可求得 σ_v^2 的拟极大似然估计为式（7-46）。

$$\hat{\sigma}_v^2 = \frac{1}{nT}\tilde{u}^*(\delta)^T\Omega^{*-1}Y^*\tilde{u}^*(\delta) \qquad (7-46)$$

其中：

$$Y^* = \begin{pmatrix} y_0 \\ Y-\rho Y_{-1} \end{pmatrix}, X* = \begin{pmatrix} 0_{n\times p} & 0_{n\times q} & \tilde{x} \\ X & Z & 0_{nT\times k} \end{pmatrix}, \tilde{u}^*(\delta) = \begin{pmatrix} y_0 - \tilde{x}\hat{\pi}(\delta) \\ Y-X\hat{\beta}(\delta)-Z\hat{\gamma}(\delta)-\rho Y_{-1} \end{pmatrix},$$

$$\hat{\theta}(\delta) = (\hat{\beta}(\delta)^T, \hat{\gamma}(\delta)^T, \hat{\pi}(\delta)^T)^T。$$

将式（7-45）和式（7-46）代入式（7-44）可以得到对于 δ 的中心化对数似然函数：

$$L_c(\delta) = -\frac{n(T+1)}{2}(\log(2\pi)+1) - \frac{n(T+1)}{2}\log(\hat{\sigma}_v^2) - \frac{1}{2}\log|\Omega*|$$
$$(7-47)$$

对式（7-47）进行最大化处理可以得到 δ 的拟极大似然估计。

（2）固定效应模型。

下述考虑动态空间面板固定效应模型拟极大似然估计的方法及思路。动态空间固定效应模型的设定以矩阵表述如式（7-48）所示。

$$y_t = \rho y_{t-1} + x_t\beta + z\gamma + \mu + B^{-1}v_t \qquad (7-48)$$

其中，μ 代表固定效应，在模型中可以和解释变量 x_t 和 z 具有相关性。其余设定与随机效应模型类同。与一般面板固定效应的处理方法一致，利用式（7-49）的一阶差分方法消除 μ。

$$\Delta y_t = \rho\Delta y_{t-1} + \Delta x_t\beta + B^{-1}\Delta v_t \qquad (7-49)$$

式（7-49）一阶差分运算之后，会损失第一期的观测值，为避免信息损失，可按如式（7-50）方法补充第一期观测值。

$$\Delta y_1 = \rho^m\Delta y_{-m+1} + \sum_{j=0}^{m-1}\rho^j\Delta x_{1-j}\beta + \sum_{j=0}^{m-1}\rho^j B^{-1}\Delta v_{1-j} \qquad (7-50)$$

由于 $\Delta x_{1-j}, j=1,2,\cdots$ 的观测不可得，所以给定 Δy_{-m+1} 和 $\Delta x_{1-j}, j=0,1,$ $2\cdots$ 的条件均值定义为式（7-51）。

$$\eta_1 = \rho^m\Delta y_{-m+1} + \sum_{j=0}^{m-1}\rho^j\Delta x_{1-j}\beta \qquad (7-51)$$

η_1 除非 m 足够大，否则是未知的。注意到 η_1 是 $n\times1$ 维向量，所以如果将

η_1 当作估计的自由参数，则会出现冗余参数问题。为了处理该问题需要 η_1 基于观测的条件期望，是一个关于有限个参数的函数。而在 x_{it} 是一个趋势平稳过程或者是一个一阶差分平稳过程时，这个条件自然得到满足。

在上述考虑下，$\Delta x_{i,1-j}$ 基于 $pT \times 1$ 维向量 $\Delta x_i = (\Delta x_{i1}^T, \cdots, \Delta x_{iT}^T)^T$ 的条件期望是关于 Δx_i 呈线性形式。

$$E(\Delta x_{i,1-j} \mid \Delta x_i) = \pi_{0j} + \pi_{1j}^T \Delta x_i \qquad (7-52)$$

其中，π_{0j} 和 π_{1j} 并不依赖于 i。记 $\Delta x = (\Delta x_1, \cdots, \Delta x_n)^T$ 是一个 $n \times pT$ 维矩阵。假设所有个体截面的 $E(\Delta y_{i,-m+1} \mid \Delta x_{i1}, \Delta x_{i2}, \cdots, \Delta x_{iT})$ 具有同一性，所以如式 $(7-53)$ 所示。

$$\Delta y_1 = \pi_0 \tau_n + \Delta x \pi_1 + e = \Delta \tilde{x} \pi + e \qquad (7-53)$$

其中，$e = (\eta_1 - E(\eta_1 \mid \Delta x)) + + \sum_{j=0}^{m-1} \rho^j B^{-1} \Delta v_{1-j}$ 是一个 $n \times 1$ 维的随机向量，$\pi = (\pi_0, \pi_1^T)^T$ 是 Δy_1 条件均值中 $(pT+1) \times 1$ 维参数向量，$\Delta \tilde{x} = (\tau_n, \Delta x)$。式 $(7-52)$ 和式 $(7-53)$ 可以看作是关于动态随机效应模型关于内生初始观测的逼近形式。

根据上述构造，可以验证 x_{it} 的严格外生性。基于式 $(7-52)$ 和式 $(7-53)$ 可得到高斯似然假设下，固定效应 θ 如式 $(7-54)$ 对数似然函数。

$$L(\zeta) = -\frac{nT}{2}\log(2\pi) - \frac{nT}{2}\log(\sigma_v^2) - \frac{1}{2}\log|\Omega^f| - \frac{1}{2\sigma_v^2}\Delta u^T \Omega^{f-1} \Delta u$$

$$(7-54)$$

其中：

$$\Delta u = \begin{pmatrix} \Delta y_1 - \Delta \tilde{x} \pi \\ \Delta y_2 - \rho \Delta y_1 - \Delta x_2 \beta \\ \vdots \\ \Delta y_T - \rho \Delta y_{T-1} - \Delta x_T \beta \end{pmatrix} \qquad (7-55)$$

对式 $(7-54)$ 进行最大化处理，便可得到模型参数的拟极大似然估计。当然也可通过对数似然函数的中心化处理，去除参数 θ 和 σ_v^2。从式 $(7-54)$，给定 $\delta = (\lambda, c_m, \varphi_e)^T$，$c_m = 2(1 + \rho^{2m-1})/(1 + \rho)$，$\varphi_e = \sigma_e^2/\sigma_v^2$。$\theta$ 的拟极大似然估计为式 $(7-56)$。

$$\hat{\theta}(\delta) = [X^T \Omega^{f-1} X]^{-1} \Delta X^T \Omega^{f-1} \Delta Y \qquad (7-56)$$

σ_v^2 的拟极大似然估计为式 （7-57）。

$$\hat{\sigma}_v^2(\delta) = \frac{1}{nT}\Delta u\,(\delta)^T \Omega^{f-1} Y^* \Delta u(\delta) \tag{7-57}$$

其中：

$$\Delta Y = \begin{pmatrix} \Delta y_1 \\ \Delta y_2 \\ \vdots \\ \Delta y_T \end{pmatrix}, \Delta X = \begin{pmatrix} 0_{n\times p} & 0_{n\times 1} & \Delta\tilde{x} \\ \Delta x_2 & \Delta y_1 & 0_{n\times k} \\ \vdots & \vdots & \vdots \\ \Delta x_T & \Delta y_{T-1} & 0_{n\times k} \end{pmatrix} \tag{7-58}$$

将 θ 和 σ_v^2 的估计带入中心对数似然函数，可得关于 δ 的对数似然函数式 （7-59）。

$$L_c(\delta) = -\frac{n(T+1)}{2}(\log(2\pi)+1) - \frac{n(T+1)}{2}\log(\hat{\sigma}_v^2) - \frac{1}{2}\log|\Omega^f| \tag{7-59}$$

对式 （7-59） 进行最大化处理可得 δ 的拟极大似然估计。

7.2.2 基于动态空间面板随机效应模型的绝对 β 收敛性检验

为了对工业绿色全要素生产率 （以 Y' 表示）、工业绿色技术进步率 （以 Y'' 表示）、工业绿色技术效率变动 （以 Y''' 表示） 进行绝对 β 收敛检验，建立如式 （7-60） ~ 式 （7-62） 的面板空间随机效应模型。

$$\ln(Y'_{it}/Y'_{i0}) = \alpha'_i + \kappa_1 \ln Y'_{it-1} + \beta_1 \ln Y'_{i0} + u'_{it}, \ u'_{it} = \rho_1 W u'_{it-1} + \varepsilon'_{it} \tag{7-60}$$

$$\ln(Y''_{it}/Y''_{i0}) = \alpha''_i + \kappa_2 \ln Y''_{it-1} + \beta_2 \ln Y''_{i0} + u''_{it}, \ u''_{it} = \rho_2 W u''_{it-1} + \varepsilon''_{it} \tag{7-61}$$

$$\ln(Y'''_{it}/Y'''_{i0}) = \alpha'''_i + \kappa_3 \ln Y'''_{it-1} + \beta_3 \ln Y'''_{i0} + u'''_{it}, \ u'''_{it} = \rho_3 W u'''_{it-1} + \varepsilon'''_{it} \tag{7-62}$$

其中，W 是以地理临近关系构造的空间权重矩阵，ρ 是空间误差自回归系数，$i = 1,2,\cdots,29$，$t_0 = 1998$。1998 ~ 2017 年各省份工业绿色全要素生产率 （以 Y' 表示）、工业绿色技术进步率 （以 Y'' 表示）、工业绿色技术效率变动 （以 Y''' 表示） 的绝对 β 收敛动态检验结果如表 7-5 所示。

表7-5   中国工业绿色全要素生产率的绝对 β 收敛性动态检验

地区	工业绿色全要素生产率			工业绿色技术进步率			工业绿色技术效率变动		
	γ_1	ρ_1	β_1	γ_2	ρ_2	β_2	γ_3	ρ_3	β_3
全国样本	0.7198*	-0.4561**	0.1791	0.1042*	-0.0051*	-0.0588	0.0074**	-0.0640*	-0.0191
东部地区	0.4968*	-0.1805*	-0.8532	0.1079***	-0.0576*	-0.1102	0.0783*	-0.0648***	-0.1193**
中部地区	0.8386**	-0.3079*	-0.2091	0.1178*	-0.0522**	-0.1087	0.1260***	-0.0498**	-0.0471*
西部地区	0.8799***	-0.6030**	0.7218	0.0743*	-0.0507***	-0.1154	0.0873*	-0.1215*	-0.0199

注: *,**,*** 分别表示在10%,5%,1%的显著性水平上显著。

由表7-5可见:(1)从全国样本看,工业绿色全要素生产率不存在显著的绝对 β 收敛趋势;分地区看,东、中和西部地区工业绿色全要素生产率均不存在显著的绝对 β 收敛趋势。(2)从全国样本看,工业绿色技术进步率不存在显著的绝对 β 收敛趋势;分地区看,东、中和西部地区工业绿色技术进步率均不存在显著的绝对 β 收敛趋势。(3)从全国样本看,工业绿色技术效率不存在显著的绝对 β 收敛趋势;分地区看,东部和中部地区工业绿色技术效率存在显著的绝对 β 收敛趋势,而西部地区工业绿色技术效率不存在显著的绝对 β 收敛特征。

7.2.3 基于动态空间面板随机效应模型的条件 β 收敛性检验

为了对工业绿色全要素生产率(以 Y' 表示)、工业绿色技术进步率(以 Y'' 表示)、工业绿色技术效率变动(以 Y''' 表示)进行条件 β 收敛检验,建立如式(7-63)~式(7-65)的面板空间随机效应模型。

$$\ln(Y'_{it}/Y'_{i0}) = \alpha'_i + \kappa_1 \ln Y'_{it-1} + \beta_1 \ln Y'_{i0} + \gamma X_{it} + u'_{it}, \ u'_{it} = \rho_1 W u'_{it-1} + \varepsilon'_{it}$$

$$(7-63)$$

$$\ln(Y''_{it}/Y''_{i0}) = \alpha''_i + \kappa_2 \ln Y''_{it-1} + \beta_2 \ln Y''_{i0} + \theta X_{it} + u''_{it}, \ u''_{it} = \rho_2 W u''_{it-1} + \varepsilon''_{it}$$

$$(7-64)$$

$$\ln(Y'''_{it}/Y'''_{i0}) = \alpha'''_i + \kappa_3 \ln Y'''_{it-1} + \beta_3 \ln Y'''_{i0} + \phi X_{it} + u'''_{it}, \ u'''_{it} = \rho_3 W u'''_{it-1} + \varepsilon'''_{it}$$
$$(7-65)$$

其中，W 是以地理临近关系构造的空间权重矩阵，ρ 是空间误差自回归系数，控制变量 X_{it} 是一个列向量，其值为 $X_{it} = (X'_{it}, X''_{it}, X'''_{it}, X''''_{it})'$；$\gamma = (\gamma_1, \gamma_2, \gamma_3, \gamma_4)$，$\theta = (\theta_1, \theta_2, \theta_3, \theta_4)$，$\phi = (\phi_1, \phi_2, \phi_3, \phi_4)$ 分别是三个模型中控制变量的系数向量；$i = 1, 2, \cdots, 29$，$t_0 = 1998$。

由表 7-6 可见：1998~2017 年各省份工业绿色全要素生产率，从全国看并不存在显著的条件 β 收敛趋势；东、中和西部地区工业绿色全要素生产率也不存在显著的条件 β 收敛趋势。

由表 7-7 可见：1998~2017 年各省份工业绿色技术进步率，从全国看并不存在显著的条件 β 收敛趋势；东、中和西部地区工业绿色技术进步率也不存在显著的条件 β 收敛趋势。

表 7-6   中国工业绿色全要素生产率的条件 β 收敛性动态检验

变量	全国样本	东部地区	中部地区	西部地区
κ_1	0.0173 *	0.0689 *	0.0846 **	0.022^8 *
ρ_1	− 0.1287 **	− 0.0285 *	− 0.1098 ***	− 0.0246 *
β_1	0.0784	− 0.0545	− 0.0082	0.1131
γ_1	0.0947 **	0.0205 **	0.0653 *	0.0735 *
γ_2	0.0319 *	0.0074 *	0.0087 *	0.1093
γ_3	0.0397 *	0.0203 ***	0.1146 **	0.0699
γ_4	0.0050	0.0852 *	0.1120 **	0.0769

注：*，**，*** 分别表示在 10%，5%，1% 的显著性水平上显著。

表 7-7   中国工业绿色技术进步率的条件 β 收敛性动态检验

变量	全国样本	东部地区	中部地区	西部地区
κ_2	0.0458 *	0.0451 **	0.0026 *	0.0950 *
ρ_2	− 0.1098 **	− 0.0961 *	− 0.0988 *	− 0.1162 *
β_2	− 0.1210	− 0.0389	− 0.0605	− 0.0223
θ_1	0.0959 ***	0.0044 *	0.0502 ***	0.0613 **

变量	全国样本	东部地区	中部地区	西部地区
θ_2	0.0254 **	0.0338 *	0.0543 *	0.0690 *
θ_3	0.0719 ***	0.1259 ***	0.1105 **	0.0059 ***
θ_4	0.1161 **	0.0120 *	0.0935 *	0.0200 *

注: * , ** , *** 分别表示在10% , 5% , 1%的显著性水平上显著。

由表7－8可见: 1998~2017年29个省份工业绿色技术效率变动,从全国看并不存在条件 β 收敛趋势;东部地区存在显著的条件 β 收敛趋势;中部和西部地区不存在显著的条件 β 收敛趋势。

表7－8　　　　中国工业绿色技术效率变动的条件 β 收敛性动态检验

变量	全国样本	东部地区	中部地区	西部地区
κ_3	0.0400 **	0.0182 **	0.0486 **	0.0289 ***
ρ_3	− 0.0916 ***	− 0.0125 *	− 0.1294 *	− 0.1168 **
β_3	0.0543	− 0.1125 **	− 0.0632	− 0.0742
ϕ_1	0.0594 ***	0.0151 **	0.0109 **	0.0802 **
ϕ_2	0.0776 **	0.0792 **	0.0220 **	0.0212 *
ϕ_3	0.0794 ***	0.0089 **	0.1065 **	0.0623 ***
ϕ_4	0.0113 ***	0.0650 *	0.0101 ***	0.0333 ***

注: * , ** , *** 分别表示在10% , 5% , 1%的显著性水平上显著。

从各省份工业绿色全要素生产率、工业绿色技术进步率和工业绿色技术效率 β 收敛性检验可见,静态检验表明:东部地区工业绿色全要素生产率及其分解指标存在显著的条件 β 收敛趋势,中部地区工业绿色技术效率变动存在显著的条件 β 收敛趋势,而其他指标则不存在,西部地区全部指标均不存在显著的条件 β 收敛趋势。动态检验结果表明:东部地区工业绿色全要素生产率和工业绿色技术进步率不存在显著的条件 β 收敛趋势,而其工业绿色技术效率变动存在显著的条件 β 收敛趋势。中部和西部地区工业绿色全要素生产率及其分解指标均不存在显著的条件 β 收敛趋势。

东部地区工业绿色全要素生产率及其分解指标存在显著的条件 β 收敛趋

势，说明东部地区的工业绿色转型绩效在短时期内具有一定的稳定性，东部地区工业绿色转型绩效的地区内差异在近期内不会扩大。东部工业绿色全要素生产率的收敛趋势也同时揭示出在东部地区内部存在着绿色转型技术相对较低的地区对绿色转型技术高地区的"追赶效应"，也就说工业绿色转型绩效较低地区有较明显的绿色转型绩效提升潜力；同时东部地区绿色工业生产率指数要明显高于其他地区；此外，与中西部相比，东部地区工业低碳技术水平较先进，十分接近共同前沿技术水平并且具有前沿前移的推动作用；中部和西部工业技术差距表现出"先增加、后减小"的特征。东部地区在各指标的领先主要是因为其内部先进省区环保技术已经达到相对领先水平，在后期达到技术进步更高目标的进程会较缓慢。但是中部和西部地区与东部地区差距较大，首先中、西部地区并没有表现出明显的"追赶效应"，这说明绿色转型技术在中西部地区由于经济发展水平等因素限制扩散较慢，因此效果并不显著。相比之下，东部地区在资本投入、经济发展、环境保护治理成熟度上具有比较优势，因此东部地区资本密集型发展道路有助于其工业绿色转型绩效的收敛。为了缩小各地区间差距，中部地区可在增加环保支出的同时继续加大资本投入，以环境友好型可持续增长道路为主要导向；西部地区则需要增加高素质劳动力数量及环境保护支出，进而缩小省份间绿色转型绩效增长的差距，并实现区域经济长期平衡发展目标。

收敛性检验表明，在我国工业绿色转型过程中，不同地区、不同发展阶段下的工业绿色全要素生产率及其分解存在着显著且较大的地区差异。工业绿色转型和可持续发展存在着较为严重的地区发展不均衡现象。工业经济发展较好、绿色技术水平相对较高的地区绿色转型绩效远高于工业经济发展较为缓慢、绿色技术水平相对较低的地区。东部地区相比于中、西部地区，属于工业绿色转型技术的领头羊地区。虽然中部地区和西部地区目前的工业绿色转型技术相比东部地区还较为落后，但在政府鼓励绿色工业发展的大背景下，中部地区和西部地区的工业绿色转型将存在着较大潜力，工业绿色转型绩效提升的潜力十分巨大。当然，如果要提高中部地区和西部地区工业绿色转型绩效，需从工业环境绩效无效率的外生因素、内在因素两方面来挖掘。而正是这种东部地区与中、西部地区工业绿色转型绩效的差异，也说明目前中国绿色转型的高技术水平区域和低技术水平区域省份存在技术差距加大的风险，需提高中、西部地区绿色转型技术水平的环境技术含量，从而提升中、西部地区工业环境绩效水平。

7.3 本章小结

本章主要研究了中国工业绿色转型过程中是否存在"经济收敛"的理论问题。采用 Moran I 指数、Geary C 指数和全局 G 指数方法，检验了前文得到的工业绿色全要素生产率、工业绿色技术进步率和工业绿色技术效率变动等测算结果，研究发现，空间相关性确实显著存在。如果在模型中忽略了各变量的空间效应影响，则传统 β 检验中的系数估计结果一定存在偏误。因此，在静态检验方面：（1）构建了静态空间面板误差随机效应模型，对 1998～2017 年各省级单位工业绿色全要素生产率、工业绿色技术进步率和工业绿色技术效率变动的测算结果，是否存在绝对 β 收敛进行静态检验。结果表明：1998～2017 年，全国工业绿色全要素生产率及其分解指标并没有存在显著的绝对 β 收敛趋势；从分地区样本来看，东部地区工业绿色全要素生产率及其分解指标存在显著的绝对 β 收敛趋势。中部地区工业绿色全要素生产率和工业绿色技术进步率不存在显著的绝对 β 收敛趋势，而其工业绿色技术效率变动存在显著的绝对 β 收敛趋势。西部地区工业绿色全要素生产率及其分解指标不存在显著的绝对 β 收敛趋势。（2）引入中国工业经济结构特征的控制变量，扩展了静态空间面板误差随机效应模型，对 1998～2017 年各省级单位工业绿色全要素生产率、工业绿色技术进步率和工业绿色技术效率变动的测算值是否存在条件 β 收敛进行静态检验。结果表明：1998～2017 年全国工业绿色全要素生产率及其分解指标并没有存在显著的条件 β 收敛趋势；分地区看，东部地区工业绿色全要素生产率及其分解指标存在显著的条件 β 收敛趋势。中部地区工业绿色全要素生产率和工业绿色技术进步率不存在显著的条件 β 收敛趋势，而其工业绿色技术效率变动呈显著的条件 β 收敛趋势。西部地区工业绿色全要素生产率及其分解指标不存在显著的条件 β 收敛趋势。

在动态检验方面：（1）构建了动态空间面板误差随机效应模型，对 1998～2017 年各省级单位工业绿色全要素生产率、工业绿色技术进步率和工业绿色技术效率变动的测算值是否存在绝对 β 收敛进行动态检验。结果表明：1998～2017 年全国工业绿色全要素生产率及其分解指标并不存在绝对 β 收敛趋势；分地区样本来看，东部和中部地区工业绿色全要素生产率和工业绿色技术进步率不存在显著的绝对 β 收敛趋势，而两大地区工业绿色技术效率变动存在显著的绝对 β 收敛趋势。西部地区工业绿色全要素生产率及其分解指标不存在显著的绝对 β 收敛趋势。（2）引入中国工业经济结构特征的控制变量，扩展了静态空间面板误差随机效应模型，对 1998～2017 年各省级单位工业绿色全要素生产率、工业绿色技术进步率和工业绿色技术效率变动的测算值是否存在条件 β 收敛进行动态检验。结果表明：1998～2017 年全国工业绿色全要素生产率及其分解指标并不存在条件 β 收敛趋势；分地区看，东部地区工业绿色全要素生产率和工业绿色技术进步率不存在显著的条件 β 收敛趋势，而其工业绿色技术效率变动存在显著的条件 β 收敛趋势。中部和西部地区各指标均不存在显著的条件 β 收敛趋势。

由此可见，无论是从静态检验还是从动态检验，全国各省级单位的工业绿色全要素生产率及其分解指标既不存在绝对 β 收敛趋势，也不存在条件 β 收敛趋势。这一研究结果表明，中国工业的绿色转型过程中，出现了较为严重的、基于省级层面的不均衡发展特征。从三大地区工业绿色全要素生产率及其分解指标的收敛性检验来看，各地区静态检验和动态检验的结果之间存在较大差异。比较而言，东部地区的各种检验结果中出现了部分的收敛特征，中部地区呈现收敛特征的检验结果较少，而西部地区所有结果都表明其不存在经济收敛特征。造成这一现象的原因，可能与中国区域发展战略变化有关。中国区域经济发展依次经历了从东部沿海地区开放，到中部崛起，再到西部开发这样一个从东到西的战略发展过程。东部地区经济发展早、发展水平高，工业绿色转型已经呈现出部分趋同的特征，正处于工业绿色转型中"以点带面"的趋向性均衡发展阶段；而中部和西部地区由于发展时间晚，经济水平不高，其工业的绿色转型依然处于初级阶段，处于工业绿色转型中"点状结构"的不均衡发展阶段。

研究发现，我国工业绿色转型过程中，不同地区、不同发展阶段下的工业绿色全要素生产率及其分解存在着显著且较大的地区差异。工业绿色转型和可持续发展存在着较为严重的地区发展不均衡现象。东部地区工业绿色转型绩效的地区内差异在近期内并无扩大，而且存在"追赶效应"，即在东部地区工业绿色转型绩效相对低的地区，其工业绿色转型绩效提高的速度比绿色转型绩效高的地区快。这一效应表明工业绿色转型技术在东部各地区有较明显的扩散，促进了该地区绿色转型技术进步。而中部和西部地区目前的工业绿色转型技术相比东部地区还存在明显差距，但未来这两个地区的工业绿色转型还存在较大潜力，工业绿色转型绩效提升空间非常巨大。

第8章

全面提高区域工业绿色全要素生产率水平研究

本章在前面测得 1998~2017 年各省际地区工业绿色全要素生产率及其分解指标的基础上，采用绿色转型影响因素机理分析理论，分析和识别影响中国地区工业绿色全要素生产率的因素，提出实现中国地区工业经济绿色增长的主要途径。在此基础上，采用基于人工神经网络 BP 算法的非线性动力学模型和物料核算法研究了中国节能减排理论机制和改善途径，测算了三大地区碳排放总量并总结了各地区人均碳排放量差异的动态演化特征，为提高各地区工业绿色全要素生产率水平提供了差异化政策途径。

8.1 区域工业绿色全要素生产率的影响机理：关键因素实证分析

环境规制强度、外商直接投资、研发投资强度以及产业结构调整都是影响中国地区工业绿色全要素生产率的重要因素。研究发现，环境规制强度对绿色全要素生产率具有正、负双向作用。外商直接投资对工业绿色全要素生产率的作用与环境规制强度类似，存在"污染避难所"和"污染光环"两种效应。研发投资强度对中国环境和降低污染具有显著影响。产业结构调整会促进产业生产技术改进，提高清洁能源使用以降低单位能耗。本节利用面板单位根检验方法和面板协整分析方法，检验环境规制强度、外商直接投资、研发投资强度及产业结构调整对中国地区工业绿色全要素生产率影响。根据检验结果，在提出的影响中国工业绿色全要素生产率的空间面板数据模型的基础上，构建了静态空间面板协整模型和动态空间面板自回归模型，从静态和动态两方面研究了上述 4 大因素对中国地区工业绿色全要素生产率的影响机理。

8.1.1　区域工业绿色全要素生产率影响机理的实证研究

1. 指标选择及统计描述

本节利用面板数据模型，分析环境规制、外商直接投资、研发投资及产业结构调整对中国工业绿色全要素生产率的影响。研究对象是全国各省份，样本容量是 1998 ~ 2017 年。模型中被解释变量是第四章测算得到的工业绿色全要素生产率。解释变量分别是：环境规制、外商直接投资、研发投资、产业结构调整。其中采用污染治理运行成本占工业总产值的比重衡量环境规制强度；地区各行业中外商资本和港澳台地区资本总和占工业总产值的比重衡量外商直接投资水平；中国工业企业研发经费占固定资产投资的比重衡量研发投资强度；第二产业产值占地区总产出衡量产业结构调整。

2. 基于面板单位根检验和面板协整检验的实证研究

本书使用面板单位根检验对书中所涉及的变量进行平稳性检验来判断变量是否平稳，首先利用 LLC、IPS 和 LM 方法对工业绿色全要素生产率（Y）、环境规制强度（$HJGZ$）、外商直接投资（$WSZT$）、研发投资强度（$YFTZ$）、产业结构调整（$CYJG$）进行面板单位根检验。

表 8 - 1 的检验结果显示，3 种面板单位根检验方法检验结果均表明工业绿色全要素生产率、环境规制强度、外商直接投资、研发投资强度和产业结构调整均含有单位根，而其一阶差分项均不含有单位根，说明上述变量都是面板一阶单整变量。

表 8 - 1　　　　　　　　　各变量的面板单位根检验结果

原变量	Y	$HJGZ$	$WSZT$	$YFTZ$	$CYJG$
LLC	0.2240	0.1199	0.6500	0.0888	− 0.9183
IPS	0.6072	0.8955	0.0203	0.7376	0.0871
LM	0.1243	0.0136	0.2701	0.8585	0.8499

一阶差分变量	ΔY	$\Delta HJGZ$	$\Delta WSZT$	$\Delta YFTZ$	$\Delta CYJG$
LLC	10.7104 ***	3.9093 *	6.2121 **	3.4817 *	-4.2294 **
IPS	3.3297 *	3.8692 *	8.8853 ***	12.8194 ***	-4.4277 **
LM	3.9587 *	9.1630 ***	5.0067 **	9.2394 ***	2.8161 *

由于如果面板截面存在相关性，则 LLC、IPS 和 LM 方法均存在失效的可能性。为了保证结论的有效性，对变量进行面板截面相关性检验，检验结果如表 8 - 2 所示。

表 8 - 2　　　　　　　　　　面板截面相关性检验结果

滞后阶数	Y	$HJGZ$	$WSZT$	$YFTZ$	$CYJG$
L = 1	4.8104 *	10.9884 ***	7.9858 **	10.1595 ***	10.7898 ***
L = 2	4.9923 *	6.3057 **	9.1900 **	11.3802 ***	10.5556 ***
L = 3	12.9612 ***	8.5006 **	10.7534 **	6.3128 **	4.5700 *

注：l 为 ADF (1) 中的滞后阶数，原假设截面单位相互独立。*，**，*** 分别表示 10%，5%，1% 的显著性水平。

根据表 8 - 1 和表 8 - 2 检验结果可见：工业绿色全要素生产率、环境规制强度、外商直接投资、研发投资强度、产业结构调整均存在着一定的截面相关性，所以前述的 LLC、IPS 和 LM 方法的检验并不有效。因此考虑面板单位根检验方法——CIPS 方法对工业绿色全要素生产率、环境规制强度、外商直接投资、研发投资强度、产业结构调整等变量再次进行检验，结果如表 8 - 3 所示。

表 8 - 3　　　　　　　　　　CIPS 面板单位根检验结果

原变量	Y	$HJGZ$	$WSZT$	$YFTZ$	$CYJG$
$p^* = 1$	0.2911	0.3743	0.8750	1.0600	0.0334
$p^* = 2$	0.2611	0.2365	0.0742	1.2395	0.0918
$p^* = 3$	0.9346	0.3467	0.9508	0.6061	0.0905

续表

一阶差分变量	ΔY	$\Delta HJGZ$	$\Delta WSZT$	$\Delta YFTZ$	$\Delta CYJG$
$p^* = 1$	4. 3906 *	9. 6660 ***	4. 7388 *	13. 1874 ***	10. 1956 ***
$p^* = 2$	7. 2055 **	4. 0440 *	9. 6519 ***	11. 0053 ***	5. 3726 *
$p^* = 3$	11. 8589 ***	5. 7949 *	5. 4549 *	4. 2706 *	8. 6122 **

注：*，**，*** 分别表示在 10%，5%，1% 的显著性水平上显著。p^* 代表相邻 CIPS 检验中截面个体 ADF 检验滞后长度均值的最大整数。

检验结果均表明：工业绿色全要素生产率、环境规制强度、外商直接投资、研发投资强度、产业结构调整等 5 个变量均含有单位根，而其一阶差分项均不含有单位根，说明这 5 个变量都是面板一阶单整变量。

表 8-3 面板单位根检验结果表明，工业绿色全要素生产率、环境规制强度、外商直接投资、研发投资强度、产业结构调整均含有单位根，为了避免伪回归问题，需对变量进行面板协整检验，检验结果如表 8-4 所示。

表 8-4 　　　　　　　　　　面板协整检验

检验方法	统计量值	P 值
鲍依和额（Bai and Ng）	11. 4855	0. 0000
汉克检验（Hanck）	7. 9099	0. 0000
张和阮（Chang and Nguyen）	6. 0773	0. 0000

从表 8-4 鲍依和额、汉克、张和阮等检验结果可见，工业绿色全要素生产率（Y）、环境规制强度（HJGZ）、外商直接投资（WSZT）、研发投资强度（YFTZ）、产业结构调整（CYJG）水平值存在着面板协整关系。可见四大影响因素和工业绿色全要素生产率之间存在长期稳定的均衡作用关系，且这种均衡作用关系主要体现在各变量的增量上。

3. 基于空间面板数据模型的实证研究

（1）静态空间面板协整模型。

根据表 8-4 检验结果，采用式（8-1）的静态空间面板协整模型。

$$Z_{it}^j = Z_{it-1}^j + \varepsilon_{it}^j, \operatorname{cov}(\varepsilon_{it}^j, \varepsilon_{it-1}^j) \neq 0, \forall i = 1, \cdots, 30; j = 1,2,3,4;$$

$$Y_{it} = Y_{it-1} + \upsilon_{it}, \text{cov}(\upsilon_{it}, \upsilon_{it-1}) \neq 0, \forall i = 1, \cdots, 30;$$

$$Y_{it} = \alpha_i + \beta_1 HJGZ_{it} + \beta_2 WSZT_{it} + \beta_3 YFTZ_{it} + \beta_4 CYJG_{it} + \varepsilon_{it} \quad (8-1)$$

其中，$j=1$ 时，Z^j 表示环境规制强度；$j=2$ 时，Z^j 表示外商直接投资；$j=3$ 时，Z^j 表示研发投资强度；$j=4$ 时，Z^j 表示产业结构调整。i 表示行业，t 表示时间。α_i 代表地区个体效应，控制了由于地区异质性所导致的内生性问题。$\beta_1, \cdots, \beta_4$ 分别衡量了环境规制强度、外商直接投资、研发投资强度以及产业结构变量对地区工业绿色生产率的长期影响。按照前面对三大地区分类，进行地区静态面板协整模型的 FMOLS 估计，结果如表 8-5 所示。

表 8-5   静态面板协整方程 FMOLS 估计

系数	东部地区	中部地区	西部地区
β_1	0.3037 **	0.0149 *	0.0137 **
β_2	0.2159 ***	0.1216	0.0136
β_3	0.1030 **	0.0272	0.0086 *
β_4	-0.0159 **	-0.0029 ***	-0.0111 *

注：*，**，*** 分别表示在 10%，5%，1% 的显著性水平上显著。

由表 8-5 的估计结果可见：环境规制强度、外商直接投资、研发投资强度以及产业结构调整 4 大变量对东部地区工业绿色全要素生产率均具有显著影响，而其中环境规制强度的作用最大。对中部地区而言，环境规制强度和产业结构调整对其工业绿色全要素生产率均具有显著的影响，外商直接投资和研发投资强度的影响不显著；而环境规制强度的作用最明显。对于西部地区，环境规制强度、研发投资强度以及产业结构调整均为显著的影响，其中，外商直接投资的影响不显著；而环境规制强度的作用最大。

（2）动态空间面板自回归模型。

为了进一步深入分析环境规制强度、外商直接投资、研发投资强度、产业结构调整与工业绿色全要素生产率的动态影响特征，在理论模型的基础上，构建如式（8-2）的动态面板数据模型。

$$Y_{it} = \alpha_i + \rho Y_{it-1} + \gamma_1 HJGZ_{it} + \gamma_2 WSZT_{it} + \gamma_3 YFTZ_{it} + \gamma_4 CYJG_{it} + \varepsilon_{it}$$

$$(8-2)$$

模型中 i 表示行业，t 表示时间。α_i 代表地区个体效应，控制了由地区异质性所导致的内生性问题。$\gamma_1, \cdots, \gamma_4$ 分别衡量了环境规制强度、外商直接投资、研发投资强度以及产业结构调整变量对中国工业绿色全要素生产率的长期影响。分别利用三大地区数据，对动态面板数据模型（8－2）进行估计，结果如表 8－6 所示。

表 8－6 动态面板数据模型的 GMM 估计结果

变量	东部地区	中部地区	西部地区
ρ	0. 0230 *	0. 0050 **	0. 0167 **
γ_1	0. 3122 ***	0. 0170 **	0. 0112 *
γ_2	0. 1096 *	0. 0046	0. 0023
γ_3	0. 0264 *	0. 0041 **	0. 0064 *
γ_4	－ 0. 0071	－ 0. 0046	0. 0246
萨根检验（Sargan）	3. 2060 ***	4. 0031 ***	7. 1569 ***

注：*，**，*** 分别表示在 10%，5%，1% 的显著性水平上显著。

由表 8－6 中萨根检验结果可见，模型设定是正确的，GMM 估计过程中所选择的工具变量是合理的。东、中、西部地区模型中工业绿色全要素生产率自回归系数均显著且为正数。说明东、中、西部地区模型中工业绿色全要素生产率具有滞后影响，前期工业绿色全要素生产率对于下一期工业绿色全要素生产率具有显著的提高作用。对东部地区来说，环境规制强度、外商直接投资和研发投资强度对其工业绿色全要素生产率具有显著影响，而产业结构调整变量的影响不显著；环境规制强度变量的作用最大；同样地，中部地区的环境规制强度也是最显著且作用最大的影响变量，其他 3 个因素中只有研发投资强度具有显著的影响作用；对西部地区而言，既显著又作用最大的影响因素是研发投资强度变量，环境规制强度对其工业绿色全要素生产率的作用虽然显著，但其作用大小并没有超过研发投资强度。

8.1.2 基本结论：环境规制是最重要的影响因素

基于环境经济学、国际经济学、内生经济增长理论和产业经济学的理论视角，分析了中国工业绿色全要素生产率的主要影响因素，包括环境规制强度、外商直接投资、研发投资强度以及产业结构调整等 4 个方面。静态模型下 FMOLS 估计结果表明：（1）环境规制强度、外商直接投资、研发投资强度及产业结构调整等四大变量对东部地区工业绿色全要素生产率均具有显著影响，其中环境规制强度的作用最大。（2）对中部地区而言，环境规制强度和产业结构调整对其工业绿色全要素生产率的影响显著，外商直接投资和研发投资强度的影响不显著，而环境规制强度的作用最明显。（3）对西部地区而言，环境规制强度、研发投资强度以及产业结构调整均为显著影响，外商直接投资影响不显著，环境规制强度的作用最大。动态模型下 GMM 估计结果表明：（1）东、中、西部地区模型中工业绿色全要素生产率自回归系数均显著且为正。说明东、中、西部地区模型中工业绿色全要素生产率具有滞后影响，前期工业绿色全要素生产率对下一期工业绿色全要素生产率具有显著提高作用。（2）对东部地区而言，环境规制强度、外商直接投资和研发投资强度对其工业绿色全要素生产率具有显著影响，而产业结构影响不显著，环境规制强度变量的作用最大。（3）中部地区的环境规制强度也是最显著的影响变量，其他 3 大因素中只有研发投资强度具有显著影响。（4）对于西部地区而言，有显著影响的因素是研发投资强度，环境规制强度对其工业绿色全要素生产率的作用虽也明显，但其作用大小并没有超过研发投资强度。

经过上述对实证结果的分析可知，环境规制是影响中国地区工业绿色全要素生产率的最重要因素。需要对其展开进一步的研究，进而制定差异化的地区环境规制政策，更好地实现中国地区工业绿色全要素生产率的改进和提升。

8.2
区域工业绿色全要素生产率改善机制：环境规制有效性分析

从上节研究结果可见，在影响中国工业绿色全要素生产率的因素中，具有显著正向影响且影响作用最大的是环境规制强度。因此，虽然当前国内的环境规制已被证明不足以应对当前和未来的挑战并且存在许多局限性，但其依然是中国工业绿色转型的核心力量和主要途径。从影响途径来看，环境规制通过提高绿色技术创新水平、改进技术效率来减少能源等要素投入、降低非期望产出、提高期望产出水平，整体实现了提高绿色全要素生产率的目标。同时，国家规划明确要求坚持把建设资源节约型、环境友好型社会，作为加快经济转型的重要着力点，在政策上强调了环境规制对我国工业经济发展的重要性。因此，针对不同地区间存在的绿色全要素生产率差距，通过制定差异化的环境规制政策，可以有效促进各地区工业经济的均衡发展。本节在论述中国环境规制现状的基础上，采用层次分析法和基于人工神经网络 BP 算法的非线性动力学模型对中国环境规制的有效性展开分析，实证研究了全国和各地区的节能减排机制，从而较为全面地阐述了中国地区工业绿色全要素生产率的改善机制。

8.2.1 中国节能减排目标及其完成情况的层次分析

在"九五"计划中，我国政府提出每年节能 5% 和减少主要污染物二氧化硫和化学需氧量，这也是我国第一次提出节能减排的目标。由于大规模的经济结构调整、能源密集型产业的效率提高和由于亚洲金融危机导致的 GDP 增长有所放缓，实际节能效果达到了 6.1% 。二氧化硫和化学需氧量污染物数量也得到明显削减。虽然根据许多专家的研究结果表明中国在这个时期的经验是个例外，但源自过去节能减排工作取得的巨大成功，我国政府在"十一五"规划中制定了节能 10% 的目标并顺利完成。此后，我国政府在"十二五"规划纲要中提出到 2015 年，单位 GDP 能耗降低 16% 的目标。可见，我国的节能减排工作是一个循序渐进的过程。从国家层面、省级层面和关键领域逐层描述中国节能减排的具体情况，进而从三个层次论证中国的节能减排潜力。

1. 国家层面

根据国家统计局 2011 年统计公报和政府工作报告，中国 GDP 能源强度降低了 19.1% ，接近 20% 的目标，共节省了 6.3 亿吨标准煤，意味着减少 14.6 亿吨二氧化碳排放和对整个社会节能金额为 3700 亿元的能源。这种节能的间接效益虽然很难计算，但规模也十分巨大。在制造业行业，低碳化的节能效果十分显著。据估计，从 2005~2008 年制造业的单位 GDP 能源强度以每年 4.6% 速度下降。单位制造业增加值二氧化碳的排放从 5.08 吨下降到 4.30 吨，每年减少 5.4% 。此外，在能源消耗实现绝对下降的农业部门，低碳化节能效果同样值得关注。

初级能源消耗以每年 9.6% 的速度在 2010 年增长到 3.25 Btce，显著高于计划控制目标 2.7 Btce。如果没有适当的环境规制控制，供应和需求之间的平衡将很快在中国变得无法控制。2010 年非化石能源（水电，核电和可再生能源）占初级能源消耗的 8.3%，略高于计划目标 8.1%，这意味着随着中国大力发展可再生能源，能源供应结构在过去 5 年里得以改善。

2. 省级层面

节能减排的潜力在省级部门也得以见证。2006 年底，国务院把国家节能目标分解到各省。根据国家统计局和国家发改委数据（NBS and NDRC，2007 ~ 2010），以 2005 年为基础，云南、西藏、青海、海南、广西、广东和福建的节能目标小于 20%，河南、山东、山西、内蒙古和吉林的节能目标均超过 20%，所有其他省份的预期目标与国家目标相同都是 20%。根据国家统计局 2007 ~ 2010 年的统计公报，2009 年底，北京和天津已经完全达到了其制定目标；5 个省份（青海、贵州、四川、内蒙古和山西）已经实现了其制定目标的 60% ~ 80%；3 个省份（新疆、海南和吉林）没有完成其制定目标的 60%；所有其他 20 个省份均实现了其制定目标的 80%。

尽管国务院对经济事务有着看似无穷的力量，但省级政府执行政策的意愿扮演了更重要的角色。中央政府和地方政府之间的相互作用构成了地方政府决策的制度环境，并对地方政府有显著影响。在能源效率方面，中央政府的命令和计划是地方政府行为的一个重要原因。卢瑟和斯珀林（Lutsey and Sperling，2008）认为省级政府获取政治权力和来自中央政府大量的财政资源，是能源效率提高和地方政府制度建设的一个重要原因。在中央政府层面，为了加强节能减排的领导，国务院成立一个领导小组要求地方政府加强对辖区内的指导。因此，地方政府处理能源效率的对策是响应中央政府相关政策的示范效应和中央政府要求。如海南省发布了节能减排全面工作计划"遵循国务院节能减排全面规划的精神"。山东、黑龙江、重庆等也发布了这样的政令。除了上述计划外，一些地方政府部门下达了相应节能减排目标政策法令。如安徽省在建筑行业颁布了节能减排实施方案，省政府还建立了评分系统来评估市政府节能责任。正是这种"自上而下"的强制管理系统，成功地提高了能源效率。

3. 关键领域

（1）可再生能源的发展。

随着《可再生能源法》的颁布，可再生能源在中国经历了快速发展。水力发电总装机量从 2005 年的 1.17 亿千瓦增加到 2010 年 2.14 亿千瓦。核电发电总装机量已从 685 万千瓦增加到 1082 万千瓦，在 2009 年底仍有 2305 万千瓦的在建工程。风力发电增长最为壮观，连接电网装机容量从 2005 年的 106 万千瓦增加到 3107 万千瓦，如果包括分离能力，到 2010 年底中国的风力发电总量达到 4470 万千瓦。在总发电量中火电的比例已经从 2005 年的 75.1% 下降到 2009 年的 74.5%。

（2）在能源密集型行业提高能源效率。

国务院宣布关闭 50 千瓦的小型热力发电机组。据估计通过更换小型机组每年可节省原煤 0.84 亿吨，减少大约 1.68 亿吨二氧化碳、1.45 亿吨二氧化硫的排放。在能源密集型行业，低效率产能的逐步淘汰又有了新进展。对于钢铁工业，在"十一五"期间的淘汰任务是 1 亿吨低效率产能。而在 2009 年底 0.817 亿吨产能已经淘汰。对于水泥行业来说任务是 2.5 亿吨产能，在 2009 年底被淘汰了 2.4 亿吨产能。中央政府采取逐步淘汰低效率产能作为对能源效率和产出进行长期调整的最重要措施之一。2010 年国务院为能源密集型产业制定了更远大的目标。"十二五"时期，钢铁工业的目标已经从 1830 万吨提高到 2500 万吨。努力提高这些重点行业的生产制造能力，更高效的大型设备被投入应用。

（3）能源效率标识。

受欧盟做法的启示，中国推出了强制性能源信息标签（五类能源效率）。最初的标签仅适用于电冰箱和空调，后将洗衣机和中央空调也加入进来。标准化管理局为 22 个高耗能产品批准了能耗限额强制性国家标准和对于 11 种能源使用产品强制性能源效率标准，用能源效率标识和实施细则发布了第三和第四批次的产品目录。能源效率标识的产品进而成功地扩展到 15 种，这将对家用电力消费有长期影响。

8.2.2　基于非线性动力学模型的节能减排机制研究

国务院颁布《关于印发节能减排综合性工作方案的通知》中强调了节能减排的内涵，指节约能源使用，降低能源消耗强度，减少污染物二氧化硫和化学需氧量的排放总量。如何促进节能减排已经成为学术界研究的热门话题。节能减排最有效的方法是控制碳排放。阿姆贾德、鲁德拉穆特和尼拉克里希南（Amjad、Rudramoorthy and Neelakrishnan，2011）认为石油是世界上消耗量最大的主要能源，2014 年消耗量达 42.11 亿吨，所以减少石油消费非常关键，廖、丁等（Liao，2011；Ding et al.，2011）提出使用混合动力电动汽车取代柴油机车，开发水能、风能、核能等可以减少人类对石油的依赖，从而减少碳排放。此外，陈和顾、周等、廖等（Chen and Gu，2011；Zhou et al.，2011；Liao et al，2007）提出需要调整产业结构、制定合理有效的法律政策来确保节能减排工作取得更好成绩。

测量能源要素的投入效率时，许多学者如马和斯特恩、郭等（Ma and Stern，2008；Guo et al.，2010）都采用能源强度指标。能源强度是评价节能减排效果的主要指标。这一指标用能源投入与国内生产总值的比值作为能源效率的衡量指标。劳尔和豪尔赫（Raúl and Jorge，2013）将能源强度的变动分解为效率变动、经济活动结构变动、生产水平变动和燃料来源变动等部分。上述分解可以区分影响能源强度变化的具体原因，有助于提出有针对性的政策建议。梅特卡夫（Metcalf，2008）、亨廷顿（Huntington，2010）、春华（Chunhua，2013）提出能源强度不同的分解方法选择依赖于分解的目的和数据的可得性，一些分解方法见昂等（Ang et al.，2009）学者的讨论。郭菊娥、柴建和席酉民（2008）基于路径分析方法分析研究了初级能源结构、技术、管理和每单位国内生产总值能源消耗之间的关系。发现石油消耗率是主要的制约因素，因此科技创新和标准化管理在每单位 GDP 能量使用方面发挥着重要作用。锋等（Feng et al.，2009）研究了能源消费结构，经济结构与中国能源强度之间的长期均衡关系以及随时间变化的动态关系和因果关系。研究建议，中国政府应继续减少能源消费中煤炭的比重，并提高煤炭的利用效率来降低能源强度，这样有助于经济结构的升级。节能减排系统是一个包括降低排放、能源效率、能源强度、碳税等多种复杂因素在内的非线性系统。急需解决的问题是怎样对节能减排展开进一步定量研究。截至目前，最常用的方法是通过非线性动力学方法测算节能减排潜力的大小，该方法涉及系统动力学演化理论。该理论表现出一个非常复杂的现象，并含有一种被命名为节能减排吸引子的特殊混沌吸引子，这不同于以往的如 Lorenz 吸引子、Chen 吸引子、Lii 吸引子和能量资源吸引子等混沌吸引子。上述研究结果说明控制碳排放和降低能源强度能够有效促进节能减排工作。按照国际惯例，节能减排计算的通用方法主要源于库腾等、魏等、布尔和汤普森、波特榭等（Kooten et al.，2004；Wei et al.，2008；Bull and Thompson，2011；Böttcher et al.，2008）4 种方法：（1）提高能源利用效率和传输速率；（2）发展核电、新能源和可再生能源；（3）碳捕获和储存

（CCS）；（4）碳排放的森林碳汇功能吸收。本章使用的经济增长变量由国内生产总值（GDP）表示。

该系统可以由方程组（8-3）所示的微分方程组描述。

$$\begin{cases} \dot{x} = a_1 x(y/M - 1) - a_2 y + a_3 z \\ \dot{y} = -b_1 x + b_2 y(1 - y/C) + b_3 z(1 - z/E) \\ \dot{z} = c_1 x(x/N - 1) - c_2 y - c_3 z \end{cases} \qquad (8-3)$$

其中，$x(t)$ 为节能减排的时间依赖变量；$y(t)$ 为碳排放量的时间依赖变量；$z(t)$ 为经济增长（GDP）的时间依赖变量；a_i，b_i，c_i，M，C，E，N 为正的常数，$t \in I$；I 为给定的经济周期（i=1、2、3，M、C、E、N 单位可以转化成标准煤吨）。

a_1 为 $x(t)$ 的发展系数，a_2 为 $y(t)$ 对 $x(t)$ 的影响系数，a_3 为 $z(t)$ 对 $x(t)$ 的影响系数，M 是 $y(t)$ 对 $x(t)$ 的拐点（局部最大值点），b_1 为 $x(t)$ 对 $y(t)$ 的影响系数，b_2 为 $y(t)$ 的发展系数，b_3 为 $z(t)$ 对 $y(t)$ 的影响系数，C 是在一定时期内 $y(t)$ 的峰值，E 是在一定时期内 $z(t)$ 的峰值，c_1 为 $x(t)$ 对 $z(t)$ 的影响系数，c_2 为 $y(t)$ 对 $z(t)$ 的影响系数，c_3 为 $z(t)$ 的发展系数，N 是 $x(t)$ 对 $z(t)$ 的拐点。

方程组（8-3）中一式表示随时间变化的节能减排变化率（$dx(t)/dt$），反映了一定时期内碳排放与经济增长之间的复杂关系。表明随时间变化节能减排的变化率 $dx(t)/dt$，与节能减排份额 $x(t)$ 和节能减排潜力（$y/M - 1$）同时相关。至于 $a_1 x(y/M - 1)$，当 $y < M$，即（$y/M - 1$）< 0，$x(t)$ 的发展趋势逐渐减弱；当 $y > M$，$x(t)$ 的发展趋势变得更快。$dx(t)/dt$ 与碳排放量 $y(t)$ 成反比，即 $y(t)$ 的加入将抵消 $dx(t)/dt$ 的变化率。$dy(t)/dt$ 与经济增长 $z(t)$ 成正比，即增加 $x(t)$ 的投资会促进生长 $dx(t)/dt$。

方程组（8-3）中二式表明：随时间变化的碳排放动态变化率 $dy(t)/dt$ 与 $x(t)$ 成正比，即 $x(t)$ 的发展将放慢 $dy(t)/dt$ 的步伐。在峰值 C 前，$y(t)$ 发展速度是快的，并峰值后将减缓。$z(t)$ 发展初期会带来大量的碳排放，其中 $y(t)$ 对碳排放的影响峰值之后将变得适度。至于 $b_2 y(1 - y/C)$，当 $y < c$，即为 $1 - y/c > 0$，$y(t)$ 的发展速度很快；当 $y > c$，$y(t)$ 的发展趋势变弱。至于 $b_3 z(1 - z/E)$，当 $z < E$，即 $1 - z/E > 0$，$z(t)$ 对 $y(t)$ 的影响为正；当 $z(t)$ 到达峰值，$z(t)$ 对 $y(t)$ 的影响为负。

方程组（8-3）中三式表明：$x(t)$ 的早期投资将抵消 $z(t)$ 的发展。随着技术的进步和 $x(t)$ 的综合发展，$x(t)$ 将促进 $z(t)$。至于 $c_1x(x/N-1)$，当 $x<n$，即 $x/N<0$，$x(t)$ 对 $z(t)$ 的影响为负；当 $x>N$，$x(t)$ 对 $z(t)$ 的影响为正。随时间变化的经济增长变化率 $\mathrm{d}z(t)/\mathrm{d}t$ 与 $y(t)$ 成反比，即 $y(t)$ 将抵消加入 $z(t)$ 的发展。$\mathrm{d}z(t)/\mathrm{d}t$ 与节能减排的投资成反比，即投资在一定程度上将抵消 $z(t)$ 的发展。

能源强度是能源消耗利用与经济产出的比值。通常所说的单位 GDP 能耗便是一个国家的能源强度，即：

$$能源强度 = \frac{在给定时间内的能源消耗}{在一定时期内的国内生产总值}$$

根据方程组（8-3）中的动态系统，可推断出在给定期间时间 t 的能量消耗表达式为 $y^*(t)=\phi_1(x,k,y,t)$，国内生产总值表达式为 $z(t)=\phi_2(x,ky,z,t)$，由此在一定时期内随时间变化的能源强度可被描述为如式（8-4）（能源强度）所示。

$$U(t)=\phi_1(x,ky,z,t)/\phi_2(x,ky,z,t) \tag{8-4}$$

其中：k_0 是标准煤的排放系数；$k=1/k_0$。

方程组（8-3）有 4 个均衡点：$S_0(0,0,0)$，$S_1(x_1,y_1,z_1)$，$S_2(x_2,y_2,z_2)$，$S_3(x_3,y_3,z_3)$。在平衡点 $S_0(0,0,0)$ 处，线性化方程组（8-3），可得雅可比矩阵如式（8-5）所示。

$$J_0=\begin{bmatrix} -a_1 & -a_2 & -a_3 \\ -b_1 & b_2 & b_3 \\ -c_1 & -c_2 & -c_3 \end{bmatrix} \tag{8-5}$$

在平衡点 $S_0(0,0,0)$ 处，方程组（8-3）的雅可比矩阵的相应特征方程是式（8-6）。

$$\begin{aligned} f(\lambda)=&\lambda^3+(a_1+c_3-b_2)\lambda^2+(a_1c_3+a_3c_1+b_3c_2-a_1b_2\\ &-a_2b_1-b_2c_3)\lambda-(a_1b_2c_3+a_2b_3c_1+a_3b_1c_2\\ &+a_3b_2c_1+a_2b_1c_3-a_1b_3c_2)=0 \end{aligned} \tag{8-6}$$

方程组（8-3）是一个复杂的动态系统。当 a_i，b_i，c_i，M，C，E，N 取不同的值时，方程组（8-3）会有不同的动态行为，为进一步研究方程组（8-3），参数被固定为式（8-7）。

$$a_1 = 0.09, a_2 = 0.003, a_3 = 0.012, b_1 = 0.412,$$

$$b_2 = 0.08, b_3 = 0.8, c_1 = 0.035, c_3 = 0.08, \qquad (8-7)$$

$$M = 0.9, C = 1.6, E = 2.8, N = 0.35$$

而让参数 c_2 变化，和在 S_0（0，0，0）处，方程组（8-3）的雅可比矩阵特征方程式（8-8）。

$$f(\lambda) = \lambda^3 + 0.09\lambda^2 + (0.8c_2 - 0.007216)\lambda + 0.067056c_2$$
$$- 0.00079248 = 0 \qquad (8-8)$$

设定 $p_1 = 0.09, p_2 = 0.8c_2 - 0.007216, p_3 = 0.067056c_2 - 0.00079248$。

利用劳斯－赫尔维茨（Routh－Hurwitz）准则，所有实数特征值和式（8-8）的复共轭特征值的实数部分是负的当且仅当下列条件成立：$p_1 > 0$，$p_3 > 0$，$p_1 p_2 p_3 > 0$，可得到 $c_2 > 0.01182$。当 $0 < c_2 < 0.01182$，平衡 S_0（0，0，0）是不稳定的。

设定 $c_2 = 0.0062$，其他参数如上固定，即式（8-9）。

$$a_1 = 0.09, a_2 = 0.003, a_3 = 0.012, b_1 = 0.412,$$

$$b_2 = 0.08, b_3 = 0.8, c_1 = 0.035, c_2 = 0.08, \qquad (8-9)$$

$$c_3 = 0.08, M = 0.9, C = 1.6, E = 2.8, N = 0.35$$

通过计算，对方程组（8-3）在 S_0（0，0，0）处的雅克比矩阵的特征值是 $\lambda_{2,3} = -0.0743 \pm 0.0304i$，$\lambda_1 = 0.0585$；在 S_1（1.519，1.151，3.460）处，特征值是 $\lambda_1 = -0.4768, \lambda_{2,3} = -0.1943 \pm 0.2848i$；在 S_2（0.867，0.861，0.494）处，特征值是 $\lambda_1 = 0.0648, \lambda_{2,3} = -0.0792 \pm 0.2035i$；在 S_3（1.374，0.768，1.700）处，特征值是 $\lambda_1 = -0.1577, \lambda_{2,3} = 0.0339 \pm 0.2484i$。所以 S_0、S_1、S_2、S_3 都是鞍点。

$$\nabla V = \frac{\partial \dot{x}}{\partial x} + \frac{\partial \dot{y}}{\partial y} + \frac{\partial \dot{z}}{\partial z} = \frac{a_1 y}{M} - a_1 + b_2 - \frac{2b_2}{C}y - c_3$$
$$= \left(\frac{a_1}{M} - \frac{2b_2}{C}\right)y + b_2 - a_1 - c_3 \qquad (8-10)$$

如果 $a_1/M = 2b_2/C$，$b_2 - a_1 - c_3 < 0$，然后方程组（8-3）所描述的动态系统是一个耗散系统。通常，式（8-10）中的参数是可以确定的。根据统计数据，人工神经网络 BP 算法（ANN）可以用来识别方程组（8-3）的动态系统参数，如方程组（8-3）的第一公式中常数 a_1、a_2、a_3 和 M。大量调试和

数值模拟后，发现当参数在式（8-10）中被给定，方程组（8-3）描述的动态系统是混沌的；所以选择这些参数去研究了方程组（8-3）所描述动态系统的动态行为。

注意，在均衡点 s_1（1.519，1.151，3.460），$x(t)$ 是负，而能源强度约为 0.33；因此，s_1 是一个理想情况。当 $x(t) > 0$，表明方程组（8-3）描述的动态系统需要发展 $x(t)$ 以控制 $y(t)$，并降低能源强度；当 $x(t) = 0$，表明方程组（8-3）描述的动态系统暂时地不需要 $x(t)$；当 $x(t) < 0$，表明方程组（8-3）描述的动态系统有能力从外部系统购买 $x(t)$，即碳汇。

如方程组（8-3）中节能减排系统的建立是以节能减排、碳排放与经济增长之间相互支持的复杂关系为基础。节能减排系统参数的确定，如方程组（8-3）符合实际情况，具有重要的现实意义。根据统计数据，戈尔穆哈马迪和萨法里（Golmohammadi and Safdari，2010）借助人工神经网络，获得了实际系统参数。对影响能源强度的相应变量进行观察，深入地分析了中国节能减排、碳排放与经济增长之间的动态关系。人工神经网络 BP 算法是能够识别系统参数的一种有效方法，其优点是误差非常微小。

离散方程组（8-3）后，得到如式（8-11）差分方程。

$$x(k+1) = x(k) + T\{a_1 x(k)[y(k)/M - 1] - a_2 y(k) + a_3 z(k)\}$$
$$y(k+1) = y(k) + T\{-b_1 x(k) - b_2 y(k)[1 - y(k)/C] + b_3 z(k)[1 - z(k)/E]\}$$
$$Z(k+1) = z(k) + T\{-c_1 x(k)[x(k)/N - 1] - c_2 y(k) - c_3 z(k)\}$$

$$(8-11)$$

选择前 $n-1$ 个数据作为输入数据，后 $n-1$ 数据作为输出数据。输入和输出变量被标准化如下：$\bar{x}_i = (x_i - x_{min})/(x_{max} - x_{min})$。选择多层前馈神经网络，所有的可调参数都为随机数。利用输出结果替代差分方程（8-11）。比较输出目标和已得误差 e。误差 e 达到 10^{-5} 时，停止调试，即获得了实际系统的参数。

8.2.3　全国和分地区节能减排机制的实证研究

1. 全国节能减排机制的实证研究结果

实证研究中，x 使用发展核电、新能源和可再生能源和碳排放的森林碳汇功能吸收来计算，通过查阅中国统计年鉴数据汇总而得。因为中国在 2006 年公开提出的节能减排项目和缺少省级层面的可用数据，所以表 8 – 7 只收集了 8 年国家层面的数据。

表 8 – 7　　　　　　节能减排、碳排放和 GDP 的统计数据

年份	节能减排 x（标准煤/10^4 吨）	碳排放 y（标准煤/10^4 吨）	GDPz（10^8 元）
2006	3000	180491	165
2007	8980	194646	201.69
2008	18020	213602	237.08
2009	19000	224742	256.08
2010	20131	235882	300.15
2011	21341	247022	351.98
2012	23456	258162	384.59
2013	34589	269302	419.08

基于上述的人工神经网络 BP 算法，选择表 8 – 7 中前 6 个数据作为输入数据，和后 6 个数据作为输出数据，计算后得到实际系统的参数值见表 8 – 8。

表 8 – 8　　　　　　　方程组（8 – 3）的模拟参数

变量	a_1	a_2	a_3	b_1	b_2	b_3	c_1	c_2	c_3	M	C	E	N
参数值	0.13	0.23	0.18	0.17	0.43	0.38	0.43	0.32	0.57	0.61	0.58	0.64	0.54

选择表 8 – 8 所示的参数，取标准化后的 $x(t) = 0.00000085$、$y(t) = 0.658$ 和 $z(t) = 1.73$（标准煤/10^9 吨，能源强度大约是 0.38）。即：让初始条件（0.00000085，0.658，1.73），和相应稳定状态如图 8 – 1 和图 8 – 2 所示。根据图 8 – 1 和图 8 – 2，实际系统是稳定的，符合实际情况。

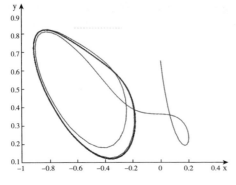

图 8 - 1　节能减排与碳排放的相位

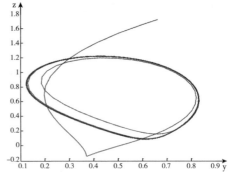

图 8 - 2　碳排放与经济增长的相位

　　固定参数和初始条件（0.00000085，0.658，1.73），让参数 a_3 变化。当 a_3 从 0.1892 逐渐变化到 0.2195 和 0.3126，实际系统趋于稳定状态。图 8 - 3 显示 a_3 = 0.2192 时的能量强度；图 8 - 4 显示 a_3 = 0.2934 时的能量强度。对比图 8 - 3 和图 8 - 4，图 8 - 4 的波动更小，但峰值与稳定值不比图 8 - 3 的小。分析表明：简单地通过加大节能减排的投资，实际系统可以很容易地被控制为稳态，但减少碳排放和能源强度的效果不明显。

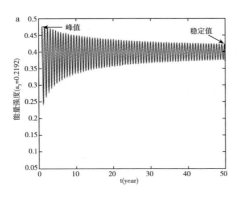

图 8 - 3　能源强度（a_3 = 0.2192）

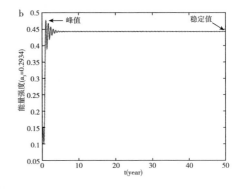

图 8 - 4　能源强度（a_3 = 0.2934）

　　当 C 从 0.5816 逐渐变化到 0.5234，$x(t)$、$y(t)$ 和 $z(t)$ 围绕中心周期性波动，能源强度也周期性波动。这些情况都不利于控制碳排放，并不能反映节能减排的影响。当 C 从 0.5234 逐渐变化到 0.3143，$x(t)$、$y(t)$ 和 $z(t)$ 也逐渐走向稳定，能源强度也一样。参数 C 越小，能源强度越迅速地趋于稳定。对比图 8 - 5 和图 8 - 6，图 8 - 6 波动较小，并且峰值和稳定值也较小，这表明，对比 C = 0.4531 和 C = 0.5214，实际系统的能源强度下降得较早，稳定值也较小。上述分析显示：实际系统的能源强度随着参数 C 的逐渐减少而从波动变化为平稳，即开始更快更完美的节能减排，最大碳排放量会更容易和更快地达到，而减少二氧化碳的排放量和保持适当的能源强度的目标将更可能得到。

对比图 8 - 6 与图 8 - 3 和图 8 - 4，图 8 - 6 具有较小的峰值与稳定值，这表明 C 比 a_3 对实际系统有更大的影响。尽可能快的发展节能减排效果会比单纯加大节能减排的投资好。

2. 分地区节能减排机制的实证研究结果

本节以节能减排系统方程组（8 - 3）为基础，以省级层面统计数据为分析对象，借助方程（8 - 4）得到东、中和西部地区减排动力系统参数，观察各地区能源强度的演化趋势。分析步骤同于前面描述，不再累述，仅给出关键对比参数。

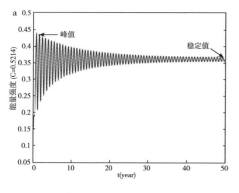

图 8 - 5　能源强度（C = 0.5214）

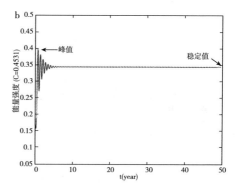

图 8 - 6　能源强度（C = 0.4531）

借助神经网络中的 BP 算法，得到各地区实际减排动力系统方程中的参数值，如表 8 - 9、表 8 - 10 和表 8 - 11 所示。

表 8 - 9　　　　　　　　　　东部地区的模拟参数

变量	a_1	a_2	a_3	b_1	b_2	b_3	c_1	c_2	c_3	M	C	E	N
参数值	0.14	0.21	0.23	0.15	0.41	0.36	0.42	0.31	0.53	0.63	0.52	0.67	0.51

表 8 – 10 西部地区的模拟参数

变量	a_1	a_2	a_3	b_1	b_2	b_3	c_1	c_2	c_3	M	C	E	N
参数值	0.11	0.28	0.17	0.14	0.48	0.29	0.45	0.36	0.54	0.68	0.59	0.61	0.52

表 8 – 11 中部地区的模拟参数

变量	a_1	a_2	a_3	b_1	b_2	b_3	c_1	c_2	c_3	M	C	E	N
参数值	0.17	0.28	0.20	0.19	0.47	0.39	0.46	0.34	0.59	0.67	0.55	0.66	0.57

系统参数表 8 – 9、表 8 – 10 和表 8 – 11 中的数据同国家层面的数据相当接近，可以看出这三个地区的实际系统是稳态发展的。参数 a 为 $z(t)$ 对 $x(t)$ 的影响系数，代表对节能减排的经济投入的程度。由此可见，东部地区与中部地区和西部地区相比，节能减排的资金投入最多，西部地区最少。参数 a 的值表明加大减排投入可以较快地控制系统和稳定系统，参数 b 的值表明加大减排投入最终所能带来的碳排放量和能源强度的下降并不显著，参数 C 的值表明一定时期内某个地区碳排放的峰值。

实际系统参数的结果会因为国家和地区在统计数据上的不同产生差异性。而从东部地区目前数据出发推演出的节能减排强度和能源强度比中部和西部地区略好。从理论和实际数据两个方面，验证了目前东部地区在节能减排方面所做出的成绩。可见，第一，东部地区全要素能效在全国最高，能源利用率最优，在节能减排上处于领先阶段。西部地区全要素能效在全国最低，主要表现为严重的能源浪费，不规范的排放物管理，较为突出的环境污染问题。中部地区全要素基本能效与全国平均水平持平，处于东部和西部之间，也表现出较高的节能减排潜力。第二，减少能源使用强度和提高能源使用效率是提高环境规制强度的主要目标。

8.3 区域工业绿色全要素生产率的改善途径：减排模式研究

碳排放量是衡量节能减排工作成效的一个重要指标。本节采用物料核算法，研究了中国地区节能减排的效果和模式，在总结三大地区碳排放的区域特征和空间效应基础上，提出了通过改革地区减排模式以促进工业绿色全要素生产率提高的理论观点。较为全面地阐述了中国地区工业绿色全要素生产率的改善途径，为后续提出相关政策建议提供了必要的理论支撑。

8.3.1 区域碳排放的测算方法

世界能源需求主要依靠化石能源，90%的碳排放来自化石能源的消耗，对碳排放量的测算也是基于对这些化石能源消耗的测算。根据已有研究，可以将测算碳排放量的主要方法分为两种：模型估算法和物料衡算法。

对不同模型分别进行碳排放量测算是模型估算法，不同的碳排放量计算模型碳排放量测算方法不同。根据现有研究，模型估算法主要有以下几种：EIO - CLA 模型（生命周期分析法）、ERM - AIM/能源排放模型、MARKAL/能源系统模型、系统动力学模型、Logistic 模型（比率对数模型）、投入产出模型、生命周期模型。其中 EIO - CLA 模型是基于投入产出数据来测算中国居民消费的间接用能造成的碳排放，并用 STIRPAT 模型（环境影响评估模型）分解变量研究居民消费影响碳排放的驱动因素。ERM - AIM/能源排放模型是基于 EIO - CLA 模型进行的改进，原因是 ERM - AIM/能源排放模型克服了 EIO - CLA 模型反映的变量之间等比例的影响关系这一缺陷。而碳排放测算模型估算法中所选择的常见变量主要有：能源排放强度（消费单位某能源所产生的碳排放量）、能源结构（某种能源消费量占一次能源消费量的比例）、能源效率（单位 GDP 能耗）和经济增长的状况（用人均国内生产总值表示）。模型估算法的缺陷在于其主要应用于国家层面，区域和行业层面应用的主要是物料核算法。

物料核算法是指在投入产出过程中，定量分析所使用的原料，然后根据相应原料的碳排放系数进行碳排放量的测算。在进行物料核算过程中，可以按照之前对化石原料的分类进行计算，不同原料的碳排放系数是不同的，但即使是相同的原料，由于选择的碳排放系数标准不同，对同一国家或地区的碳排放量测算结果也可能是不同的，相关碳排放系数如表 8 - 12 和表 8 - 13 所示。

表 8 - 12   联合国政府间气候变化专门委员会（2006）排放清单碳排放系数

（万吨碳/万吨标准煤）

能源种类	碳排放系数	能源种类	碳排放系数	能源种类	碳排放系数
原煤	0.7559	其他煤气	0.3548	燃料油	0.6185
洗精煤	0.7559	其他焦化产品	0.6449	液化石油气	0.5042
其他洗煤	0.7476	原油	0.5857	炼厂干气	0.4602
型煤	0.7476	汽油	0.5538	其他石油制品	0.5857
焦炭	0.8550	煤油	0.5714	天然气	0.4483
焦炉煤气	0.3548	柴油	0.5921		

注：原始数据以焦为单位，为保证其与统计数据单位保持一致，将能量单位转化为标准煤，转化系数是：10^4 吨标准煤 $=2193 \times 10^5$ 吉焦。

表 8 - 13   三种一级能源的碳排放系数

机构	煤炭	石油	天然气
政府间气候变化专门委员会	0.7559	0.6185	0.4483
美国能源部/能源情报局	0.7020	0.4780	0.3890
美国橡树岭国家实验室	0.7200	0.5850	0.4040
日本能源研究所	0.7560	0.5860	0.4490
国家科委气候变化项目	0.7260	0.5830	0.4090
国家发改委能源研究所	0.7476	0.5825	0.4435
国家环保局温室气体控制项目	0.7480	0.5830	0.4440
中国工程院	0.6800	0.5400	0.4100
中国电子工业协会	0.7020	0.4780	0.3890

目前常用的物料衡算法主要有三种：第一种是宋帮英、苏方林（2010）在测算中国地区碳排放时所使用的方法，测算思路是利用全国和分地区的能源消耗数据以及碳排放的全国加总数据推算得到中国分地区的碳排放量。第二种就是李国志、李宗植（2011）所提出的方法，即在第一种方法的基础上将能源消耗分解为煤炭、汽油、柴油、天然气等能源的消耗去推算得到中国分地区的碳排放量。第三种就是根据 2006 年，联合国政府间气候变化专门委员会（IPCC）为《联合国气候变化框架公约》及《京都议定书》制定的国家温室气体清单指南（第二卷）提供的参考方法推算地区碳排放量。

$$CO_2 = \sum_{i=1}^{3} CO_{2,i} = \sum_{i=1}^{3} E_i \times NCV_i \times CEF_i \times COF_i \times (44/12) \quad (8-12)$$

其中 CO_2 表示碳排放量，$i=1,2,3$ 则分别表示三种一次能源，E_i 表示三种一次能源的消耗量。NCV_i 为三种一次能源的净发热值（以 2007 年《中国能源统计年鉴》附录 4 为准），CEF_i 是碳排放系数，COF_i 是碳氧化因子（煤炭为 0.99，原油和天然气为 1），44 和 12 分别为二氧化碳和碳的分子量。国内学者陈诗一（2009）和谢文武等（2011）利用这一方法测算得到了中国区域碳排放量。

由于我们基本能确定碳排放系数，所以物料核算法中的碳排放系数非常实用，因为经济、社会不断发展，碳排放量能在先进的技术下被控制，即碳排放系数应该有变化。然而，目前现有碳排放系数并没有能被调整，我们可以调整碳排放系数使碳排放量预测更准确。考虑到上述三种常用的物料核算法中第三种方法在国际上较为通用而且测算结果较为准确，所以本书后续研究将采用第三种物料核算法测算得到中国区域的碳排放总量。

8.3.2 中国碳排放的区域特征

本书利用第三种物料核算法测算得到了中国各个省份 2003～2015 年的碳排放情况，基于比较分析的考虑，本书用各个地区碳排放总量除以人口数，得到人均碳排量。数据来源于相关年份的《中国统计年鉴》《中国能源统计年鉴》和地方统计年鉴。表 8-14～表 8-16 列举了东、中、西部地区 7 个代表性省份 2003～2015 年的人均碳排放的估算结果。

表 8-14   东部地区人均碳排量测算结果   单位：吨/人

年份	北京	天津	辽宁	河北	上海	江苏	浙江
2003	7.8630	7.1515	5.7871	3.4938	10.1977	2.9068	3.4943
2004	7.4483	7.5889	5.9910	4.1087	9.7511	2.7327	3.3081
2005	7.1557	7.6748	5.6477	4.3739	10.5615	2.9001	3.8663
2006	6.7279	7.1650	5.3790	4.5799	9.9868	3.0086	4.3267
2007	7.3465	8.0792	6.8021	5.4387	12.0782	3.8080	5.1771
2008	8.4986	9.7453	7.3262	6.5542	13.2020	4.4980	5.8560
2009	8.4460	9.8374	7.2964	6.4584	14.2453	5.2876	5.4910
2010	8.8358	10.7008	8.1594	7.1942	14.9502	5.7968	6.2112

续表

年份	北京	天津	辽宁	河北	上海	江苏	浙江
2011	8.7084	11.6356	8.7071	7.3147	15.4902	6.4441	6.7830
2012	8.0122	12.1803	9.1725	7.9446	16.1481	6.3100	6.3332
2013	7.6121	12.6744	8.3890	7.0878	16.2541	5.3036	6.1836
2014	8.2716	11.6342	8.1413	8.1914	16.5350	6.2226	7.0515
2015	9.1541	13.6199	9.6638	8.5350	17.0706	6.6674	7.0428
均值	8.0062	9.9759	7.4202	6.2519	13.5747	4.7605	5.4711

从表 8-14 可见，东部地区所选出的 7 个代表性省份中，2003~2015 年人均碳排放最高的地区是上海，达到 13.5747 吨/人，而人均碳排放最低的地区是江苏，仅为 4.7605 吨/人。东部地区的人均碳排放量整体上呈现出逐步递增的变化趋势。

表 8-15 　　　　　　　　中部地区人均碳排量测算结果 　　　　　单位：吨/人

年份	安徽	江西	河南	湖北	湖南	山西	内蒙古
2003	2.1949	1.5598	3.4900	2.8418	1.8170	4.7538	3.9625
2004	1.8888	1.9746	2.9433	2.9089	1.9071	4.5589	4.0467
2005	1.8859	1.8638	3.4207	2.6572	2.2098	5.2715	4.4002
2006	2.1727	2.1051	3.6264	2.4749	2.2202	5.8594	5.1725
2007	2.5204	2.1605	3.5595	3.5255	2.6797	6.6715	6.8423
2008	2.2149	2.1827	4.4745	3.7772	2.8683	7.1095	8.5312
2009	2.4208	2.2724	4.9553	3.7148	3.6782	7.3623	10.6500
2010	2.8847	2.4248	5.3433	4.5163	3.4705	7.6655	11.9873
2011	2.7956	2.8697	5.3149	4.7502	3.7952	8.2945	13.6209
2012	2.8735	3.0103	5.3806	4.8122	3.7911	8.1002	14.5318
2013	2.3095	3.3478	5.6624	4.4563	4.6820	8.5995	14.3635
2014	3.2400	3.4051	5.3412	5.1925	4.6138	8.3134	14.1913
2015	3.1612	4.4199	6.1906	6.5280	5.5582	9.1656	15.2143
均值	2.5048	2.5843	4.5925	4.0120	3.3301	7.0558	9.8088

从表8－15可见，中部地区所选出的7个代表性省区中，2003～2015年人均碳排放最高的地区是内蒙古，达到9.8088吨/人，而人均碳排放最低的地区是安徽，仅为2.5048吨/人。中部地区人均碳排放量整体上呈现出逐步递增的变化趋势。

表8－16　　　　　　　　西部地区人均碳排量测算结果　　　　　　　单位：吨/人

年份	四川	贵州	云南	陕西	甘肃	青海	宁夏
2003	1.9921	3.5911	2.2341	3.1290	3.2402	4.8326	4.0280
2004	2.4531	4.2452	2.2182	3.2942	3.0945	4.5459	4.2452
2005	1.9419	4.1955	2.3587	3.0435	2.8764	4.6699	4.0509
2006	2.1373	3.8709	2.2813	3.1220	2.9795	4.1745	4.2275
2007	2.4946	4.3008	2.8965	4.0365	3.2361	4.9033	6.4419
2008	3.4565	5.0405	2.9470	4.4849	3.5841	6.3430	9.3787
2009	3.4201	5.3153	3.6872	4.2791	4.3257	7.4361	9.6005
2010	3.8482	5.7894	3.8323	5.1662	4.7091	7.8971	10.3546
2011	4.2146	5.5433	3.9242	5.2500	4.3974	8.2220	11.1140
2012	4.4365	6.0380	3.6495	5.2763	4.6173	8.7236	11.2715
2013	3.3364	5.2115	3.5566	4.0413	4.3822	8.4054	10.5339
2014	3.1218	5.1747	3.6346	5.1569	4.6620	8.4624	10.1742
2015	4.2098	5.0494	3.1752	5.4730	4.5008	8.1289	11.5055
均值	3.1587	4.8743	3.1073	4.2887	3.8927	6.6727	8.2251

从表8－16可见，西部地区所选出的7个代表性省份中，2003～2015年人均碳排放最高的地区是宁夏，达到8.2251吨/人，而人均碳排放最低的地区是云南，仅为3.1073吨/人。西部地区人均碳排放量整体上也呈现出逐步递增的变化趋势。

通过使用成对数据差异的检验方法对东、中、西部地区之间的人均碳排放量是否呈现典型的地区差异进行检验。目前常用成对数据差异检验方法有

参数方法 – t 检验方法和非参数方法检验方法①。前述东、中、西部地区人均碳排放量测算结果的样本区间为 2003 ~ 2015 年，本书选择典型年份 2003 年、2007 年、2011 年、2015 年分别进行成对数据的差异检验。东、中、西部地区之间的人均碳排放量地区差异的检验参数方法 – t 检验结果如表 8 – 17 所示。

表 8 – 17   人均碳排放量地区差异的 t 检验

比较	2003 年	2007 年	2011 年	2015 年
西部与中部地区人均碳排放量的比较	0.9212	0.9498	11.2670***	12.1284***
西部与东部地区人均碳排放量的比较	10.3060***	6.9885**	4.2182**	9.6836***
中部与东部地区人均碳排放量的比较	2.6948*	8.8100***	9.9026***	4.2366**

注：*，**，***分别表示在显著性水平10%，5%，1%上显著。

由表 8 – 17 的参数检验结果可见，2003 年和 2007 年，东部地区与中部地区人均碳排放量之间存在着显著差异；东部地区与西部地区人均碳排放量之间也存在显著差异。但中部地区和西部地区人均碳排放量之间的差异并不显著。2011 年和 2015 年，东、中、西部地区人均碳排放量之间均存在显著差异。人均碳排放量地区差异检验的非参数检验方法结果如表 8 – 18 所示。

表 8 – 18   人均碳排放量地区差异的非参数检验

比较	2003 年	2007 年	2011 年	2015 年
西部与中部地区人均碳排放量的比较	0.4013	0.8256	7.8566***	2.9835*
西部与东部地区人均碳排放量的比较	2.5228*	9.1822***	4.7149**	3.5311**
中部与东部地区人均碳排放量的比较	4.2582**	2.5544*	11.0143***	3.6365**

注：*，**，***分别表示在显著性水平10%，5%，1%上显著。

由表 8 – 18 的非参数检验结果可见，2003 年和 2007 年，东部地区与中部地区人均碳排放量之间存在显著差异；东部地区与西部地区人均碳排放量之间

---

① 详细的原理阐述详见韦来生：《数理统计》，北京：科学出版社，2012 年第一版。

也存在显著差异，但是中部地区和西部地区人均碳排放量之间的差异并不显著。2011 年和 2015 年，东、中、西部地区人均碳排放量之间均存在显著差异。

8.3.3 全国碳排放的空间效应

在空间相关性分析中一般是利用 Moran I 指数、Geary C 指数和全局 G 指数检验变量空间相关性的存在。本书采用 2003～2015 年全国各省份人均碳排量数据进行空间相关性检验，检验结果如表 8－19 所示。

表 8－19 人均碳排放空间相关性检验

年份	Moran I 指数	Geary C 指数	全局 G 指数
2003	0.6561	0.3085	0.5567
2004	0.2242	0.1170	0.4817
2005	0.1627	0.0716	0.0668
2006	0.1721	0.0315	0.0752
2007	0.4990	0.4977	0.3146
2008	0.6176	0.2646	0.1966
2009	0.0715	0.4584	0.1970
2010	0.5735	0.0348	0.5579
2011	0.6463	0.6031	0.1544
2012	0.1885	0.0384	0.3222
2013	0.3744	0.2217	0.2917
2014	0.1563	0.1303	0.6408
2015	0.5224	0.3259	0.0835

MoranI 指数、Geary C 指数和全局 G 指数均表明 2003～2015 年全国各省、直辖市、自治区人均碳排量存在显著的空间相关性。

同时，通过 2003～2015 年人均碳排量的均值，对各省份进行划分：人均碳排量小于等于 4 吨，为低排量省份；人均碳排量在 4～7 吨，中等排量省份，人均碳排量高于 7 吨，为高排量省份，分组结果如表 8－20 所示。

表 8 – 20　　　　　　　高、中、低人均碳排量地区分组结果　　　　单位：吨/人

高排量地区		中排量地区		低排量地区	
省份	人均碳排量	省份	人均碳排量	省份	人均碳排量
上海	13.8303	山东	6.8603	福建	2.9904
天津	10.2193	河北	6.4105	湖南	3.4939
北京	8.1599	江苏	4.8887	安徽	2.6482
辽宁	7.5671	浙江	5.5896	四川	3.2582
宁夏	8.3812	甘肃	4.0183	云南	3.1193
内蒙古	10.2191	贵州	4.9995	广东	3.9927
山西	7.3083	陕西	4.3798	江西	2.8024
新疆	8.0021	河南	4.8047	海南	1.0021
吉林	7.9932	湖北	4.1886	广西	1.0721
黑龙江	8.1066	青海	6.7782		

从表 8 – 20 的划分结果可见，在所选的 29 个样本地区中高排放地区分别是上海、天津、内蒙古、宁夏、北京、黑龙江、新疆、吉林、辽宁、山西。在高排放地区中，上海的人均碳排放量最高。从区域布局来看，除了上海外，高排放地区主要分布在中国的北部和东北部地区。之所以出现这样的分布结果，与中国地区能源消费结构存在着密切联系。因为从能源的使用上看，中国北部和东北部地区大量依靠化石燃料提供生产生活的能源。而中国南部地区具有丰富的水资源，依靠水力发电作为能源供给，而水力发电相比火力发电具有更小的碳排放量。

8.3.4　中国的区域减排模式分析

1. 中国地区碳排放与工业绿色全要素生产率的格兰杰因果检验

赫林（Hurlin）所提出的面板格兰杰因果检验方法是基于霍尔埃金等人（Holtz – Eakin et al. ，1988）提出来的面板向量自回归模型的设定。模型中存在两个满足协方差平稳性的面板变量，观测期为 T 期，截面单元是 N 个。模型具体设定形式如式（8 – 13）所示。

$$Y_{it} = \alpha_i + \sum_{k=1}^{p} \gamma_i^{(k)} Y_{i,t-k} + \sum_{k=0}^{p} \beta_i^{(k)} X_{i,t-k} + \varepsilon_{i,t} \qquad (8-13)$$

其中，α_i 随着截面单元的不同而不同，称之为个体效应；$\gamma_i^{(k)}$ 和 $\beta_i^{(k)}$ 是各个截面

单元中解释变量 $Y_{i,t-k}$ 和 $X_{i,t-k}$ 的影响系数；假设面板数据是平衡面板数据以及对于各个截面单元存在着相同的滞后阶数 p。如果说 X_{it} 是 Y_{it} 的格兰杰的原因，则前期的 X_{it} 滞后值会对 Y_{it} 具有显著的影响，而且前期的 Y_{it} 滞后值也常常对 Y_{it} 具有显著影响。

为了检验绿色生产率对碳排放的动态影响特征，本书设定如式（8-14）的模型形式。

$$\Delta C_{it} = \alpha_i + \sum_{k=1}^{p} \gamma_i^{(k)} \Delta C_{i,t-k} + \sum_{k=0}^{p} \beta_i^{(k)} \Delta T_{i,t-k} + \varepsilon_{i,t} \qquad (8-14)$$

同时如果检验碳排放对绿色生产率的动态影响特征，也做如式（8-15）的模型设定。

$$\Delta T_{it} = \alpha_i + \sum_{k=1}^{p} \gamma_i^{(k)} \Delta T_{i,t-k} + \sum_{k=0}^{p} \beta_i^{(k)} \Delta C_{i,t-k} + \varepsilon_{i,t} \qquad (8-15)$$

其中，ΔC_{it} 是时间 t 第 i 个地区人均碳排放量的增长率，ΔT_{it} 是时间 t 第 i 个地区绿色生产率的增长率。当然对于上述模型的构建过程中，首先要处理的问题就是对滞后阶数的选择。因为选择的滞后阶数如果比最优滞后阶数短的话，会极大地降低检验的效应；而如果选择的滞后阶数长于最优滞后阶数，则会降低统计检验的势。在一般的 VAR 模型中是利用余池信息准则和施瓦茨信息准则来判定模型的最优滞后阶数。

赫林和韦内特（Hurlin and Venet，2001）给出下述四种类型的面板因果检验方法。第一种是同质无因果检验（homogenous non-causality，HNC），第二种是同质因果检验（homogenous causality，HC），第三种是异质因果检验（heterogeneous causality，HEC），第四种是异质非因果检验（heterogeneous non-causality，HENC）。下面将对其进行简要介绍。

（1）同质无因果假设（HNC）。

这一假设表明对于所有截面单元不存在因果影响关系。所以关于 X_{it} 及其滞后的斜率系数对于任何截面单元 i 及滞后值 k 均为零。相应的假设检验问题可以定义如式（8-16）所示。

$$H_0 : \beta^{(k)} = 0 \, \forall \, i = 1, \cdots, N, \, \forall \, k = 1, \cdots, p$$
$$H_1 : \beta^{(k)} \neq 0 \, \exists \, (i, k) \qquad (8-16)$$

针对上述假设检验问题，赫林和韦内特（Hurlin and Venet，2001）提出检验统计量 F_{HNC}，如式（8-17）所示。

$$F_{HNC} = \frac{(SSR_2 - SSR_1)/Np}{SSR_1/[NT - N(1 + p) - p]}$$ (8 – 17)

其中，SSR_1 是方程（1）的残差平方和，SSR_2 是约束模型的残差平方和，N 是截面单元数目，p 是滞后阶数，T 是时间的期数。如果检验统计量 F_{HNC} 不显著，则同质无因果性假设（HNC）就被接受，也就是说对于所有单元变量 X 不是变量 Y 的 Granger 因。如果检验统计量 F_{HNC} 被拒绝，检验结果说明只有存在一个截面单元，变量 X 是变量 Y 的格兰杰原因。这样应该进一步去检验同质因果性。

（2）同质因果假设（HC）。

如果对于所有滞后阶数的所有系数 $\beta^{(k)}$ 均是异于零的，则同质因果性假设被接受。相应的假设检验问题可以定义如式（8 – 18）所示。

$$H_0 : \beta_i^{(k)} = \beta^{(k)} \ \forall \ i = 1, \cdots, N, \ \forall \ k = 1, \cdots, p$$
$$H_1 : \beta_i^{(k)} \neq \beta_j^{(k)} \ k \in \{1, \cdots, p\}, \ \exists (i,j) \in \{1, \cdots, N\}$$ (8 – 18)

针对上述假设检验问题 F 型的检验统计量为式（8 – 19）。

$$F_{HC} = \frac{(SSR_3 - SSR_1)/p(N - 1)}{SSR_1/[NT - N(1 + p) - p]}$$ (8 – 19)

其中，SSR_3 是约束模型的残差平方和，在约束模型中施加了同质性约束，也就是对于每个滞后阶数变量 $X_{i,t-k}$ 的系数均是一样的。所以如果 F_{HC} 不显著，则说明对于整个截面单元并没有呈现出一种同质性的变量 X 影响变量 Y 的特征。如果 F_{HC} 被拒绝，则结果并没有表明根本不存在因果影响。它仅仅说明 X 对 Y 呈现异质影响的特征，可能存在着异质因果性。所以下一个步骤就是异质非因果检验。

（3）异质非因果假设（HENC）。

这一假设认为两个变量之间的所有观察单元即使不存在因果关系，但这两个变量之间的部分观察单元之间可能存在因果关系。因为前述将中国 29 个省份区分为东、中、西部地区或者是高、中、低排放地区。所以针对子单元集合检验也是本书需要研究的问题。而异质非因果检验实际上就是针对子单元集合进行上述因果关系的检验。所以异质非因果假设检验的统计量 F_{HENC} 可以计算如式（8 – 20）所示。

$$F_{HENC} = \frac{(SSR_{2,j} - SSR_1)/n_{nc}p}{SSR_1/[NT - N(1 + p) - n_c p]}$$ (8 – 20)

其中，SSR_1 是无约束模型的残差平方和，$SSR_{2,j}$ 是子单元集合 j 受约束模型的残差平方和，n_{nc} 是 β 约束为零的子单元集合的单元数目，而 n_c 是 β 不约束为零的子单元集合的单元数目。总结上述分析，可将赫林和韦内特（Hurlin and Venet，2001）面板格兰杰因果检验的流程总结如图8-7所示。

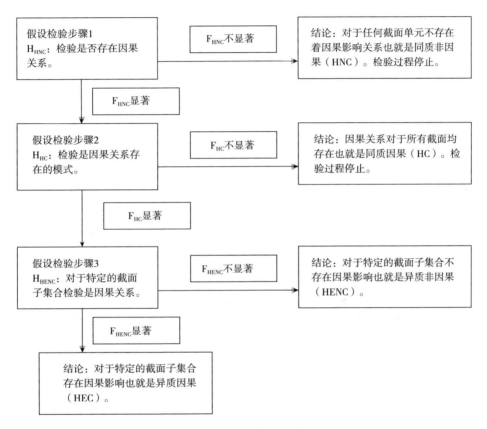

图8-7 面板因果检验的流程

2. 中国地区减排模式现状

以中国各省份2003~2015年的人均碳排放和绿色生产率作为样本数据，对地区碳排放和绿色全要素生产率之间的动态影响特征进行检验。

表8-21是东、中、西部地区的检验结果。从检验结果可见，三大地区碳排放与绿色全要素生产率之间存在不同的影响模式。东部地区碳排放与绿色全要素生产率之间存在着双向的因果关系，而中、西部地区碳排放与绿色全要素

生产率之间存在着单向的因果关系。东部地区碳排放影响绿色全要素生产率，同时绿色全要素生产率也影响碳排放并且这种影响是一种异质因果影响。中、西部地区碳排放不影响绿色全要素生产率，但绿色全要素生产率影响碳排放且绿色全要素生产率影响碳排放的模式也是一种异质因果影响。

表 8 – 21　　　　　　　三大区域面板格兰杰因果检验结果

项目	东部地区			中部地区			西部地区		
	F_{HNC}	F_{HC}	F_{HENC}	F_{HNC}	F_{HC}	F_{HENC}	F_{HNC}	F_{HC}	F_{HENC}
碳排放→绿色全要素生产率	7.3648**	22.1217***	15.2745***	0.5283	0.4256	0.5682	0.1242	0.5242	0.2143
绿色全要素生产率→碳排放	6.1016**	7.4545**	10.0462***	3.3734*	3.5795*	6.5840**	3.3802*	3.1691*	9.4971***

注：*，**，***表示在10%，5%，1%的显著性水平上显著。→表示存在着单向格兰杰因果影响。

下面再对高、中、低排放地区进行碳排放和绿色全要素生产率之间的面板格兰杰因果检验。检验结果如表 8 – 22 所示。

表 8 – 22　　　　　　高、中、低排放地区面板格兰杰因果检验结果

项目	高排放地区			中排放地区			低排放地区		
	F_{HNC}	F_{HC}	F_{HENC}	F_{HNC}	F_{HC}	F_{HENC}	F_{HNC}	F_{HC}	F_{HENC}
碳排放→绿色全要素生产率	11.4708***	6.5292**	6.1348**	7.5012**	3.6480*	3.4138*	3.2531*	4.4175*	4.6606*
绿色全要素生产率→碳排放	3.0268*	3.3569*	6.3200**	3.5768*	3.6118*	3.6498*	0.0442	0.5440	0.4472

注：*，**，***表示在10%，5%，1%的显著性水平上显著。→表示存在着单向格兰杰因果影响。

表 8 – 22 是高、中、低排放地区的检验结果。从检验结果可见，高、中、低排放地区碳排放与绿色全要素生产率之间存在不同的影响模式。对于高、中排放地区碳排放与绿色全要素生产率之间存在着双向因果关系，而对于低排放地区仅存在着单向因果关系。高、中排放地区碳排放影响绿色全要素生产率，

同时绿色全要素生产率也影响碳排放并且这种影响是一种异质因果影响。低排放地区碳排放影响绿色全要素生产率，但绿色全要素生产率不影响碳排放，且碳排放影响绿色全要素生产率的模式也是一种异质因果影响。

东部地区的碳排放与绿色全要素生产率之间存在着双向因果关系，进一步表明东部地区在全国范围内是节能减排领域的领先者，其节能减排水平远高于全国平均水平。东部地区相对于中、西部地区，具有不可比拟的经济优势，在工业化进程中所处的阶段也领先于中、西部地区。东部地区具有较高的经济发展水平和工业化水平，为工业经济的绿色转型奠定了良好的经济基础；快速的经济发展也使其更早地面对资源和环境的双重约束，其工业经济的绿色转型压力较大。中部地区的节能减排水平低于东部地区但高于西部地区。中部地区存在许多资源型城市，很多都面临资源枯竭的问题；同时，东部地区逐渐将其淘汰的高能耗、高污染、高排放产业向中部地区转移，造成中部地区的环境污染加剧。中部地区由于经济发展水平较为落后，难以投入大量财政资金对环境污染进行有效治理。西部地区节能减排水平全国最低，由于经济发展相对滞后，其经济发展方式具有十分显著的"粗放型"经济特征，在产生大量环境污染的同时十分缺乏必要的环保资金投入，其脆弱的生态环境很难承载与西部地区经济发展相伴随的高污染、高排放。

3. 中国地区减排模式的改革

东部地区减排模式为碳排放与绿色全要素生产率之间存在双向因果关系，而中、西部地区减排模式为碳排放与绿色全要素生产率之间存在单向因果关系。可见，东部地区在全国范围内处于节能减排领域的领先者，其节能减排水平远高于全国平均水平。东部地区相对于中西部地区，一方面具有较高的经济和工业发展水平，为工业经济的绿色转型奠定了良好的财政条件和物质基础；另一方面快速的经济发展也使其更早地面临了资源和环境的双重约束，其工业经济的绿色转型压力较大。可见，东部地区的减排模式改革应主要凭借自身良好条件，通过优化工业结构和绿色生产技术等方式来实现工业绿色全要素生产率的改善。

中部地区节能减排水平低于东部地区但高于西部地区。一是中部地区存在许多资源型城市，很多都面临资源枯竭问题；二是东部地区逐渐将其淘汰的高能耗、高污染、高排放产业向中部地区转移，造成中部地区环境污染加剧；三是中部地区由于经济发展水平相对落后，难以投入大量财政资金对环境污染进行有效治理。因此，中部地区减排模式改革应通过合理开发自然资源、创建资源循环型工业经济、优化工业结构、延长产业链等方式来提高工业绿色全要素生产率。

西部地区节能减排水平全国最低，由于经济发展相对滞后，其经济发展方式相对粗放，在产生大量环境污染同时缺乏必要环保投入，脆弱的生态环境很难承载与西部经济发展相伴随的高污染、高排放。因此，西部地区减排模式改革应主要加强政府扶持力度、构建西部地区生态补偿机制等方式，进而实现工业绿色全要素生产率的提高。

8.4 本章小结

本章主要分析和检验中国工业绿色全要素生产率的主要影响因素，在此基础上提出了改善中国工业绿色全要素生产率的主要途径。分析了影响中国地区工业绿色全要素生产率的主要因素，包括环境规制强度、外商直接投资、研发投资强度以及产业结构调整等四大方面。采用 LLC、IPS、LM 和 CIPS 方法，对中国地区工业绿色全要素生产率的水平值进行了面板单位根检验，结果表明，各指标与环境规制强度、外商直接投资、研发投资强度以及产业结构调整变量均含有单位根。采用鲍依和额、汉克和张和阮等检验方法，对测算出的中国地区工业绿色全要素生产率进行面板协整检验，结果表明，工业绿色全要素生产率与环境规制强度、外商直接投资、研发投资强度及产业结构调整变量的水平值之间存在着面板协整关系。在此基础上，分别采用静态空间面板协整模型和动态空间面板自回归模型，对影响中国工业绿色全要素生产率的运行机理进行了实证研究。估计结果表明：（1）环境规制强度对东、中、西部地区的工业绿色全要素生产率均具有明显的正向推动，而且其对东部地区工业绿色全要素生产率的影响作用远远高于中、西部地区。（2）外商直接投资、研发投资强度和产业结构调整对中国各地区工业绿色全要素生产率的影响不均衡，而且作用大小明显不如环境规制强度对中国各地区工业绿色全要素生产率的影响。（3）东、中、西部地区模型中工业绿色全要素生产率具有滞后效应，前期值对于下一期值具有显著的正影响。综上可知，环境规制是影响中国工业绿色全要素生产率的最重要因素。需要对其展开进一步的研究，以便通过制定差异化环境规制政策，更好提升中国工业绿色全要素生产率。

在分析中国环境规制现状的基础上，从国家、省级和关键领域三个层次描述了中国节能减排情况。在此基础上，采用基于人工神经网络 BP 算法的非线性动力学模型和物料核算法研究了中国节能减排的理论机制和改善途径，并测算了三大地区碳排放总量。结果表明：第一，减少能源使用强度和提高能源使用效率是提高环境规制强度的主要目标，从而较好地阐述了改善中国地区工业绿色全要素生产率的理论机制；第二，东、中、西部三大地区人均碳排放量的均值依次下降且整体上呈现出逐步递增的动态变化趋势，而各地区人均碳排放量之间存在的差异性呈现出显著扩大的动态演化特征；第三，东部地区碳排放与其绿色全要素生产率之间存在的双向因果关系显著区别于中、西部地区的单向因果关系，表明不同地区减排模式存在显著不同。这一研究结果准确测度了中国地区节能减排效果，为改善中国地区工业绿色全要素生产率提出了较为合理的理论途径。根据这些研究成果，东部地区应优化工业结构，促进绿色生产技术升级；提高工业节能环保标准，积极发挥示范作用；健全节能减排的政府引导和约束机制，加强减排创新风险监管。中部地区应合理开发自然资源，贯彻"低碳理念"；创建资源循环型工业经济，提高资源利用效率；优化工业结构，培育发展产业集群，建立以政府扶持为主的财税政策。西部地区应加强政府扶持力度，促进西部地区经济发展与节能减排效率提升；适度放宽工业企业准入门槛，吸引高新产业转移；适度开发自然资源，实现资源的可持续开发和利用；加强西部地区生态补偿机制构建的支持力度。

进一步的工业化和城市化对现代化的中国经济发展来说是不可或缺的，但却又不可避免的增加了对环境的污染。特别是，中国经济的增长已经超越了环境和资源的承载能力。因此，中国除使能源利用和经济发展同环境恶化脱钩之外，没有其他的选择。由于经济发展与环境保护之间存在社会和政治的复杂性，想要脱钩是很不容易的。但通过对中国区域节能减排效果及模式的研究表明，中国工业绿色全要素生产率革命是有希望的。实证研究结果对管理层设计未来的环境规制政策是有价值的：首先，能源节约、能源效率和环境保护应被视为经济可持续发展过程中不可或缺的一部分。其次，建立一个新的、高层次的、权威的国家组织，协调各相关部门和机构对经济发展进行环境保护，可有效提高能源效率和减少环境污染。总之，中国有能力处理好能源使用、环境退化与经济发展之间的关系，有能力完成工业绿色转型发展的艰巨任务。

第9章

国内外促进工业绿色全要素生产率的政策现状及启示

为了促进工业经济的绿色发展，提高工业绿色全要素生产率，不同国家根据工业绿色全要素生产率特点，制定差异化政策，包括产业政策、金融政策、财税政策、贸易政策等。对国内外提高地区工业绿色全要素生产率的政策现状进行梳理分析，将有助于国内更好制定政策，进而促进国内工业绿色全要素生产率提升。

9.1 国外促进工业绿色全要素生产率的政策分析

9.1.1 产业政策

20世纪80年代，发达国家为了追求更高利润和保护本国环境，开始向发展中国家转移低附加值、高污染产业或生产环节。发展中国家处于产业链低端，主要集中生产和加工初级产品，以劳动密集型和资源密集型产业为主；而发达国家处于产业链的高端，主要提供高技术含量的产品和服务。2008年，联合国环境规划署提出"全球绿色新政"和"发展绿色经济"倡议，呼吁各国大力发展绿色经济。2011年，联合国环境规划署首次发布了绿色经济综合报告，发展绿色经济成为全球共识。

1. 欧盟

欧盟在 2009 年 3 月宣布投资 1050 亿欧元支持欧盟地区绿色经济。2010 年 6 月，欧盟公布了《欧盟 2020 战略》，以绿色经济等为欧洲今后十年发展制定了一系列目标。2012 年 4 月，欧盟环境部长在欧盟环境与能源部长非正式会议后表示全力支持欧盟发展绿色经济，认为发展绿色经济是欧洲国家走出经济危机的唯一出路。

2. 日本

1955～1973 年，日本的经济高速发展，但同时也付出了高昂的代价，水污染、大气污染、重金属污染严重。1974 年，日本开始采取一系列政策，发展绿色经济。1974 年，推出《阳光计划》，旨在开发使用太阳能、风能、地热能等清洁能源来取代石油资源。同时，推出了系列环保法律。2006 年，日本经济产业省拟定了《国家能源新战略》，提出能源生产和消费政策，制定了今后 25 年推行新能源战略目标。2008 年，日本开始全面建设绿色经济，提出"发展绿色经济的行动计划"，其包括了发展绿色经济的计划和具体措施。2009 年，日本政府公布《绿色经济与社会发展变革》，通过采取环境、能源措施强化日本"绿色经济"。2012 年，日本推出"绿色发展战略"总体规划，计划 5～10 年内将大型蓄电池、新型环保汽车以及海洋风力发电发展为日本绿色增长战略的三大支柱产业。

9.1.2 金融政策

金融为绿色经济的发展提供融资支持。在国际上，绿色金融的发展时间久，已形成成熟的发展体系，一些国家金融政策具有借鉴价值。

1. 美国

美国具有相对完善金融制度体系，很早就将环保责任写入相关环境法律，并制定了系列金融政策法律、法规。1980 年，美国联邦政府出台了《全面环境响应、补偿和负债法案》，通过立法明确金融机构对所投资项目污染的法律责任。根据该法案，如果借款人经营、生产或废弃物处置而造成污染或者对污染的设施有所有权，银行作为贷款人须对客户造成的这种环境污染负责并支付修复成本。法案还对投资者和第三方评级机构设立了环境条款。

美国金融政策的另一大特点是金融创新产品丰富，包括绿色债券、绿色信贷、绿色保险等，涉及生产、消费多个环节。2013 年美国马萨诸塞州政府自主发行免税绿色债券，发行债券所得资金直接用于环保基础设施建设。纽约、夏威夷、康涅狄格等州成立了绿色银行，吸引民间资金投资绿色行业。各种金融产品创新丰富了投资渠道，推动了绿色经济发展。

2. 欧盟

欧盟采取了一系列绿色金融政策，在政策实行的过程中，欧盟政府更为积极主动，通过投入少量政府资金撬动了大量社会资源投入绿色产业，资金发挥了良好的杠杆效应。德国政府对绿色贷款给予一定贴息和利率优惠；欧盟规定绿色信贷及证券化产品可以享受税收优惠；英国政府采用"贷款担保计划"支持环保类中小企业。德国复兴信贷银行早在 2003 年就参与了碳排放交易，2014 年其在全球发放的 740 亿欧元贷款中，用于环保与可再生能源领域的贷款高达 360 亿欧元，通过支持优质绿色项目和企业，推动绿色经济的发展。2012 年英国政府出资 30 亿英镑成立了首家绿色投资银行——英国绿色投资银行，每年为可再生能源和低碳项目投资 8 亿英镑支持具有商业价值的绿色项目，引导大量私人资本投向绿色产业。

9.1.3 财税政策

工业绿色全要素生产率随着新的科研成果和新兴技术诞生应用于出现的新经济部门或行业。新兴产业在初级发展阶段，往往需要政府强有力的政策扶持，而政府实施宏观调控政策，主要是通过财政政策等来实施。西方国家在需求侧通过消费、投资、出口及税收引导产业的发展，营造良好的市场环境，支持战略性领域产业的基础研究、应用技术研究等。国外主要的财政政策手段有：建立专门的财政补贴基金或项目，对企业引进的高端专业技术人才给予一定的补贴，建立相应的高端人才库，定期组织培训及交流；对符合标准的创新创业项目，地方财政给予一定的资金补助支持；对于高端人才的税收优惠政策，包括个人所得税，科研人员获得的科技奖励、奖金。科研人员较长的教育年限及深造的教育支出也允许一定范围内予以扣除；加大了高等院校、科研院所及企业研发人员中深造学习进修的比例，扩大财政补助的范围。

9.1.4 贸易政策

绿色贸易政策措施涉及进口与出口环节，主要包括关税与非关税手段。例如通过制定高标准的产品质量检测体系，包括直接管理措施（环境标准、检疫措施），与产品相关的措施和环境税、排污权交易等经济性措施。其中最明显的是绿色贸易壁垒，国家通过制定复杂的法律法规和标准限制国外的产品准入，进而保护本国的生态环境和公民健康。绿色贸易壁垒的形式多种多样，主要包括国际和区域性的环保公约、国别环保法规、绿色环境标志制度、绿色技术标准制度、绿色认证制度、绿色补贴制度、绿色包装制度、绿色卫生检疫制度和禁止污染转移制度。如发达国家对食品和药品的卫生指标十分敏感，对食品的安全卫生指标、农药残留、重金属含量等指标的要求极为苛刻，一般把海关的卫生检疫制度作为控制从发展中国家进口的重要工具。2011年，美国食品与药品管理局发布了《关于牛源性材料在人类食品及化妆品中的使用的最终法规》，对进口的产品和化妆品设定了更高的标准。

9.2 国内促进工业绿色全要素生产率的政策分析

9.2.1 产业政策

改革开放四十年，我国逐渐地认识到工业绿色全要素生产率的重要性，开始正确处理环境与工业发展的关系。2005年国务院发布实施《促进产业结构调整暂行规定》以及《关于落实科学发展观加强环境保护的决定》，强调通过产业结构调整推动环境保护。2006年"十一五规划"明确了构建"资源节约型、环境友好型"社会中长期战略。2011年推出并实行《万家企业节能低碳行动实施方案》，要求"十二五"期间，万家企业实现节约能源2.5亿吨标准煤。2012年党的十八大首次将"绿色发展、循环发展、低碳发展"作为生态文明建设的着力点，这也是我国绿色化经济转变的开端。2015年国务院印发《中国制造2025》，要求加快制造业绿色改造升级，努力构建高效、清洁、低碳、循环的绿色制造体系。2016年，工信部发布《工业绿色发展规划（2016—2020年）》（以下简称《规划》）。《规划》表示要以传统工业绿色化改造为重点，实施绿色制造工程，加快构建绿色制造体系，大力发展绿色制造产业，建立健全工业绿色发展长效机制，提出到 2020 年，绿色发展理念成为工业全领域全过程的普遍要求。

十八届五中全会提出经济发展要坚持"创新、协调、绿色、开放和共享"的发展理念，标志着绿色发展被提升到了一个新高度。如何正确处理资源、环境与经济发展之间的关系，走出一条环境与经济共赢的绿色发展之路，促进企业在绿色生产的前提下提高生产率，已成为当前我国工业可持续发展所面临的迫切问题。2019 年国务院关于制定"十三五"节能减排综合工作方案，对各级政府工业绿色全要素生产提供指导，方案坚持政府主导，公司、市场和社会参与模式。充分发挥政府的领导作用，综合运用经济、法律、技术和必要的管理手段，努力完善激励约束机制、节约能源，减少行政区域内的排放。充分发挥市场机制的作用，必须加强对市场机制的促进，将能源节约和减排真正转变为公司和各种社会实体的独特要求。要努力提高全体公民的资源节约和环境保护意识，实施国家节能行动，营造良好的氛围，使整个社会可以参与并促进节能减排。

9.2.2　金融政策

1995 年，我国发布了《关于贯彻信贷政策与加大环境保护有关问题的通知》，要求各级金融机构将信贷发放与环境保护结合起来。2012 年原中国银行业监督管理委员会发布《绿色信贷指引》，2013 年，环保部等四部委联合发布《企业环境信用评价办法（试行）》。但我国绿色金融的实践较晚，仍处于探索阶段，在国家法律制度层面仍欠缺。目前我国银行为推动工业补齐绿色发展短板，支持工业节能与绿色发展重点项目，低成本财政帮扶，涵盖于环保技术迭代更新、工业三废处理、资源循环使用、环境保护转移与工业企业改造、环境改善等。

在政策实施上，一些优惠政策没有有效跟进，激励不足。在金融政策的制定和实施上仍需要向发达国家借鉴，包括：完善绿色金融产品，包括绿色信贷、绿色保险和绿色证券。近年来，我国大力发展绿色信贷业务，绿色信贷得以快速发展，成为绿色金融中最主要的融资方式。但同时，其他绿色金融产品发展缓慢。绿色保险和绿色证券仍处于探索阶段。可以运用财政贴息和税收优惠激励绿色信贷及证券化产品。采用绿色贷款担保制度，支持环保类产业。

9.2.3 财税政策

为了提高中国地区工业绿色全要素生产率，政府通过增加节能环保支出、对企业征收排污税及对企业实施减排的税收优惠政策，让企业在注重经济效益的同时，注重绿色生产，发展低碳经济。目前我国政府已经对企业征收排污税的标准做出了明确的法律规定。中华人民共和国工业和信息化部2016年印发《工业绿色发展规划（2016～2020）》明确，加大投入力度，最大限度地实现传统产业转型、绿色试点、并注重全面的资源利用支持。在资源综合利用、节能环保设备等方面实施财政税收支持。

2007年，中华人民共和国财政部在《政府收支科目中》增加了"211环境保护"支出项目，"环境保护"有了专项预算，为企业提高地区工业绿色全要素生产率提供了财政上的支持。从2007～2017年地方政府节能环保支出规模可以看出，地方政府节能环保支出总额从2015年的961.24亿元增加到2017年的5617.33亿元，扩大了近6倍，说明我国地方政府对财政环保支出的力度是不断增加的。

目前我国还没有形成专门的环境税收体系，扶持绿色产业发展的税收政策体现在各税种。如对环境造成污染的摩托车、小汽车征收消费税，而对于具有节能、环保特点的汽车实行一定的税收优惠。对于一些环保类产业，增值税和企业所得税也规定了相应的税收优惠政策。在补贴方面，我国的税收补贴比较先进，直接从企业税收进行减免，让企业享受到直接的税收利益。总的来说，我国的绿色税收体系仍未健全，需要向其他国家借鉴，进一步完善我国的绿色环保税收体系。开征环境税，向那些直接污染环境的行为和对环境造成污染的产品加征环境税，税收收入作为专门的基金用于环境保护；采取多种税收优惠政策鼓励绿色产业的发展，比如对高新环保技术收入转让给予税收减免，对引进环保技术和产品的投资给予税前扣除等。

9.2.4 贸易政策

中国提高地区工业绿色全要素生产率的贸易政策主要有吸引外商直接投资并加大研发投资强度。外商直接投资给企业带来的产出效率提高、采用先进清洁技术并借助技术的溢出效应，促进工业企业内部化跨国界污染的正向环境技术效应，要大于出口规模的扩大给环境带来的负面影响。中国政府积极引进国外先进的、适用的绿色制造业发展理念、技术和管理经验，鼓励外国投资者对绿色制造业进行投资。实施国家"一带一路"倡议，加强与国际组织的交流与合作，将绿色制造技术，设备和服务"全球化"，并鼓励可持续发展。

我国对外贸易持续多年顺差，但生产同时加剧了我国环境污染，资源环境产生"逆差"。我国不断采取绿色贸易手段，转变贸易增长方式。我国进口的绿色贸易政策包括进口退税/补贴、进口免税等关税/补贴，进口企业环境资质审查、行业环境标准、配额与许可证等非关税，外商投资指导目录投资，但绿色贸易壁垒制度缺失。1993年，我国正式实施绿色环境标志制度，1994年成立中国环境标志产品认证委员会。虽然我国已建立了绿色环境标志制度，但尚存在许多不完善的地方，其中法律规范缺失尤为突出。与发达国家相比，我国需要通过绿色贸易壁垒来保护本国的环境，阻挡发达国家高能耗、高污染产业向我国转移。

9.3 本章小结

提高中国绿色全要素生产率的关键是深化改革，优化要素配置的生态环境，消除限制劳动力，资本和能源等要素创造价值的制度性障碍。本章分析了国外和国内关于提高地区工业绿色全要素生产率的产业政策、金融政策、财税政策和贸易政策，在对比的基础上进行总结。

产业政策方面，我国仍未能形成系统、完善的绿色产业政策支撑体系。虽然出台了一些扶持政策，但政策较为分散，作用效果有限。因此，必须重新审视中国现有政策体系，完善相关的法律，加快绿色经济的发展。

金融政策方面，我国在国家法律制度层面仍欠缺，在政策实施上，一些优惠政策没有有效跟进，激励不足。因此，在金融政策的制定和实施上仍需要向发达国家借鉴：一要完善绿色金融产品，包括绿色信贷、绿色保险和绿色证券，尤其是绿色保险和绿色证券；二要加大政府的扶持力度，加大政策激励，可以借鉴国外组建政策性绿色银行，向具有价值的绿色产业投资；三是可以采取贴息、绿色贷款担保制度。

　　财税政策方面，我国的绿色税收体系仍未健全，需进一步完善我国的绿色环保税收体系。可以借鉴国外的做法，开征环境税，向那些直接污染环境的行为和对环境造成污染的产品加征环境税；采取多种税收优惠政策鼓励绿色产业的发展。

　　贸易政策方面，我国的出口绿色贸易政策较为完善，但进口贸易政策仍欠缺，绿色壁垒制度存在严重缺失。因此与发达国家相比，我国需要通过绿色贸易政策来保护本国的环境，另外也需要用绿色贸易政策来阻挡发达国家向我国转移一些高消耗、高污染产业。

第10章

结论与展望

中国的工业化进程是人类历史上参与人数规模最大的工业发展过程。伴随着其对资源的高消费和对环境的巨大影响，中国在工业发展过程中受到的资源和环境约束，比世界上其他国家都更为显著且严重。在以大幅提高资源生产率为核心使命的第四次工业革命即将到来的情况下，开展中国地区工业绿色全要素生产率研究对中国能否在更为严峻的资源和环境约束条件下，走出一条新型工业化发展道路、实现工业可持续发展，达到期望的经济和社会发展目标，具有重要的理论意义和实践价值。本书作为一项理论性、政策性和实践意义很强的研究成果，具有前沿性和探索性，具有重要的理论研究价值和实践指导意义。

10.1 研究结论

本书在对现有研究成果进行文献综述的基础上，构建了完整的核算经济增长的绿色全要素生产率方法体系，并使用该方法测算了全国及三大地区工业绿色全要素生产率的静态特征和动态趋势。根据测度结果，检验了传统理论中"经济收敛"在中国工业绿色转型过程中是否存在的重大理论问题并识别了中国工业绿色全要素生产率的影响机理。在此基础上，研究指出强化环境规制是中国工业绿色转型过程的核心力量和主要途径。从政府宏观管理角度，为中国工业绿色转型提出了政策建议。

10.1.1　理论成果

第一，本书完善了核算经济增长的绿色全要素生产率方法体系。将传统经济增长核算理论扩展为受环境约束的经济增长核算理论，构建了环境规制行为分析模型，丰富了经济增长核算方法的理论内涵。

第二，采用 LLC 方法、IPS 方法、LM 方法和 CIPS 方法，对测算出来的全国各省级单位的工业绿色全要素生产率及其影响因素进行了面板单位根检验，结果表明：工业绿色全要素生产率与四大影响因素的水平值之间存在着面板协整关系。

第三，分别采用静态空间面板协整模型和动态空间面板自回归模型，对影响中国工业绿色全要素生产率的运行机理进行了实证研究。结果表明：环境规制是影响中国工业绿色全要素生产率的最重要因素。需要对其展开进一步的研究，以便通过制定差异化地区性环境规制政策，更好地实现对中国工业绿色全要素生产率的改进和提升。

第四，使用 MLB 生产率指数方法对各省份 1998～2017 年的工业绿色生产效率和工业绿色全要素生产率及其分解指标进行了测算和修正，为相关政策建议提供实证支撑。结果表明：（1）中国及三大地区的工业绿色转型有效提高了各自的生产效率，却造成规模效率的下滑；（2）中国及三大地区工业的绿色转型发生显著的结构变迁，并存在显著的、相同的结构性转变特征和明确的、相近的结构性转变时间；（3）三大地区之间工业绿色转型的发展呈现出显著的静态和动态不均衡特征；（4）各地区的工业绿色转型还没有取得显著的成效，工业经济的能源产出水平相对较低，显示出较大的节能减排潜力。

第五，构建空间面板误差随机效应模型和其扩展模型，对各省级单位 1998～2017 年工业绿色全要素生产率及其分解指标的测算值是否存在绝对 β 收敛和条件 β 收敛进行了静态检验和动态检验。结果表明：既不存在绝对 β 收敛，又不存在条件 β 收敛。也就是说，中国工业的绿色转型过程中，出现了较为严重的、基于省级层面的不均衡发展特征。从三大地区工业绿色全要素生产率及其分解指标的收敛性检验来看，各地区的静态和动态检验结果之间存在较大差异。相比较而言，东部地区的各种检验结果中出现了部分的收敛特征，中部地区其次，而西部地区的所有结果都表明其不存在经济收敛特征。根据这一检验结果，结合中国区域经济发展的现状可知，东部地区经济发展早、发展水平高，工业绿色转型已经呈现出部分趋同的特征，正处于"以点带面"的趋向性均衡发展过程中；而中部地区和西部地区由于发展时间晚，经济水平不高，其工业的绿色转型依然处于初级阶段，处于形成"点型结构"的不均衡发展时期。这一研究结果为制定差异化政策提供了理论基础。

第六，环境规制强度是中国工业经济绿色转型过程中的核心因素，减少能源使用强度和提高能源使用效率是提高环境规制强度的主要目标。在此基础上，采用基于人工神经网络 BP 算法的非线性动力学模型和物料核算法研究了中国节能减排的理论机制和改善途径，并测算了三大地区的碳排放总量。

10.1.2 政策建议

中国共产党第十八次全国代表大会明确提出将生态文明建设纳入中国特色社会主义"五位一体"总体布局。2015 年 4 月 25 日，党中央、国务院又发布了《关于加快推进生态文明建设的意见》，明确"协同推进新型工业化、绿色化、城镇化、信息化和农业现代化等五化同步"。2015 年 9 月 11 日，中共中央政治局会议审议通过了《生态文明体制改革总体方案》，对生态文明领域改革进行顶层设计。2015 年政府工作报告中提到"保持稳增长与调结构的平衡。我国发展面临'三期叠加'矛盾，资源环境约束加大，劳动力等要素成本上升，高投入、高消耗、偏重数量扩张的发展方式已经难以为继。要增加研发投入，提高全要素生产率"。绿色发展成为贯穿"十三五"的主基调，充分体现出绿色发展在全面建成小康社会进程中的重要性，以及在可持续经济建设过程中的必要性。在绿色发展的建设道路上，必须坚持节约资源和保护环境的指导思想，加快资源节约型、环境友好型社会的建设。

中国节能减排的总体目标已经明确。首先，推动低碳循环发展，要积极主动控制碳排放，对高耗能产业执行严格能耗控制，特别重视优化开发区域在零碳排放工程建设上的领导和示范作用。其次，要全面节约资源并提高资源利用率，强化约束性指标，完善用能权、用水权、排污权、碳排放权的初始分配制度，强化能源使用市场化管理以及投融资机制，合理进行节能减排的预算管理。最后，要提高环境质量在节能减排中的地位，实行严格的环境保护制度，形成一个能够有机结合政府、企业和公众共治的环境治理体系。

中国节能减排总体目标的达成与否决定着中国经济是否能健康、可持续地发展。在上述背景下，国家积极制定并实施了一系列环境规制政策来保证节能减排工作效率。但相关节能减排政策在制定和实施过程中还应考虑到东、中、西部在不同经济发展阶段的差异性特征，从而拟定出具有地区针对性的减排目标、模式及重点。因此，国家应分别实施适合各地区工业结构和排放情况的节能减排政策并根据地区实际经济和发展状况制定相应的财税政策以及扶持政策。这样做能够有效保障政策的全面性覆盖，实现东、中、西部在节能减排目标上的互利共赢。东部地区应高标准、严要求，加快工业结构的绿色转型升级，为中西部地区起示范作用；中部地区应贯彻"低碳理念"，创建资源循环型工业经济，提高资源利用效率；西部地区应遵循"适度开发"原则，实现资源的可持续开发和利用，加强地区生态补偿机制构建的支持力度。从而为各地区绿色转型提出准确的政策建议。

1. 东部地区提高工业绿色全要素生产率的政策建议

东部地区经济发展水平和节能减排效率都要高于中、西部地区。因此东部地区可以凭借自身良好条件，通过优化工业结构，使用绿色生产技术等方式实现工业绿色全要素生产率的改善。基于此东部地区可以采取以下政策。

（1）优化工业结构，促进绿色生产技术升级。

东部地区主要包括北京、上海、广州等经济发达城市，经济基础较好，该地区不仅经济发展水平要高于中、西部地区，工业化进程也处于领先地位。东部地区传统工业主要包括机械生产、冶金、化工等"双高"产业，虽然完全改变工业结构在短时间内并不现实，但是可以对工业结构进行优化，实现资源的合理配置：第一，东部地区可以逐步发展耗能少、环境污染轻、产品附加值高的新兴产业，比如精密仪器生产、生物工程、新能源和材料等来优化工业结构；第二，鉴于东部地区工业化水平大体已进入成熟期，发展产业集群将成为优化工业结构的有效手段，具体可以通过加强产业品牌建设，提高工业技术自我创新等方式来大力发展工业产业集群；第三，对于现有传统工业，东部地区结构调整的指导思想是"创新和改革"，其首要任务是淘汰高耗能、低效率的落后产能，大力发展"高产能，高效率，低排放，低污染"的生产技术，积极引进和运用高新技术促进工业结构升级，同时探索工业管理和生产模式创新。

（2）提高工业节能环保标准，积极发挥示范作用。

东部地区在经济发展水平上的优势使得其节能减排潜力要大于中、西部地区。政府进行节能减排调控时，针对东部地区可设定高于中、西部地区的节能环保标准。这种高标准不仅体现在对企业能耗和废物排放进行更加严格的管制，还体现在工业企业在节能环境标准的准入限制。"高标准、高要求"一是能够保证东部地区工业在完成节能减排目标上的效果和效率；二是能够限制"高消耗、高污染"的粗放型企业发展，鼓励"高产能，高效率，低排放，低污染"的企业进入；三是东部地区的高标准也可看作是在全国节能减排上的"标杆"，为中、西部地区调控提供了一个参考和示范作用。

（3）健全节能减排的政府引导和约束机制，加强创新风险监管。

政府的引导和支持能够有效促进东部地区创新生产技术升级。对于积极响应国家号召进行节能技术引进、开发企业给予专向扶持资金、财政补贴、税费减免（比如实施加速折旧、研发投入税前扣除）等优惠政策，鼓励工业企业使用节能技术，生产低碳绿色环保产品。政府可以成立节能减排技术研发专项基金，吸引优秀人才进行节能减排绿色技术的研发和创新。对于节能减排效率低下、耗能高、污染严重的企业采取罚款、征收环境保护税等的惩罚性措施。上述引导和约束机制的健全有助于激励东部地区生产者提高节能减排水平，并对部分企业的"不自觉"行为进行规范。

在对东部地区创新技术开发进行财政支持的同时，还需要加大监管力度，规避或减少科技创新项目的不确定性风险，防止个别企业使用国家扶持资金进行投机活动。东部地区还可以借助其成熟的金融市场，积极引进国外和民间资金来为工业节能减排技术创新和研发提供资金，实现政府、工业与金融市场合力。

2. 中部地区提高工业绿色全要素生产率的政策建议

中部地区主要由资源型城市组成，拥有丰富的石油、煤炭、有色金属等资源，是中国主要的能源基地。中部地区经济发展水平和节能减排水平整体上低于东部地区，但高于西部地区。同时，由于中部地区要同时承接东、西部地区产业，节能减排压力巨大，还面临资源枯竭的问题。基于上述问题，针对中部地区节能减排的政策如下所示。

（1）合理开发自然资源，贯彻"低碳理念"。

中部地区同时面临着节能减排的压力和资源枯竭的问题。因此急需实现资源的可持续利用，避免粗放型的发展模式。一是要将资源开发利用的"计划经济"导向转变为符合生产供需情况的"市场经济"导向，即充分发挥市场机制的作用,实现资源开发与经济增长的协调发展;二是要扩大中部地区自然资源的开发范围,逐步向新兴资源方向扩展,并且升级资源开采的产业链,延伸石油、矿产等化工资源开发的产业链,提高经济附加值;三是中部地区要遏制对煤炭等不可再生资源的不规范开采,可根据各省工业特征,以市场为导向,以工业主导产业带动模式进行有目标的自然资源开采,避免不必要的开采以及自然资源浪费;四是由于中部地区煤炭资源丰富,利用率较高,要将"低碳理念"贯彻到生产过程中,督促企业合理使用自然资源,减少碳排放。

(2)创建资源循环型工业经济,提高资源利用效率。

中部地区自然资源多为不可再生资源,因此中部地区不仅要进行合理的资源开发利用,还要实现资源的可循环利用。对此,中部地区可以创建资源循环型工业经济,即将在不同生产链位置的工业企业联系起来,形成一个资源使用链条,将某一企业生产过程中产生的资源废料用作另一企业的生产原料,使得所有资源都得完全的利用,构建出一个生产原料的可循环链条。

对于中部地区,资源循环的主要目标就是提高工业的"废水、废气和废物"利用率,同时还能减少工业"三废"的排放,提高地区节能减排效率。资源循环型工业经济对于中部地区具有重要意义,可以首先在高耗能、高排放的化工企业进行试点,探究如何能够最大限度地提高资源利用效率,使之成为中部地区经济新的增长点并逐步为其他企业和地区带来示范效应。

(3)借东、西部产业转移之力优化工业结构。

得益于优越的地理位置,相对较低的生产要素价格,较为丰富的自然资源等优势,中部地区正在逐渐成为东部和西部地区进行产业转移的目的地。产业转移能够带动中部地区的工业发展,特别是高新企业和技术的转移能够有效提高中部地区的整体生产技术水平。但中部地区也需要注意控制新进企业的数量和质量并根据自身的能源、环境承载力制定相应的工业企业准入标准,避免"高排放、高污染"等落后企业的扩张,择优选取"高产能,高效率,低排放,低污染"企业,从而实现中部地区工业结构优化。在国家振兴中部地区的战略要求下,中部地区还需从经济全球化出发,深入研究国际工业市场的特点和需求,将业务扩展至全球市场中去,实现中部工业"走出去"的目标。

(4)培育发展产业集群,延伸产业链。

中部地区工业布局主要有发展资源和原材料生产的资源型区域和进行加

工生产的加工区域。中部地区工业发展较单一，上述两个区域的分工表现为垂直分工。垂直型分工并不利于资源循环型工业经济的创建，因此需要中部发展工业深加工项目，提高生产线的附加值；同时兴建资源型城市产业集群，促进各地区间资源高效配置，进而实现东部地区工业经济的可持续发展。

（5）建立以政府扶持为主的财税政策。

相对于东部地区，中部地区经济发展水平相对较低，缺少相应政策和资金支持。这就需要政府通过扶持来协助中部地区提高节能减排水平，实现工业绿色全要素生产率的改善。具体措施包括：一是对节能减排工作完成较好的工业企业给予适当的税费减免，对缺乏资金进行绿色生产技术升级的企业给予专项资金支持，以鼓励工业企业进行节能减排领域的前沿技术创新；二是对高耗能、高污染企业进行处罚，采取征收环境保护税等惩罚性措施，严格限制"双高"企业发展；三是要合理运用基金收入，对不同排放效果的企业在土地出让金征收标准上给予差异化安排。

3. 西部地区提高工业绿色全要素生产率的政策建议

西部经济发展相对落后，总体经济和节能减排水平都要低于东、中部地区并且产业多以粗放型为主，可持续发展能力较弱，在政策方面需要同时兼顾西部地区经济发展和节能减排，要以政府的财政和政策支持为主要手段。西部地区因其广阔的土地资源和丰富的自然资源而在低碳经济发展上表现出较大潜力。对于西部地区绿色全要素生产率改善的政策如下。

（1）加强政府扶持力度，促进西部地区经济发展与节能减排效率提升。

由于经济发展水平相对较低，西部地区发展长期处于弱势地位，由于工业基础较差，很难凭借自身力量进行绿色可持续发展。在上述背景下，国家应该在继续扶持西部经济发展的基础上加大对其低碳经济的资金支持，提高国家节能减排资金在西部地区的投资比重。在财政补贴方面，要完善中央政府对西部地区转移性支付政策，政府财政补贴不仅要重视节能减排技术的研发与创新，还要增加对经济落后地区的转移性支付力度。政府要积极鼓励西部进行低碳经济建设和生态环境保护，并在相应工业地区兴建基础设施便于后续建设工作开展。

（2）适当放宽工业企业准入制度，吸引高新产业转移。

在部分西部省区中，工业企业的准入限制可以在符合国家标准的前提下适当放宽，逐渐吸收东部发达地区的产业转移，借其节能技术研发和改造来提高能源效率。但也要防止东、中部地区一些高消耗、高污染企业将落后产能转移到西部地区。要优先引进"高产能，高效率，低排放，低污染"的企业，进而实现经济的绿色发展。在降低准入门槛的同时，西部地区也可以根据实际情况设置有梯度并且区别与东中部地区的节能减排指标。在未来产业转移过程中，西部地区要与中部地区形成构建绿色产业转移机制合力，做到产业技术转移而污染不转移。同时，西部地区还可继续完善《西部地区外商投资优势产业目录》，吸引外商投资和沿海发达地区低碳绿色工业企业进驻。

（3）适度开发西部地区的自然资源，实现资源的可持续开发和利用。

西部地区面临与中部地区相似的困境：丰富的自然资源在工业生产进程加快的条件下面临枯竭的威胁。因此，西部地区在进行经济开发的同时要协调好经济目标与自然资源开采强度之间的关系：一是要完善西部地区资源产品的市场化进程，利用市场的供求关系决定资源产品的价格和供给量，避免非正确市场导向产生的低成本导致不合理开采和利用；二是将资源消耗量作为矿产资源补偿费的计征标准。现行法规对矿产资源补偿费的计征标准以开采产量为基础，但这容易造成矿产资源的浪费现象。而以消耗储量为计征标准则可以激励工业企业为降低资源补偿费和开采成本而进行资源开采和利用的技术创新，提高资源的利用率，实现资源的可持续开发和利用。

（4）重视西部地区生态补偿机制的构建。

西部地区的自然环境较为多样，部分地区森林、水资源丰富，碳排放承载力较高。但也有很大面积的土地因为水资源短缺等原因而面临沙化等威胁，恶劣的自然条件不仅不利于西部地区的生态平衡，还限制了其经济发展。因此，为了实现西部地区生态环境保护及可持续发展，需要政府建立生态补偿机制，运用经济激励与惩罚措施，采用税费手段对得益者收取使用费，而对破坏环境的企业进行罚款。使用上述补偿资金建立生态保护专项资金，完善生态环境建设，促进西部地区生态环境改善。

10.2 研究展望

随着全球能源危机与环境问题的加剧，绿色工业革命成为学术界对世界工业未来发展趋势研究的一个热点问题。本书正是在中国工业绿色转型发展的背景下，基于绿色全要素生产率理论分析框架，运用非参数前沿分析方法以及静态和动态的空间面板数据模型，在理论和实证基础上较为系统地研究了中国工业绿色全要素生产率及其运行机理。本书的研究结果对今后中国工业绿色发展转型提供了一定的参考价值。但受限于研究对象的复杂性等因素影响，本书研究还存在一些不足，有待在下一步研究中进行改进。

从实证方面来看，中国经济早期统计数据的质量，受中国市场经济体制建立的时间较短以及各种历史复杂因素的影响而比较低。不同时期工业经济指标的统计口径会因为地区行政区划变更和工业行业分类标准的变化而受到影响，上述数据缺陷为本书实证研究中的样本选择及指标选取增加了难度。在样本观测区间的设定方面，本书考虑到工业经济统计数据的可得性与可比性，将其定为 1998 ~ 2017 年。这样的时间设定能较好地反映出中国自 20 世纪 90 年代中后期以来工业结构变革及工业经济发展方式的转变过程，但是在时间区间上的限制使得对改革开放以来中国工业发展方式转变的全景式比较分析研究较难实现，同时一些结构性因素对中国工业绿色生产率增长的影响效应还可能会被低估甚至忽略。另外在环境指标的数据采集上，全国、地区及行业碳排放量的官方统计数据还未被正式发布，本书研究只能采用联合国政府间气候变化专门委员会推荐的碳排放估算方法自行进行估算或从国际上主要的温室气体排放数据开发机构的专业数据库中获取相关数据，这就导致碳排放数据来源、获得方式和估算方法的不一致。这种不一致有可能使实证研究结果产生差异，完整、权威、可靠、透明的统计数据有利于提高实证研究的质量。在今后的实证研究中，不仅要加强绿色全要素生产率模型构建的创新，还应该继续重视和提高工业投入产出数据的质量。

从理论体系来看，一方面，尽管目前有不少关于绿色全要素生产率的研究，但还未形成一个研究绿色全要素生产率影响因素与影响机理的正式且系统的理论分析框架，基于可得数据采取实证分析，仍是一个较为普遍的现实选择。本书的实证研究涉及对中国工业绿色生产率影响因素的选择，主要基于中国工业经济增长现状及其地区差异性特征，并参考了相关实证研究的结论，不可避免地带有一定的主观偏向性，有些影响因素的指标选择还必须考虑数据可得性的限制。整体而言，本书对工业绿色全要素生产率影响因素及其影响机理的系统理论分析还不足，今后应该加强相关因素对工业绿色生产率影响机理的理论解释，以期为今后的研究提供更加坚实的研究基础。另一方面，学术界目前针对工业绿色转型问题的判断标准还没有形成统一的认识。而标准作为判断工业绿色转型所处阶段的基本前提，构成了研究中国工业绿色转型的核心问题之一。本书提出的基于绿色全要素理论分析框架生产率指数的判断标准，还不够准确。这一实证测算得到的指标体系，过分依赖于投入产出具体指标的选择和实际数据的质量，而缺乏完整的理论基础支撑，不得不说是本书的一个缺憾。未来，希望通过对中国工业绿色转型的演化过程进行更深一步的研究，发现、总结绿色转型的阶段性特征。再结合现有的绿色全要素理论分析框架生产率指数指标体系，构建具有理论基础的中国工业绿色转型的阶段理论，从而为进一步准确研究中国工业绿色转型的基本路径提供理论支撑。

10.3 本章小结

本章介绍了本书的研究结论，主要包括：（1）完善了核算经济增长的绿色全要素生产率方法体系；（2）工业绿色全要素生产率与四大影响因素的水平值之间存在着面板协整关系；（3）环境规制是影响中国工业绿色全要素生产率的最重要因素；（4）中国及三大地区的工业绿色转型有效提高了各自的生产效率，却造成规模效率的下滑，并且中国及三大地区工业的绿色转型发生显著的结构变迁，呈现出显著的静态和动态不均衡特征；（5）中国工业的绿色转型过程中，出现了较为严重的、基于省级层面的不均衡发展特征；（6）环境规制强度是中国工业经济绿色转型过程中的核心因素，减少能源使用强度和提高能源使用效率是提高环境规制强度的主要目标。

本章从东、中、西三个地区提出提高工业绿色全要素生产率的政策建议，并从实证方面和理论方面提出本书的研究展望和未来能够进一步改善的地方。

参考文献

［1］毕克新，杨朝均，黄平. 中国绿色工艺创新绩效的地区差异及影响因素研究［J］. 中国工业经济，2013（10）：57－69.

［2］蔡宁，吴婧文，刘诗瑶. 环境规制与绿色工业全要素生产率——基于我国30个省市的实证分析［J］. 辽宁大学学报：哲学社会科学版，2014，42（1）：65－73.

［3］柴志贤. 利用外资、环境约束与中国工业全要素生产率的增长——基于Malmquist指数与Malmquist－Luenberger指数的比较研究［J］. 技术经济，2013，32（1）：64－70.

［4］陈傲. 中国区域生态效率评价及影响因素实证分析——以2000－2006年省际数据为例［J］. 中国管理科学，2008，16（1）：566－570.

［5］陈良文，杨开忠，沈体雁，王伟. 经济集聚密度与劳动生产率差异——基于北京市微观数据的实证研究［J］. 经济学（季刊），2009，8（1）：99－114.

［6］陈金保，何枫，赵晓. 税收激励对中国服务业生产率的作用机制及其实证效果研究［J］. 北京科技大学学报：社会科学版，2011，27（1）：93－98.

［7］陈诗一. 节能减排与中国工业的双赢发展：2009—2049［J］. 经济研究，2010，45（3）：129－143.

［8］陈诗一. 中国的绿色工业革命：基于环境全要素生产率视角的解释（1980－2008）［J］. 经济研究，2010，45（11）：21－34＋58.

［9］陈诗一. 能源消耗、二氧化碳排放与中国工业的可持续发展［J］. 经济研究，2010，44（4）：41－55.

［10］陈逢文，刘年康. 环境污染抑制经济增长方式转变了吗？——来自中国1990～2010的省级面板数据的检验［J］. 产业经济研究，2012

（5）：87 - 94.

［11］陈彦宇. 基于 SBM 模型的中国银行业效率分析 ［D］. 重庆：重庆大学，2018.

［12］程惠芳，陆嘉俊. 知识资本对工业企业全要素生产率影响的实证分析 ［J］. 经济研究，2014，49（5）：174 - 187.

［13］程云鹤，齐晓安，汪克亮. 低碳约束下中国全要素生产率的时空演变——基于 Sequential Malmquist - Luenberger 生产率指数分解方法 ［J］. 技术经济，2012，31（9）：51 - 58.

［14］程云鹤，齐晓安，汪克亮，杨力. 技术进步、节能减排与低碳经济发展——基于 1985 ~ 2009 年中国 28 个省际面板数据的实证考察 ［J］. 山西财经大学学报，2013，35（1）：51 - 60.

［15］崔亚飞，宋马林. 我国省际工业污染治理投资强度的策略互动性——基于空间计量的实证测度 ［J］. 技术经济，2012，31（4）：93 - 97.

［16］熊勇清，黄健柏，陈鑫铭. 资源、环境与工业发展研究的新进展——中国工业经济学会 2012 年年会学术观点综述 ［J］. 中国工业经济，2013（2）：83 - 90.

［17］董书礼. 以市场换技术战略成效不佳的原因辨析及我国的对策 ［J］. 科技与管理，2004（4）：4 - 7，10.

［18］董敏杰，李钢，梁泳梅. 中国工业环境全要素生产率的来源分解——基于要素投入与污染治理的分析 ［J］. 数量经济技术经济研究，2012，29（2）：3 - 20.

［19］杜秀平. 1999 - 2014 年中国省区工业 TFP 估计及其影响因素分析 ［D］. 大连：东北财经大学，2017.

［20］段文斌，刘大勇，余泳泽. 异质性产业节能减排的技术路径与比较优势——理论模型及实证检验 ［J］. 中国工业经济，2013（4）：69 - 81.

［21］段文斌，余泳泽. 全要素生产率增长有利于提升我国能源效率吗？——基于 35 个工业行业面板数据的实证研究 ［J］. 产业经济研究，2011（4）：78 - 88.

［22］范爱军，王丽丽. 中国技术效率的地区差异与增长收敛——基于省际数据的研究 ［J］. 经济学家，2009（4）：83 - 89.

[23] 樊福卓. 地区专业化的度量 [J]. 经济研究, 2007 (9): 71-83.

[24] 范剑勇, 石灵云. 产业外部性、企业竞争环境与劳动生产率 [J]. 管理世界, 2009 (8): 65-72, 187.

[25] 樊秀峰, 宋爽. 绿色全要素生产率视角下承接产业转移的环境效应——以陕西为例 [C]. 2014: 12.

[26] 冯志军, 陈伟. 技术来源与研发创新全要素生产率增长——基于中国区域大中型工业企业的实证研究 [J]. 科学学与科学技术管理, 2013, 34 (3): 33-41.

[27] 冯志军, 陈伟, 明倩. 能源环境约束下的中国区域工业研发创新全要素生产率: 2001~2011 年 [J]. 工业技术经济, 2013, 32 (9): 87-96.

[28] 蒋清华. 国际贸易、国内贸易与环境污染 [D]. 杭州: 浙江大学, 2014.

[29] 江飞涛, 武鹏, 李晓萍. 中国工业经济增长动力机制转换 [J]. 中国工业经济, 2014 (5): 5-17.

[30] 金碚. 资源与环境约束下的中国工业发展 [J]. 中国工业经济, 2005 (4): 5-14.

[31] 何小钢, 张耀辉. 技术进步、节能减排与发展方式转型——基于中国工业 36 个行业的实证考察 [J]. 数量经济技术经济研究, 2012, 29 (3): 19-33.

[32] 何元庆. 对外开放与 TFP 增长: 基于中国省际面板数据的经验研究 [J]. 经济学 (季刊), 2007 (4): 1127-1142.

[33] 韩超, 胡浩然. 清洁生产标准规制如何动态影响全要素生产率——剔除其他政策干扰的准自然实验分析 [J]. 中国工业经济, 2015 (5): 70-82.

[34] 胡鞍钢, 高宇宁, 鄢一龙. 从落伍者、追赶者到超越者: 中国工业百年发展之路 (1913~2013) [J]. 浙江社会科学, 2013 (9): 4-13+155.

[35] 胡丽娟. 基于非参数统计的 FDI 与我国环境质量关系研究 [D]. 上海: 华东师范大学, 2014.

[36] 胡晓珍, 杨龙. 中国区域绿色全要素生产率增长差异及收敛分

析 [J]. 财经研究, 2011, 37 (4): 123 – 134.

[37] 胡亚权. 空间面板数据模型及其应用研究 [D]. 武汉: 华中科技大学, 2012.

[38] 黄海峰, 李慧颖. 生态文明视域下的企业环境责任 [J]. 企业改革与管理, 2008 (5): 7 – 8.

[39] 高文静. 中国工业部门碳生产率研究 [D]. 太原: 山西财经大学, 2012.

[40] 郭菊娥, 柴建, 席酉民. 一次能源消费结构变化对我国单位 GDP 能耗影响效应研究 [J]. 中国人口·资源与环境, 2008 (4): 38 – 43.

[41] 郭红燕, 韩立岩. 贸易自由化对我国环境的影响——基于我国工业行业数据的分析 [J]. 国际商务 (对外经济贸易大学学报), 2008 (3): 5 – 11.

[42] 匡远凤, 彭代彦. 中国环境生产效率与环境全要素生产率分析 [J]. 经济研究, 2012, 47 (7): 62 – 74.

[43] 干春晖, 郑若谷. 中国工业生产绩效: 1998 ~ 2007——基于细分行业的推广随机前沿生产函数的分析 [J]. 财经研究, 2009, 35 (6): 97 – 108.

[44] 雷明, 虞晓雯. 地方财政支出、环境规制与我国低碳经济转型 [J]. 经济科学, 2013 (5): 47 – 61.

[45] 龚海林. 产业结构视角下环境规制对经济可持续增长的影响研究 [D]. 南昌: 江西财经大学, 2012.

[46] 赖明勇, 张新, 彭水军, 包群. 经济增长的源泉: 人力资本、研究开发与技术外溢 [J]. 中国社会科学, 2005 (2): 32 – 46, 204 – 205.

[47] 李斌, 彭星, 欧阳铭珂. 环境规制、绿色全要素生产率与中国工业发展方式转变——基于 36 个工业行业数据的实证研究 [J]. 中国工业经济, 2013 (4): 56 – 68.

[48] 李聪. 我国环境规制对 FDI 的影响 [D]. 济南: 山东大学, 2014.

[49] 李健, 王芳, 钟惠波. 中国经济增长质量的驱动因素分析 [M]. 北京: 国家行政学院出版社, 2016: 11 – 12.

[50] 李金滟，宋德勇. 专业化、多样化与城市集聚经济——基于中国地级单位面板数据的实证研究 [J]. 管理世界，2008（2）：25-34.

[51] 李静，沈伟. 环境规制对中国工业绿色生产率的影响——基于波特假说的再检验 [J]. 山西财经大学学报，2012，34（2）：56-65.

[52] 李君安. 基于创新驱动的中国工业绿色化发展研究 [J]. 改革与战略，2014，30（1）：97-100.

[53] 李玲. 中国工业绿色全要素生产率及影响因素研究 [D]. 广州：暨南大学，2012.

[54] 李玲，陶锋. 污染密集型产业的绿色全要素生产率及影响因素——基于 SBM 方向性距离函数的实证分析 [J]. 经济学家，2011（12）：32-39.

[55] 李玲，陶锋. 中国制造业最优环境规制强度的选择——基于绿色全要素生产率的视角 [J]. 中国工业经济，2012（5）：70-82.

[56] 李玲，陶锋，杨亚平. 中国工业增长质量的区域差异研究——基于绿色全要素生产率的收敛分析 [J]. 经济经纬，2013（4）：10-15.

[57] 李国志，李宗植. 二氧化碳排放决定因素的实证分析——基于 70 个国家（地区）面板数据 [J]. 数理统计与管理，2011，30（4）：585-593.

[58] 李树，陈刚. 环境管制与生产率增长——以 APPCL2000 的修订为例 [J]. 经济研究，2013，48（1）：17-31.

[59] 李树，翁卫国. 我国地方环境管制与全要素生产率增长——基于地方立法和行政规章实际效率的实证分析 [J]. 财经研究，2014，40（2）：19-29.

[60] 李顺毅，王双进. 产业集聚对我国工业污染排放影响的实证检验 [J]. 统计与决策，2014（8）：128-130.

[61] 李伟，李涛. 节能减排政策对绿色技术进步的实证研究——来自中国电力行业的经验证据 [J]. 生态经济，2012（8）：118-126.

[62] 李唐，王平田，余凡. 新常态下企业全要素生产率的测算与分析 [J]. 统计与决策，2016（11）.

[63] 李先枝. 政府干预、环境规制与绿色全要素生产率 [D]. 华中

科技大学，2018.

[64] 李小平，朱钟棣. 国际贸易、R&D 溢出和生产率增长 [J]. 经济研究，2006（2）：31−43.

[65] 李小胜，安庆贤. 环境管制成本与环境全要素生产率研究 [J]. 世界经济，2012，35（12）：23−40.

[66] 李志敏. 环境规制视角下污染产业转移问题研究 [D]. 长沙：湖南科技大学，2012.

[67] 刘海英，谢建政，张纯洪. 绿色全要素生产率下的环境规制选择问题研究 [J]. 管理现代化，2014，34（5）：60−62.

[68] 刘瑞翔，安同良. 资源环境约束下中国经济增长绩效变化趋势与因素分析——基于一种新型生产率指数构建与分解方法的研究 [J]. 经济研究，2012，47（11）：34−47.

[69] 刘溶沧，马拴友. 论税收与经济增长——对中国劳动、资本和消费征税的效应分析 [J]. 中国社会科学，2002（1）：67−76，206−207.

[70] 刘师嘉. 中国省级地区绿色工业发展模式及其路径选择研究 [D]. 成都：西南财经大学，2012.

[71] 刘伟. 基于 Bootstrap − Malmquist 指数的高新技术产业技术创新效率分析 [J]. 经济学动态，2013（3）：42−52.

[72] 刘小玄. 中国工业企业的所有制结构对效率差异的影响——1995年全国工业企业普查数据的实证分析 [J]. 经济研究，2000（2）：17−25，78−79.

[73] 刘小玄，吴延兵. 企业生产率增长及来源：创新还是需求拉动 [J]. 经济研究，2009，44（7）：45−54.

[74] 娄贺统，徐恬静. 税收激励对企业技术创新的影响机理研究 [J]. 研究与发展管理，2008，20（6）：88−94.

[75] 卢新德，刘小明，刘长美. 我国环境规制对外商直接投资影响的实证分析 [J]. 山东经济，2010，26（1）：86−90，116.

[76] 马晓明，张泽宜. 广东省市际工业绿色全要素生产率变动及影响因素研究 [J]. 现代管理科学，2016（12）：9−11.

[77] 毛德凤，李静，彭飞，骆正清. 研发投入与企业全要素生产

率——基于 PSM 和 GPS 的检验 [J]. 财经研究, 2013, 39 (4): 134 - 144.

[78] 梅国平, 甘敬义, 朱清贞. 资源环境约束下我国全要素生产率研究 [J]. 当代财经, 2014 (7): 13 - 20.

[79] 穆红莉. 制度变迁框架下的工业企业污染排放行为变化研究 [J]. 企业经济, 2008 (10): 16 - 18.

[80] 穆红莉, 李新娥. 我国工业环境制度的变迁及其绩效分析 [J]. 经济问题, 2009 (9): 42 - 45.

[81] 聂辉华, 张彧, 江艇. 中国地区腐败对企业全要素生产率的影响 [J]. 中国软科学, 2014 (5): 37 - 48.

[82] 庞瑞芝, 李鹏. 中国新型工业化增长绩效的区域差异及动态演进 [J]. 经济研究, 2011, 46 (11): 36 - 47, 59.

[83] 彭可茂, 席利卿, 彭开丽. 中国环境规制与污染避难所区域效应——以大宗农产品为例 [J]. 南开经济研究, 2012 (4): 25 - 36.

[84] 彭星. 天津工业绿色全要素生产率的测算及比较 [D]. 天津: 天津财经大学, 2018.

[85] 齐亚伟. 环境约束下要素集聚与区域经济可持续发展 [D]. 南昌: 江西财经大学, 2012.

[86] 齐亚伟. 节能减排、环境规制与中国工业绿色转型 [J]. 江西社会科学, 2018, 38 (3): 70 - 79.

[87] 覃家琦, 齐寅峰, 李莉. 微观企业投资效率的度量: 基于全要素生产率的理论分析 [J]. 经济评论, 2009 (2): 133 - 141.

[88] 全良, 张敏, 赵凤. 中国工业绿色全要素生产率及其影响因素研究——基于全局 SBM 方向性距离函数及 SYS - GMM 模型 [J]. 生态经济, 2019, 35 (4): 39 - 46.

[89] 沈可挺, 龚健健. 环境污染、技术进步与中国高耗能产业——基于环境全要素生产率的实证分析 [J]. 中国工业经济, 2011 (12): 25 - 34.

[90] 石风光. 工业绿色化发展绩效测评——以河南省为例 [J]. 生态经济, 2018, 34 (2): 97 - 103.

[91] 宋帮英, 苏方林. 我国省域碳排放量与经济发展的 GWR 实证研究 [J]. 财经科学, 2010 (4): 41 - 49.

［92］宋长青，刘聪粉，王晓军．中国绿色全要素生产率测算及分解：1985～2010［J］．西北农林科技大学学报：社会科学版，2014，14（3）：120－127．

［93］苏利阳，郑红霞，王毅．中国省际工业绿色发展评估［J］．中国人口资源与环境，2013，23（8）：116－122．

［94］孙传旺，刘希颖，林静．碳强度约束下中国全要素生产率测算与收敛性研究［J］．金融研究，2010（6）：17－33．

［95］孙作人，周德群，周鹏．工业碳排放驱动因素研究：一种生产分解分析新方法［J］．数量经济技术经济研究，2012，29（5）：63－74，133．

［96］孙雅智．我国对外直接投资对全要素生产率的影响研究［D］．哈尔滨：哈尔滨工业大学，2013．

［97］陶坤涛．FDI、研发投入与全要素生产率关系研究［D］．深圳：深圳大学，2017．

［98］万伦来，朱琴．R&D投入对工业绿色全要素生产率增长的影响——来自中国工业1999～2010年的经验数据［J］．经济学动态，2013（9）：20－26．

［99］王瑾．工业技术与资源环境协调发展的实证研究——基于超效率DEA生态效率和区域面板数据［J］．科技管理研究，2014，34（22）：208－212．

［100］王兵，黄人杰．中国区域绿色发展效率与绿色全要素生产率：2000－2010——基于参数共同边界的实证研究［J］．产经评论，2014，5（1）：16－35．

［101］王兵，刘光天．节能减排与中国绿色经济增长——基于全要素生产率的视角［J］．中国工业经济，2015（5）：57－69．

［102］王兵，王丽．环境约束下中国区域工业技术效率与生产率及其影响因素实证研究［J］．南方经济，2010（11）：3－19．

［103］王兵，吴延瑞，颜鹏飞．中国区域环境效率与环境全要素生产率增长［J］．经济研究，2010，45（5）：95－109．

［104］王克强，武英涛，刘红梅．中国能源开采业全要素生产率的测度框架与实证研究［J］．经济研究，2013，48（6）：127－140．

[105] 王丽. 环境约束下中国区域工业技术效率与生产率实证研究 [D]. 广州：暨南大学，2011.

[106] 王德文，王美艳，陈兰. 中国工业的结构调整、效率与劳动配置 [J]. 经济研究，2004（4）：41 – 49.

[107] 汪东，朱坦. 基于数据包络分析理论的中国区域工业生态效率研究 [J]. 生态经济，2011（4）：24 – 28.

[108] 王健，胡美玲. 微观企业全要素生产率的度量 [J]. 统计与决策，2019，35（4）：181 – 185.

[109] 汪克亮，杨力，程云鹤. 异质性生产技术下中国区域绿色经济效率研究 [J]. 财经研究，2013，39（4）：57 – 67.

[110] 王玲玲，冯皓. 绿色经济内涵探微——兼论民族地区发展绿色经济的意义 [J]. 中央民族大学学报：哲学社会科学版，2014，41（5）：41 – 45.

[111] 王文普. 环境规制竞争对经济增长效率的影响：基于省级面板数据分析 [J]. 当代财经，2011（9）：22 – 34.

[112] 王文普. 环境规制的经济效应研究 [D]. 济南：山东大学，2012.

[113] 王永瑜，郭立平. 绿色 GDP 核算理论与方法研究 [J]. 统计研究，2010，27（11）：77 – 84.

[114] 王玉东. 国际原油市场有效性研究 [D]. 南京：南京财经大学，2010.

[115] 魏权龄. 评价相对有效性的 DEA 方法——运筹学的新领域 [M]. 北京：中国人民大学出版社，1988.

[116] 文华. 低碳经济下我国绿色贸易政策转型研究 [J]. 现代经济信息，2014（17）：188 – 191.

[117] 武春友，陈兴红，匡海波. 基于 Rough – DEMATEL 的企业绿色增长模式影响因素识别 [J]. 管理评论，2014，26（8）：74 – 81.

[118] 吴延兵. R&D 与生产率——基于中国制造业的实证研究 [J]. 经济研究，2006（11）：60 – 71.

[119] 吴英姿，闻岳春. 中国工业绿色生产率、减排绩效与减排成本

[J]. 科研管理, 2013, 34 (2): 105 – 111 + 151.

[120] 夏光. 全面增强环境保护的国家力量 [J]. 环境保护与循环经济, 2010, 30 (4): 4 – 6.

[121] 辛文. 长三角地区绿色全要素生产率的测度及影响因素分析 [D]. 镇江: 江苏大学, 2017.

[122] 向书坚, 郑瑞坤. 中国绿色经济发展指数研究 [J]. 统计研究, 2013, 30 (3): 72 – 77.

[123] 谢千里. 所有制形式与中国工业生产率变动趋势 [J]. 数量经济技术经济研究, 2001 (3): 5 – 17.

[124] 谢文武, 肖文, 汪滢. 开放经济对碳排放的影响——基于中国地区与行业面板数据的实证检验 [J]. 浙江大学学报: 人文社会科学版, 2011, 41 (9): 163 – 174.

[125] 徐杰. 中国全要素生产率估算及其对经济增长的贡献研究 [M]. 昆明: 云南人民出版社, 2013: 51 – 56.

[126] 许海萍. 基于环境因素的全要素生产率和国民收入核算研究 [D]. 杭州: 浙江大学, 2008.

[127] 许和连, 邓玉萍. 外商直接投资导致了中国的环境污染吗?——基于中国省际面板数据的空间计量研究 [J]. 管理世界, 2012 (2): 30 – 43.

[128] 徐丽丽. 绿色经济视角下中国区域海洋经济效率差异分析 [D]. 江南大学, 2015.

[129] 许伟斌. 中国高新技术产业技术创新效率研究 [D]. 上海: 东华大学, 2016.

[130] 徐永娇. 中国工业行业环境效率与环境全要素生产率的研究 [D]. 长沙: 湖南大学, 2012.

[131] 严兵. 效率增进、技术进步与全要素生产率增长——制造业内外资企业生产率比较 [J]. 数量经济技术经济研究, 2008, 25 (11): 16 – 27.

[132] 颜鹏飞, 王兵. 技术效率、技术进步与生产率增长: 基于 DEA 的实证分析 [J]. 经济研究, 2004 (12): 55 – 65.

[133] 杨朝均. 基于 RAGA – PPE 模型的绿色工艺创新动力评价及地

区差异分析 [J]. 科技进步与对策, 2014, 31 (18): 51 - 56.

[134] 杨福霞. 中国省际节能减排政策的技术进步效应分析 [D]. 兰州: 兰州大学, 2012.

[135] 杨俊, 邵汉华. 环境约束下的中国工业增长状况研究——基于 Malmquist - Luenberger 指数的实证分析 [J]. 数量经济技术经济研究, 2009, 29 (9): 64 - 78.

[136] 杨文举, 龙睿赟. 中国地区工业绿色全要素生产率增长——基于方向性距离函数的经验分析 [J]. 上海经济研究, 2012, 24 (7): 3 - 13 + 21.

[137] 杨威, 余贵玲. 工业发展环境污染强度的现状及趋势 [J]. 宏观经济管理, 2014 (10): 55 - 57.

[138] 岳顺民. 配电市场价格分析及价格监管模式 [M]. 北京: 中国电力出版社, 2007: 66 - 69.

[139] 张霞. 政府环境规制与企业并购行为 [D]. 济南: 山东大学, 2013.

[140] 姚洋, 章林峰. 中国本土企业出口竞争优势和技术变迁分析 [J]. 世界经济, 2008 (3): 3 - 11.

[141] 杨汝岱. 中国制造业企业全要素生产率研究 [J]. 经济研究, 2015, 50 (2): 61 - 74.

[142] 叶祥松. 不同环境规制下的规制效率与全要素生产率研究——基于我国东、中、西部地区 1999 - 2008 年的实证分析 [C]. 广东经济学会. 市场经济与增长质量——2013 年岭南经济论坛暨广东经济学会年会论文集. 广东经济学会: 广东经济学会, 2013: 144 - 158.

[143] 殷宝庆. 环境规制与我国制造业绿色全要素生产率——基于国际垂直专业化视角的实证 [J]. 中国人口资源与环境, 2012, 22 (12): 60 - 66.

[144] 袁堂军. 中国企业全要素生产率水平研究 [J]. 经济研究, 2009, 44 (6): 52 - 64.

[145] 张晨. 我国资源型城市绿色转型复合系统研究——山西省太原市实践的启发 [D]. 天津: 南开大学, 2010.

[146] 应瑞瑶，周力. 外商直接投资、工业污染与环境规制——基于中国数据的计量经济学分析 [J]. 财贸经济，2006 (1)：76－81.

[147] 张成，蔡万焕，于同申. 区域经济增长与碳生产率——基于收敛及脱钩指数的分析 [J]. 中国工业经济，2013 (5)：18－30.

[148] 张纯洪，刘海英. 地区发展不平衡对工业绿色全要素生产率的影响——基于三阶段 DEA 调整测度效率的新视角 [J]. 当代经济研究，2014 (9)：39－45.

[149] 张江雪，王溪薇. 中国区域工业绿色增长指数及其影响因素研究 [J]. 软科学，2013，27 (10)：92－96.

[150] 张海洋. 中国工业部门 R&D 吸收能力与外资技术扩散 [J]. 管理世界，2005 (6)：82－88.

[151] 张菡. 中国环境规制绿色技术创新效应的研究 [D]. 济南：山东财经大学，2014.

[152] 张倩倩. 外商直接投资对我国环境影响的研究 [D]. 石家庄：河北经贸大学，2013.

[153] 张天悦. 环境规制的绿色创新激励研究 [D]. 北京：中国社会科学院研究生院，2014.

[154] 张文君，任荣明. R&D、贸易投资对中国工业二氧化碳排放的影响 [J]. 管理现代化，2014，34 (6)：52－58.

[155] 张亚斌，金培振，沈裕谋. 两化融合对中国工业环境治理绩效的贡献——重化工业化阶段的经验证据 [J]. 产业经济研究，2014 (1)：40－50.

[156] 张志强. 微观企业全要素生产率测度方法的比较与应用 [J]. 数量经济技术经济研究，2015，32 (12)：107－123.

[157] 赵汉澜. 日本绿色经济发展历程与借鉴 [J]. 知识经济，2019 (22)：40－41.

[158] 赵奇伟. 中国工业企业生产率的动态变化机制：自我驱动、技术扩散与同业竞争 [J]. 经济学动态，2016，(10)：50－62.

[159] 郑京海. 中国的经济增长能否持续？——一个生产率视角 [C]. 经济学（季刊），2008，7 (3)：2－33.

[160] 郑丽琳，朱启贵. 纳入能源环境因素的中国全要素生产率再估算 [J]. 统计研究，2013，30 (7)：9 - 17.

[161] 郑凌霄，赵静敏. 环境约束下地区全要素生产率增长及影响因素研究——基于马姆奎斯特生产率指数和环境库兹涅茨曲线分析 [J]. 生态经济，2012 (4)：47 - 51.

[162] 郑强. 外商直接投资与中国绿色全要素生产率增长 [D]. 重庆：重庆大学，2017.

[163] 周五七. 碳排放约束的中国工业生产率增长及其影响因素 [D]. 武汉：华中科技大学，2013.

[164] 周五七. 低碳约束下中国工业绿色 TFP 增长的地区差异——基于共同前沿生产函数的非参数分析 [J]. 经济管理，2014，36 (3)：1 - 10.

[165] 周五七，武戈. 绿色 TFP 增长来源及其对工业碳生产率的影响差异——基于中国省际面板数据的实证分析 [J]. 现代财经（天津财经大学学报），2013，33 (12)：38 - 47.

[166] 朱承亮. 中国地区经济差距的演变轨迹与来源分解 [J]. 数量经济技术经济研究，2014，31 (6)：36 - 54.

[167] 祝波，董有德. FDI 溢出效应：理论、经验研究述评 [J]. 上海大学学报：社会科学版，2006 (6)：90 - 96.

[168] 朱承亮，岳宏志，师萍. 环境约束下的中国经济增长效率研究 [J]. 数量经济技术经济研究，2011，28 (5)：3 - 20，93.

[169] 朱钟棣，李小平. 中国工业行业资本形成、全要素生产率变动及其趋异化：基于分行业面板数据的研究 [J]. 世界经济，2005 (9)：51 - 62.

[170] 中国科学院可持续发展战略研究组. 中国可持续发展战略报告——实现绿色的经济转型 [M]. 北京：科学出版社，2011.

[171] 中国社会科学院工业经济研究所. 中国工业发展报告 2014 [M]. 北京：人民邮电出版社，2014.

[172] 中国社会科学院工业经济研究所课题组. 中国工业绿色转型研究 [J]. 中国工业经济，2011 (4)：5 - 14.

[173] Abizadeh S，Pandey M. Trade Openness，Structural Change and To-

tal Factor Productivity [J]. International Economic Journal, 2009, 23 (4): 545 – 559.

[174] Amjad S. , Rudramoorthy R. , Neelakrishnan S. Assessment of petroleum saving and greenhouse gas emission reduction from two-wheeler segment: 2011 – 2021 [J]. Transportation Research Part D, 2011 (16): 265 – 269.

[175] Ang B. W. , Huang H C. , Mu A. R. Properties and Linkages of Some Index Decomposition Analysis Methods [J]. Energy Policy, 2009, 37 (11): 4624 – 4632.

[176] Anselin L. Spatial Econometrics: Methods and Models [M]. The Netherlans: Kluwer Academic, 1988.

[177] Anselin L. , Le Gallo J. , Jaye H. Spatial Panel Econometrics in The Econometrics of Panel Data [M]. Springer, 2008.

[178] Anselin L. , Syabri I. , Kho Y. GeoDa: An Introduction to Spatial Data Analysis [J]. Springer Berlin Heidelberg, 2010, 38 (1): 73 – 89.

[179] Arabi B. , Munisamy S. , Emrouznejad A. , Shadman F. Power Industry Restructuring and Eco-Efficiency Change: A New Slacks-Based Model in Malmquist-Luenberger Index Measurement [J]. Energy Policy, 2014 (68): 132 – 145.

[180] Arellano M. , Bond S. Some Tests of Specification for Panel Data: Monte Carlo Evidence and an Application to Employment Equations [J]. Review of Economic Studies, 1991 (58): 277 – 297.

[181] Arellano M. , Bover O. Another Look at the Instrumental Variable Estimation of Error-Components Models [J]. CEP Discussion Papers, 1990, 68 (1): 29 – 51.

[182] Augier P. , Cadot O. , Dovis M. Imports and TFP at the Firm Level: The Role of Absorptive Capacity. CEPR, 2009, DI′7218.

[183] Bai J. , Ng S. A Panic Attack on Unit Roots and Cointegration [J]. Econometrica, 2004 (72): 1127 – 1177.

[184] Baltagi B. H. , Bresson G. , Pirotte A. Testing the Fixed Effects Restrictions? A Monte Carlo Study of Chamberlain's Minimum Chi-Squared Test

[J]. Statistics & Probability Letters, 2009, 79 (10): 1358 - 1362.

[185] Banker R. D., Charnes A., Cooper W. W. Some Models for Estimating Technical and Scale Inefficiencies in Data Envelopment Analysis [J]. Management Science, 1984, 30 (9): 1078 - 1092.

[186] Baltagi B. H., Song S. H., Koh W. Testing Panel Data Regression Models with Spatial Error Correlation [J]. International Conference on Panel Data, 2002, 117 (1): 123 - 150.

[187] Baltagi B. H., Li D. Testing for Linear and Log-linear Models Against Box-Cox Alternatives With Spatial Lag Dependence [J]. Advances in Econometrics, 2004, 18 (4): 35 - 74.

[188] Baltagi B, Egger P., Pfaffermayr M. A Generalized Spatial Panel Data Model with Random Effects [D]. Working Paper. Syracuse University, 2007.

[189] Baldwin J. R., Gu. Trade Liberalization: Export-market Participation, Productivity Growth and Innovation [J]. Oxford Review of Economic Policy, 2004 (20): 372 - 392.

[190] Bode E. Productivity Effects of Agglomeration Extemalities. Working Paper, 2004 [EB/OL], http://coumot2.u-strasbg.fr/sew/papers_sew/Bode_EckhardL.pdf.

[191] Böttcher H., Kurz W. A., Freibauer A. Accounting of forest carbon sinks and sources under a future climate protocol-factoring out past disturbance and management effects on age-class structure [J]. Environmental Science and Policy, 2008 (11): 669 - 686.

[192] Borghesi S. The Environmental Kuznets Curve: a Survey of the Literature [R]. Economic Institutions and Environmental Policy, 1999: 201 - 224.

[193] Bull L., Thompson D. Developing forest sinks in Australia and the United States-a forest owner's prerogative [J]. Forest Policy and Economics, 2011 (13): 311 - 317.

[194] Caves D. W., Christensen L. R. Diewert W E the economic theory of index numbers and the measurement of input, output, and productivity [J]. Econometrica, 1982 (50): 1393 - 1414.

[195] Caves, Christensen, Diewert. The Economic Theory of Index Numbers and the Measurement of Input, Output, and Productivity [J]. Econometrica, 1982, 50 (6): 1393 – 1414.

[196] Chang Y., Nguyen C. M. Residual Based Tests for Cointegration in Dependent Panels [J]. Journal of Econometrics, 2012, 167 (2): 504 – 520.

[197] Charnes A., Cooper W. W., Rhodes E. Measuring the Efficiency of Decision Makingunits [J]. European Journal of Operational Research, 1978 (2): 429 – 444.

[198] Chen M. S., Gu Y. L. The mechanism and measures of adjustment of industrial organization structure: the perspective of energy saving and emission reduction [J]. Energy Procedia, 2011 (5): 2562 – 2567.

[199] Chunhua W. Changing Energy Intensity of Economies in the Word and its Decomposition [J]. Energy Economics, 2013 (40): 637 – 634.

[200] Chung Y, Rolf F., Shawna G. Productivity and Undesirable Outputs: a Directional Distance Function Approach [J]. Journal of Environmental Management, 1997 (51): 229 – 240.

[201] Chung Y. H., Fare R., Grosskopf S. Productivity and Undesirable Outputs: A Directional Distance Function Approach [J]. Journal of Environmental Management, 1997, 51 (3): 229 – 240.

[202] Creenaway D., Kneller R. Exporting, Productivity and Agglomeration [J]. European Economic Review, 2008 (52): 919 – 939.

[203] Denison, Edward F. The Sources of Economic Grow th in the United States and the Alternatives Before Us , Washington D. C. , Committee for Economic Development, 1962 .

[204] Ding Y. F., Tang D. S., Wang T. Benefit evaluation on energy saving and emission reduction of National small hydropower ecological protection project [J]. Energy Procedia, 2011 (5): 540 – 544.

[205] Dunbar G. R., Easton S. T. Working Parents and Total Factor Productivity Growth [J]. Journal of Population Economics, 2013, 26 (4): 1431 – 1456.

[206] Elhorst J. P. Unconditional Maximum Likelihood Estimation of Linear

and Log-Linear Dynamic Models for Spatial Panelsr [J]. Geographical Analysis, 2004, 37 (1): 85 – 106.

[207] Elhorst J. P. Applied Spatial Econometrics: Raising the Bar [J]. Spatial Economic Analysis, 2010, 5 (1): 9 – 28.

[208] Fare R., Grosskopf S., Norris M., Zhang Z. Productivity Growth, Technical Progress and Efficiency Change in Industrialized Countries [J]. American Economic Review, 1994 (84): 66 – 83.

[209] Fare R., Primont D. Multi-Output Production and Duality: Theory and Application [M]. Kluwer Academic Publishers, 1995.

[210] Farrell M J. The Measurement of Productive Efficiency [J]. Journal of the Royal Statistical Society, 1957 (120): 253 – 290.

[211] Fang G. C., Tian L. X., Sun M., Fu M. Analysis and application of a novelthree-dimensional energy-saving and emission-reduction dynamic evolution system [J]. Energy 2012 (40): 291 – 299.

[212] Feng, G. H., Serletis A. Unvesirable Outputs and A Primal Divisia Productivity Index Based on the Directional Output Distance Function [J]. Journal of Econometrics, 2014 (183): 135 – 146.

[213] Feng T. W., Sun L. Y., Zhang Y. The relationship between energy consumption structure, economic structure and energy intensity in China [J]. Energy Policy, 2009 (37): 5475 – 5483.

[214] Fukuyaman H., Weber W. L. Output Slacks-Adjusted Cost Efficiency and Value-Based Technical Efficiency in DEA Models [J]. Journal of the Operations Research Society of Japan, 2009, 52 (2): 86 – 104.

[215] Jones C. R&D-Based Models of Economic Growth [J]. Journal of Political Economics, 1995 (103): 759 – 784.

[216] Hadri K. Testing for Stationary in Heterogeneous Panel Data [J]. Econometrics Journal, 2000 (3): 148 – 161.

[217] Hailu A., Veeman T. S. Non-Parametric Productivity Analysis with Undesirable Outputs: An Application to the Canadian PulPand Paper Industry [J]. American Journal of Agricultural Economics, 2001, 83 (3): 605 – 616.

[218] Halkos G. E. , Tsionas E. G. Environmental Kuznets Curves: Bayesian Evidence from Switching Regime Models [J]. Energy Economics, 2001 (23): 191 – 210.

[219] Hanck, C. Cross-Sectional Correlation Robust Tests for Panel Cointegration [J]. Journal of Applied Statistics, 2009, 36 (7): 817 – 833.

[220] Holtz-Eakin D. , Newey W. , Rosen H. S. Estimating vector autoregressions with panel data [J]. Econometric, 1988 (56): 1371 – 1396.

[221] Honma S. , Hu J. L. Industry Level Total Factor Energy Efficiency in Developing Countries: a Japan Centered Analysis [J]. Applied Energy, 2014 (119): 67 – 78.

[222] Huang Y. J. , Chen K. H. , Yang C. H. Cost efficiency and optimal scale of electricity distribution firms in Taiwan: An application of metafrontier analysis [J]. Energy Econ, 2010, 32 (1): 15 – 23.

[223] Hughes B. B. , Irfan M. T. , Moyer J. D, Rothman D. S. , Solorzano J. R. Forecasting the Impacts of Environmental Constraints on Human Development [C]. Human Development Report, 2011.

[224] Huntington H. G. Structural Change and U. S. Energy Use: Recent Patterns [J]. Energy Journal, 2010 (31): 25 – 39.

[225] HURLIN Christophe, VENET Baptiste. Granger Causality Tests in Panel Da ta Models Fixed Coefficients [R]. Working Paper Eurisco, Université Paris IX Dauphine, 2001.

[226] Im K. S. , Pesaran M. H. , Shin Y. Testing for Unit Roots in Heterogeneous Panels [J]. Journal of Econometrics, 2003, 115 (1): 53 – 74.

[227] Gallo J. L. , Fingleton B. Estimating Spatial Models with Endogenous Variables, a Spatial Lag and Spatially Dependent Disturbances: Fnite Sample Properties [J]. Papers in Regional Science, 2008, 87 (3): 319 – 339.

[228] Golmohammadi H. , Safdari M. Quantitative structure-property relationship prediction of gas-to-chloroform partition coefficient using artificial neural network systems [J]. Micro chemical Journal, 2010 (95): 140 – 159.

[229] Grifell Tatje E. , Lovell C. A. K. A Generalized Malmquist Produc-

tivity Index ［J］. Sociedad Espanolade Estadisticae Investigacion Operativa Top, 1999 (7): 81 –101.

［230］ Grossman G. M. , Helpman E. Innovation and Growth in the Global Economy ［M］. Cambridge: MIT Press, 1991.

［231］ Grossman G. , Krueger A. Environmental Impacts of the North AmericanFree Trade a Agrement ［J］. NBER Working Paper, 1991, 3914: 1235 –1258.

［232］ Guisández I. , Pérez-Díaz J. I. , Wilhelmi J. R. Assessment of the Economic Impact of Environmental Constraints on Annual Hydropower Plant Operation ［J］. Energy Policy, 2013, 61 (10): 1332 –1343.

［233］ Guo Z. C. , Fu Z. X. Current situation of energy consumption and measures taken for energy saving in the iron and steel industry in China ［J］. Energy, 2010 (35): 4356 –4360.

［234］ Kalirajan KP. On the simultaneity between market concentration and profitability: the case of a small-open developing country. Int Econ J, 1993, 7 (1): 31 – 48.

［235］ Kapoor N. M, Kelejian H. H. , Prucha I. R. Panel Data Models with Spatially Correlated Error Components ［J］. Journal of Econometrics, 2007, 140 (1): 97 –130.

［236］ Kelejian H. H. , Prucha I. R. Spatial Models with Spatially Lagged Dependent Variables and Incomplete Data ［J］. Journal of Geographical Systems, 2010, 12 (3): 241 –257.

［237］ Kooten G. C. , Eagle A. J. , Manley J. , Smolak T. How costly are carbon offsets? A meta-analysis of carbon forest sinks ［J］. Environmental Science and Policy, 2004 (7): 239 –251.

［238］ Korostelev A. P. , Simar L. , Tsybakov A. B. Efficient Estimation of Monotone Boundaries ［J］. Annals of Statistics, 1995, 23 (2): 476 –489.

［239］ Kneip A. , Simar L. A General Framework for Frontier Estimation with Panel Data ［J］. Journal of Productivity Analysis, 1996 (7): 187 –212.

［240］ Kneip A. , Simar L. , Wilson P. W. Computational Efficient, Consistent Bootstrap for Inference with Non-parametric DEA Estimators [J]. Computational Economics, 2011, 38 (4): 483 – 515.

[241] Kugler M. Spillovers from Foreign Direct Investment: Within or Between Industries [J]. Journal of Development Economics, 2006, 80 (2): 444 – 477.

[242] Kumar, S. Environmentally Sensitive Productivity Growth: A Global Analysis Using Malmquist-Luenberger Index [J]. Ecological Economics, 2006 (56): 280 – 293.

[243] Kumbhakar S. C. , Lovell C. A. K. Stochastic Frontier Analysis [R] . Cambridge University Press, Cambridge. 2000.

[244] Lanoie P. , Patry M. , Lajeunesse R. Environmental Regulation and Productivity: Testing the Porter Hypothesis [J]. Journal of Productivity Analysis, 2008 (30): 121 – 128.

[245] Levin A. , Lin C. F. , Chu C. Unit Root Tests in Panel Data: Asymptotic and Finite Sample Properties [J]. Journal of Econometrics, 2002, 108 (1): 1 – 24.

[246] Liao H. , Fan Y. , Wei Y. M. What Induced China's Energy Intensity to Fluctuate: 1997 – 2006 [J]. Energy Policy, 2007 (35): 4640 – 4649.

[247] Liao G. C. A novel evolutionary algorithm for dynamic economic dispatch with energy saving and emission reduction in power system integrated wind power [J]. Energy, 2011 (36): 1018 – 1029.

[248] List J. , Co A. C. Y. The Effects of Environmental Regulations on Foreign Direct Investment [J]. Journal of Environmental Economics and Management, 2000 (40): 1 – 20.

[249] Lung-fei Lee & Yu-ji Hai. Estimation of Spatial Autoregressive Panel Data Models with Fixed Effects [J]. Journal of Econometrics, 2010 (154): 165 – 185.

[250] Lutsey N. , Sperling D. America's bottom-up climate change mitigation policy [J]. Energy Policy, 2008 (36): 673 – 685.

[251] Ma C. , Stern D. I. China's Changing Energy Intensity Trend: a De-

composition Analysis [J]. Energy Economics, 2008 (30): 1037 - 1053.

[252] Malgorzata S. Total Factor Productivity Estimation for Polish Manu-facturing Industry: A Comparison of Alternative Methods [J]. Working Paper Series, University of Sussex, 2014, 67.

[253] Metcalf G. An Empirical Analysis of Energy Intensity and its Deter-minants at the State Level [J]. The Energy Journal, 2008, 29 (3): 1 - 26.

[254] Mohtadi H. Environment Growth and Optimal Policy Design [J]. Journal of Public Economics, 1996 (63): 119 - 140.

[255] National Bureau of Statistics (NBS) and National Development and Reform Commission (NDRC). Report of Energy Consumption per unit of GDP in 2006 - 2009 [R]. NBS, Beijing, 2007 - 2010.

[256] Nishimizu M, Page J M. Total Factor Productivity Growth, Techni-cal Progress and Technical Efficiency Change: Dimensions of Productivity Change in Yugoslavia, 1965 ~ 1978 [J]. The Economic Journal, 1982 (92): 920 - 936.

[257] OECD. Factbook 2009: Economic, Environmental, and Social Sta-tistics [M]. OECD Publishing, 2009.

[258] Oh, D., Heshmati A. A Sequential Malmquist-Luenberger Produc-tivity Index: Environmental Sensitive Productivity Growth Considering the Progres-sive Nature of Technology [J]. Energy Economic, 2010 (32): 1345 - 1355.

[259] Pace R. K., Lesage J. P. A Spatial Hausman Test [J]. Economics Letters, 2008, 101 (3): 282 - 284.

[260] Panayotou T. Empirical tests and Policy Analysis of Environmental Degradation at Different stages of Economic Development [J]. Working Paper, 2013, No. 238: 245 - 269.

[261] Park J. Y., Phillips P. C. B. A symptotics for Nonlinear Transforma-tions of Integrated time series [J]. Econometric Theory, 1999 (15): 269 - 298.

[262] Pesaran M. H. General Diagnostic Tests for Cross-Section Depend-ence in Panels [J]. IZA Discussion Paper Series, 2004, 1240: 49 - 99.

[263] Pesaran M. H. A Simple Panel Unit Root Test in the Presence of

Cross Section Dependence [J]. Journal of Applied Econometrics, 2007 (22): 65 – 83.

[264] Phillips P. C. B., Ouliaris S. Asymptotic Properties of Residual Based Tests for Cointegration [J]. Econometrica, 1990 (58): 165 – 193.

[265] Martin P., Ottaviano G. Crowth and Agglomeration [J]. International Economic Review, 2001 (42): 947 – 968.

[266] Raúl J., M. Jorge. A Decomposition and Counterfactual Exercise for Latin American Countries [J]. IDB Working Paper series, 2013, 441: 124 – 165.

[267] Ramanathan Ramakrishnan. An Analysis of Energy Consumption and Carbon Dioxide Emissions in Countries of the Middle East and North Africa [J]. Energy, 2005, 30 (15): 2831 – 2842.

[268] Rey S. J., Montouri B. D. US Regional Income Convergence: A Spatial Econometric Perspective [J]. Regional Studies, 1999 (33): 143 – 156.

[269] Sabuj K M. Do Undesirable Output and Environmental Regulation Matter in Energy Efficiency Analysis? Evidence from Indian Cement Industry [J]. Energy Policy, 2010 (38): 6076 – 6083.

[270] Simar L., Wilson P. W. Estimating and Bootstrapping Malmquist Indices [J]. European Journal of Operational Research, 1999, 115 (3): 459 – 471.

[271] Simar L., Wilson P. W. Two-Stage DEA: Caveat Emptor [J]. Journal of Productivity Analysis, 2011, 36 (2): 205 – 218.

[272] Shafik N., Bandyopadhyay S. Economic Growth and Environmental Quality: Time Series and Cross-Country Evidence [J]. Working Paper, 1992, 904.

[273] Shujie Y., Dan L., Tyler R. Energy Efficiency and Economic Development in China [J]. Asian Economic Papers, 2012, 11 – 02.

[274] Tone K. A Slacks-Based Measure of Efficiency in Data Envelopment Analysis [J]. European Journal of Operational Research, 2001 (130): 498 – 509.

[275] Tone K. A Strange Case of the Cost and Allocative Efficiencies in DEA [J]. Journal of the Operational Research Society, 2002 (53): 1225 – 1231.

[276] United Nation Industrial Development Organization. Industrial Development Report of 2011 [R]. 2012.

[277] Wei Y. M., Fan Y., Liu L. C., Wu G. China energy report (2008): CO_2 emission research [M]. Beijing: Science Press, 2008.

[278] Whalley, John. What Role for Trade in a Post – 2012 Global Climate Policy Regime [J]. The World Economy, 2011, 34 (11): 1844 – 1862.

[279] Zhang J., Xu L. Y., Yu B., Li X. J. Environmentally Feasible Potential for Hydropower Development Regarding Environmental Constraints [J]. Energy Policy, 2014 (73): 552 – 562.

[280] Zhang H. Analysis on climate policies of China, US and the European Union [M]. Beijing: Social Sciences Academic Press of China, 2010.

[281] Zhou N., Fridley D., McNeil M., et al. Analysis of potential energy saving and CO_2 emission reduction of home appliances and commercial equipments in China [J]. Energy Policy, 2011 (39): 4541 – 4550.